CB133654

Fenómeno incontornável da história, a guerra é uma atividade plena de paradoxos. Criadora e destruidora de grandes civilizações, promotora de encontros e choques entre culturas e religiões, viveiro de grandes líderes e fonte inegável de progresso científico, origem dos piores e dos melhores momentos da humanidade. Por tudo isto, pelos ensinamentos e perspetivas que pode proporcionar, a história militar constitui um importante tema de estudo e reflexão. Importa conhecer a Arte da Guerra.

GUERRA E SOCIEDADE

Título original:
Guerra e Sociedade

Revisão: Inês Guerreiro

Capa: FBA
Na capa: Antonio Gisbert, *El Fusilamiento de Torrijos y sus companeros en las playas de Malaga en 1831*
© Album-Oronoz/Fotobanco.pt

Depósito Legal n.º 426084/17

Biblioteca Nacional de Portugal – Catalogação na Publicação

CORREIA, Pedro de Pezarat, 1932-

Guerra e sociedade : Influências recíprocas ao longo do processo histórico. –
(A arte da guerra ; 6)
ISBN 978-972-44-1930-5

CDU 355

Paginação:
MA

Impressão e acabamento:
PAPELMUNDE
para
EDIÇÕES 70
em
Maio de 2017

EDIÇÕES 70, uma chancela de Edições Almedina, S.A.
Avenida Engenheiro Arantes e Oliveira, 11 – 3.º C – 1900-221 Lisboa / Portugal
e-mail: geral@edicoes70.pt

www.edicoes70.pt

GUERRA E SOCIEDADE
PEDRO DE PEZARAT CORREIA

70

«O relógio da história nunca marcha para trás.»
(Juan Clemente Zamora)

«Se a guerra evolui com o progresso,
este último é igualmente influenciado pela guerra;
há uma ação recíproca de um sobre o outro.»

(J. F. C. Fuller)

Prefácio

Se tivesse de dar um nome a este prefácio à nova obra do general Pedro de Pezarat Correia, que o leitor tem nas suas mãos, pediria de empréstimo a Raymond Aron, também ele amplamente presente e meditado nas páginas que se seguem, o título do magnífico estudo que o notável autor francês dedicou a Carl von Clausewitz: *Pensar a Guerra*. Com efeito, Pedro de Pezarat Correia consegue oferecer-nos, em escassas centenas de páginas, uma prodigiosa viagem intelectual – erudita nas fontes, concisa na expressão, profunda nos conceitos – sobre o inquietante, complexo e plural fenómeno da guerra, na sua relação matricial com a sociedade e com o devir histórico, essa misteriosa casa comum que constitui a temporalidade da condição humana.

A elegância e o sentido da proporção estão presentes neste livro, tanto no fluir do texto como na sua organização minuciosa. O autor acolhe nestas páginas com hospitalidade tanto o neófito dos assuntos militares como os mais experimentados especialistas. A uns e outros ele tem algo de novo a propor. Sobretudo, o Autor respeita a acertada distinção que Friedrich Schiller efectuou, numa conferência no histórico ano de 1789, entre o sábio que apenas trabalha para receber o seu salário (*Brotgelehrte*r) e a «cabeça filosófica» (*philosophischer Kopf*) que estuda os fenómenos reais para penetrar na essência multiforme da verdade – sempre pronta a ocultar-se no momento em que parece revelar-se –, mesmo que isso o conduza a perder-se num labirinto ou a uma perigosa odisseia com incerto destino. O Autor é um militar distinto, com uma longa experiência de serviço activo em vários campos de batalha. Tem também, como militar de Abril, um lugar nos anais da história contemporânea da democracia portuguesa. Mas aquilo que este ensaio mais exibe é a sua sede de conhecimento e o talento na sua transmissão, que Pedro de Pezarat Correia tantas vezes colocou em prática como escritor ou como professor e investigador. A ele pertencem estudos premonitórios sobre o futuro da instituição militar em Portugal, sobre a descolonização, sobre as grandes revoluções do Portugal contemporâneo, bem como originais tratados que ocupam um lugar específico na área disciplinar dos estudos estratégicos.

Neste livro concentram-se de modo particularmente apurado as qualidades do homem e do autor. Pensar a guerra implica não recusar o abraço da complexidade, aqui bem presente no modo como o Autor nos propõe de forma criativa e argumentando uma sucessão de etapas e modelos bélicos ao longo da história da humanidade. Pensar a guerra significa, também, desde logo, o compromisso fundamental de que a guerra deve ser estudada e compreendida com os olhos postos na paz. Fiel aos grandes clássicos, e em particular a Clausewitz, que está para os estudos da guerra como Newton está para a Física, o Autor recusa lançar a violência, a destruição e a ignomínia que caracterizam a fenomenologia da guerra – sempre suja e sangrenta – para o abismo do diabólico e do impensável. A única esperança que nos resta perante a guerra, como seres humanos e cidadãos, reside na sua racionalidade intrínseca. É isso que nos dá acesso à sua compreensão, num processo extenuante e esforçado de estudo e análise crítica, visando deslindar a teia de causalidades políticas, sociais, económicas e antropológicas envolvidas na génese dos conflitos. Compreender a guerra, através da representação da sua intrincada tessitura racional explicativa, abre-nos o caminho para a esfera política. A essência da guerra prende-se à metamorfose das sociedades e dos seus modos de organização política. É aí que se desembainham os sabres, mas é também aí que se reúnem as forças e alianças, materiais e morais, conducentes à paz positiva, aquela que tem um rosto próprio, um futuro dentro de si, e que não se limita a ser uma longa trégua.

Razão e política, compreensão e explicação (pelo menos parcial) articulam-se generosamente para alimentar as interrogações dos leitores sobre a interacção entre guerra e sociedade, onde se abrigam tantas das nossas angústias quanto ao futuro. Foi o primado da razão e da política que evitou a ignição da Guerra Fria, que teria destruído a civilização como a conhecemos. Mas este livro termina com as paisagens inquietantes da guerra informal, fragmentada, difusamente generalizada, tão própria deste tempo de desigualdade social crescente, crise ambiental e climática em alastramento, e erosão da instituição estadual em múltiplas geografias, de fome, medo e insegurança. Este livro concentra na política a possibilidade de salvação em relação à patologia terminal em que a guerra se poderá transformar, tendo em vista o inesgotável arsenal tecnológico de destruição em massa, disponível tanto para Estados como para beligerantes informais de perfis e contornos distintos. A política que nos poderá fazer vencer a guerra é, todavia, uma obra de arte frágil e sempre ameaçada. Este livro ajuda-nos a compreender e a acalentar essa prioridade e urgência de uma política que seja capaz de abolir a guerra, sob pena de, ao contrário do que escrevia Clausewitz, ser a política que se transforma num modo de continuar a guerra por outros meios. Não estaremos certamente à espera de ver erguer-se no solo da realidade contemporânea a concretização do sonho milenar da paz perpétua. Teremos, contudo, de ter a sabedoria, individual e colectiva, para vencer a ameaça de um pesadelo hobbesiano, de «guerra de todos contra todos», que parece perfilar-se no horizonte. E sobre isso, este livro deixa-nos não só uma inspiração útil, mas um caminho de pensamento e acção sem ambiguidades ou hesitações.

4 de Abril de 2017

Viriato Soromenho-Marques

Lista de Siglas e Acrónimos

ABQ – Guerra Atómica, Bacteriológica e Química
ADM – Armas de Destruição Maciça
ALBM – Mísseis Balísticos Lançados do Ar
ALN – Exército de Libertação Nacional (Argélia)
ANZUS – Pacto de Assistência Mútua EUA-Austrália-Nova Zelândia
AQMI – Al-Qaeda para o Magrebe Islâmico
AQPA – Al-Qaeda para a Península Arábica
C4I+SR – Comando, Controlo, Comunicações, Computorização e Informação, mais Vigilância e Reconhecimento
CIA – Central Inteligence Agency
CS – Conselho de Segurança (ONU)
DCI – Iniciativa de Defesa de Contraproliferação
DRS – Departamento de Informação e Segurança
EEC – Elemento Essencial de Combate
EMP – Empresa Militar Privada
EUA – Estados Unidos da América
FCS – Future Combat System
FIS – Frente Islâmica de Salvação
FLN – Frente de Libertação Nacional (Argélia)
FLNC – Frente de Libertação Nacional Corsa
GFCC – Grupos de Forças Combinadas Conjuntas
GFT – Governo Federal de Transição
GIA – Grupo Islâmico Armado
GICL – Grupo Islâmico Combatente da Líbia
GOM – Grupos Operacionais de Manobra
GPS – Global Position System

GSPC – Grupo Salafita de Predicação e Combate
ICBM – Mísseis Balísticos Lançados da Superfície
KT – Quilotoneladas
METO – Organização do Tratado do Médio Oriente
MEI – Movimento por um Estado Islâmico
MIA – Movimento Islâmico Armado
MIRV – Mísseis com Ogivas Múltiplas Independentes
MT – Megatoneladas
OLP – Organização de Libertação da Palestina
ONU – Organização das Nações Unidas
OTAN – Organização do Tratado do Atlântico Norte
OUA – Organização da Unidade Africana
PV – Pacto de Varsóvia
RAM – Revolução nos Assuntos Militares
R&D – Investigação e Desenvolvimento
RMA – Revolution in Military Affairs
RPC – República Popular da China
SDN – Sociedade das Nações
SEATO – Organização do Tratado do Sudeste Asiático
SLBM – Mísseis Balísticos Lançados de Submarinos
TNP – Tratado de Não Proliferação de Armas Nucleares
TNT – Trinitrotelueno
TSF – Telegrafia Sem Fios
UE – União Europeia
UNESCO – Organização das Nações Unidas para a Educação e Ciência
URSS – União das Repúblicas Socialistas Soviéticas
ZEA – Zona de Exclusão Aérea

I.

INTRODUÇÃO

«Em todas as épocas a sociedade dos Estados e a natureza da guerra agem uma sobre a outra.»

(RAYMOND ARON)

«A guerra tem as suas raízes profundas no facto de o homem viver em sociedades organizadas.»

(GASTON BOUTHOUL)

Atribui-se a Flávio Vegécio, escritor romano do século IV, autor de livros sobre temas militares, nomeadamente do *Compêndio da Arte Militar* (1), frequentador dos círculos do imperador, a autoria do aforismo que se tornou permanente e universal, *si vis pacem para bellum*, em geral traduzido por «se queres a paz prepara a guerra». É, no fundo, um pensamento perverso, que foi sempre útil instrumento para os apologistas das políticas mais ou menos musculadas, belicistas assumidos ou envergonhados. Na atualidade, encontra acolhimento nas teorias realistas ou neorrealistas das relações internacionais, que têm, da paz, uma perspetiva da paz imperial ou da paz dos vencedores, a paz pela ausência de guerra, isto é, a paz negativa, segundo a formulação de Johan Galtung (2).

(1) VEGÉCIO, *Compêndio da arte militar*, Coimbra, Imprensa da Universidade de Coimbra, 2009.

(2) GALTUNG, Johan, *Peace by Peaceful Means – Peace and conflict, development and civilization*, Oslo, International Peace Research Institute, 1996, pp. 2 e 3.

Nos antípodas deste conceito, proponho outro, «se queres a paz prepara a paz», que recusa a paz negativa e aposta numa paz positiva, estrutural ainda de acordo com Galtung, porque construída tendo a própria paz como objetivo. Registei pela primeira vez esta posição, por escrito – oralmente várias vezes a tinha expresso antes, em público – em janeiro de 1987, nas páginas da *Seara Nova* (3), numa recensão crítica ao *Livro Branco de Defesa Nacional 1986*: «[...] todo o espírito que anima o Livro Branco assenta no velho aforismo romano *se queres a paz prepara a guerra*. Aforismo que deve hoje ser considerado um arcaísmo estratégico e dar lugar a este outro *se queres a paz prepara a paz* [...]».

Por outras palavras, Frederico Mayor Zaragoza, antigo diretor-geral da UNESCO, expressou a mesma ideia quando escreveu «Em vez do cínico provérbio *se queres a paz prepara a guerra*, temos de proclamar *se queres a paz prepara-te para a paz e tenta construí-la na tua vida quotidiana*» (4). E, repetia em termos diferentes noutra ocasião, «É um erro pensar, como fizeram os romanos, que para chegar à paz temos que preparar a guerra – *si vis pacem, para bellum*. Se prepararmos a guerra chegaremos irremediavelmente à guerra» (5). Esta ideia final de Frederico Mayor é inteiramente corroborada pelo respeitado politólogo norte-americano Joseph S. Nye, que afirma que «Quando acreditamos que a guerra é inevitável estamos muito perto da última jogada» (6).

No intervalo entre estes dois extremos foram surgindo algumas derivações à máxima romana que, embora distanciando-se do seu pecado original, têm com ela o denominador comum de equacionarem a paz em função da guerra. É o caso de «se queres a paz estuda a guerra» ou, nesta mesma linha, «se queres a paz conhece a guerra». Poderá dizer-se que estes dois últimos adágios, aliás

---

(3) CORREIA, Pedro Pezarat, «A propósito do Livro Branco de Defesa Nacional», in *Seara Nova*, janeiro de 1987, p. 23.

(4) Citado por PUREZA, José Manuel, «Estudos sobre a paz e cultura da paz», in *Nação e defesa*, n.º 95/96, Lisboa, IDN, outono-inverno 2000, p. 41.

(5) MAYOR, Frederico, «Desenvolvimento endógeno e governação democrática», in *Globalização, desenvolvimento e equidade*, Lisboa, Publicações Dom Quixote, 2001, p. 96.

(6) NYE JR, Joseph S., *Compreender os conflitos internacionais – uma introdução à teoria e à história*, Lisboa, Gradiva, 2002, p. 21.

quase coincidentes, são ambíguos. Porque, se o estudo ou o conhecimento da guerra (estudá-la para melhor a conhecer) pode entender-se como adquirir consciência dos seus horrores, das suas causas, dos seus condicionamentos, das suas consequências, das suas perversidades, dos seus aproveitamentos, para racionalmente a recusar, também pode significar dotar-se do domínio dos seus segredos, das suas técnicas, das suas teorias, da vantagem de passar pela experiência da guerra para melhor a conduzir, para nela conseguir melhores resultados e para dela retirar maiores proveitos. Ou seja, para melhor conseguir a paz dos vencedores.

Poderá dizer-se que, ao elaborarmos este trabalho, que se inscreve numa preocupação mais vasta de estudos para a paz e se dedica às teorias e doutrinas dos conflitos e da guerra, estamos a identificar-nos com o provérbio «se queres a paz estuda (ou conhece) a guerra». Se bem que, como já deixei claro, não me inscreva nessa linha de pensamento, porque penso que o caminho da paz não se esgota, nem sequer passa preferencialmente pelo conhecimento da guerra, não deixo de aceitar que o conhecimento da guerra, realidade social incontornável, histórica e atual, pode, se for conduzido de forma crítica, descomprometida, ser um bom contributo para uma pedagogia da paz, orientada para os objetivos da paz e despida de intenções apologéticas da guerra camufladas em conteúdos tecnocráticos. Estes últimos poderão ter cabimento no domínio das ciências militares, mas não no dos estudos para a paz. A perspetiva em que nos colocamos afasta qualquer apologia da guerra e identifica-se com a forma como o general André Beaufre, no Prólogo do seu livro *La guerre révolutionnaire*, se lhe refere: «[...] esta doença social a que chamamos guerra» ([7]). Doença social é, de facto, o termo que melhor caracteriza um fenómeno que, como desenvolveremos, é eminentemente social. Pela persistência ao longo dos tempos e pela expansão planetária, poderemos mesmo dizer que é uma epidemia social.

Propomo-nos, então, ensaiar aqui uma abordagem sobre a guerra numa perspetiva polemológica. Gaston Bouthoul criou o termo polemologia para qualificar o ramo das ciências sociais que «[...] estuda, num espírito interdisciplinar, as guerras, a paz e os conflitos,

([7]) BEAUFRE, *La guerre révolutionnaire*, Paris, Fayard, 1972, p. I.

trilogia inseparável da vida das sociedades» ([8]). E sublinha, para demarcar as áreas respetivas, que «[...] o fim da polemologia [...] não é resolver a questão da guerra, que é próprio da política, mas de a colocar, de melhor a colocar para ajudar o poder a resolvê-la em melhores condições [...]» ([9]) Ou seja, a polemologia não visa o desencadeamento, a condução ou a decisão sobre as guerras, apenas «[...] constitui uma disciplina de aviso para o conhecimento e pedagogia dos fenómenos conflituais» ([10]).

Então, a perspetiva polemológica em que nos situamos é a de uma análise do fenómeno da guerra para melhor a compreender, com uma finalidade pedagógica que visa contribuir para a evitar e, no limite, para a tornar dispensável.

Partiremos para isso da caracterização do conceito de guerra no quadro mais geral dos conflitos, mas de um conceito já adquirido que constitua, em nossa opinião, o mais elaborado, o que quer dizer que não vamos deter-nos num processo ensaístico para chegar ao conceito de guerra. Pelo contrário, o nosso trabalho desenvolver-se-á para jusante do conceito. Na sequência dessa caracterização, incluiremos um subcapítulo sobre as causas e origens da guerra, que constituirá uma síntese das várias teorias e das várias escolas que sobre esta matéria foram surgindo, em especial a partir do Século das Luzes, quando a guerra começou a ser questionada nos seus fundamentos.

Num capítulo seguinte, estudaremos a evolução da guerra ao longo dos séculos enquanto fenómeno inserido na sociedade do seu tempo, os tipos e formas que assumiu, como foi influenciada e como influenciou o processo histórico, de acordo com os progressos da técnica, os vários poderes políticos, os modelos de sociedade, os sistemas económicos, as relações internacionais e a própria ciência militar. Seguiremos sociólogos de diferentes matizes ideológicas que exploraram as relações que sempre têm existido entre os modelos de instituição militar e os tipos de sociedade das épocas históricas correspondentes, que se refletem na tipologia e dimensão dos

---

([8]) Bouthoul, Gaston, Carrere, René, e Annequin, Jean-Louis, *Guerres et civilisations*, Paris, Fondation pour les Études de Défense Nationale, Cahier n.º 14, 1979, p. 22.

([9]) *Idem*, p. 159.

([10]) *Idem*, p. 159.

conflitos internos e externos. Como muito bem salienta Raymond Aron, «[...] em todas as épocas a sociedade dos Estados e a natureza da guerra agem uma sobre a outra: a sociedade dos Estados suscita guerras de um certo tipo e o tipo de guerra influi na organização da sociedade dos Estados e da sociedade de cada um deles» ([11]). Pensamento que já deixara expresso na sua obra magna, de forma mais sintética, nestes termos: «Fenómeno social, ela (a guerra) implica por definição a sociedade» ([12]).

Este capítulo compreenderá três subcapítulos, correspondendo cada um deles, a uma das eras em que a história militar pode ser compartimentada, de acordo com as ruturas provocadas na sua evolução, em resultado do que hoje vem sendo conhecido como revoluções nos assuntos militares, conceito sobre o qual há alguns mal-entendidos interpretativos que procuraremos esclarecer. Surgiu, recentemente, a designação *revolution in military affairs*, que em Portugal se tem traduzido por «revolução dos assuntos militares», sintetizada na sigla RAM, aplicada à rutura verificada no fenómeno da guerra com o fim da Guerra Fria e a entrada na era da globalização e que, por analogia que justificaremos, vamos também atribuir à rutura produzida dois séculos antes, com as inovações de Napoleão Bonaparte e com o pensamento de Carl Von Clausewitz. Chamaremos a esta a RAM clausewitziana, para a distinguir da atual, que designaremos por RAM em curso. O primeiro subcapítulo corresponderá, então, à era pré-moderna que desde a Antiguidade se prolongou até à RAM clausewitziana. O segundo subcapítulo incluirá a RAM clausewitziana e estende-se até à era moderna. O último compreenderá a RAM em curso, que caracteriza a era pós-moderna e incluirá uma abordagem do complexo problema das novas guerras, abordagem que será sempre ensaísta e precária, na medida em que é matéria que ainda está longe de merecer uma interpretação consensual.

([11]) Aron, Raymond, *Clausewitz*, Lisboa, Esfera do Caos, 2009, p. 93.

([12]) *Idem*, *Paix et guerre entre les nations*, Paris, Calmann-Lévy, 1962, p. 349.

II.

A GUERRA

«O traço mais surpreendente da guerra parece ser o seu carácter de fenómeno coletivo.»

(Gaston Bouthoul)

«A guerra é um instrumento racional de política nacional.»

(Carl Von Clausewitz)

1.

O conceito

«A racionalidade é a ideia central de todas as teorias da guerra existentes.»

(Richard Ned Lebow)

«A guerra não é outra coisa senão a continuação da política de Estado por outros meios.»

(Carl Von Clausewitz)

A guerra é um conflito. A guerra cabe, inteiramente, no conceito mais amplo de conflito, esgota-se no conceito de conflito. Inversamente, o conflito não se esgota no conceito de guerra, excede-o. Todas as guerras são conflitos, mas nem todos os conflitos são guerras.

O conflito, de acordo com a síntese que acolhi no meu *Manual de geopolítica e geoestratégia* ([13]), é um afrontamento intencional que pressupõe uma vontade racional, opõe seres da mesma espécie, exclusivamente seres humanos e, portanto, é um fenómeno humano, social e, para além disso, implica o uso da coação, que pode ser, ou não, violenta. O aspeto mais importante a reter desta caracterização

([13]) Correia, Pedro de Pezarat, *Manual de geopolítica e geoestratégia*, Coimbra, Quarteto, 2002, e Coimbra, Almedina, 2010.

do conflito para dele partirmos para o conceito de guerra é a sua natureza humana e social, isto é, não há conflito sem a intervenção do ser humano, não há conflito quando o ser humano se confronta com riscos colocados pela natureza ou por animais irracionais, tal como não há conflito entre seres humanos desinseridos de contextos sociais. O conflito é um fenómeno do ser humano vivendo em sociedade.

Neste quadro cabe a guerra por inteiro. Onde o conflito excede a guerra é que pode ser individual, ou seja, há conflito quando um ser humano se confronta com outro ser humano, ou quando se reduz ao mero conforto entre pequenos grupos de seres humanos em disputas particulares ou privadas. A guerra, pelo contrário, sendo também um fenómeno humano e social, é coletiva, grupal, organizada e pressupõe o recurso a meios de coação violentos, ainda que possa limitar-se ao patamar da ameaça do recurso à violência, sem chegar à efetiva utilização de meios violentos. Rousseau escreveu que a guerra não é uma relação homem a homem, mas uma relação Estado a Estado ([14]). E Raymond Aron, em *Paix et guerre entre les nations*, é taxativo, afirmando que, sendo um fenómeno social, a guerra implica, por definição, a sociedade ([15]). Gaston Bouthoul, incontornável em qualquer tentativa de clarificação conceptual sobre a guerra, é neste aspeto de uma clareza total:

> A primeira distinção que se pode estabelecer entre a guerra e as outras formas de luta é que estas últimas podem desenrolar-se contra coisas inertes ou adversários inconscientes. A guerra, ao contrário, supõe um inimigo ativo e organizado. Implica reciprocidade e ação voluntária [...]. O traço mais surpreendente da guerra parece ser o seu carácter de fenómeno coletivo. Neste sentido é que deve ser nitidamente diferenciada e separada dos atos de violência individuais. ([16])

([14]) ROUSSEAU, Jean-Jacques, *Contrato social*, Lisboa, Editorial Presença, 1977, p. 17.

([15]) *Op. cit.*, p. 349.

([16]) BOUTHOUL, Gaston, *A guerra*, São Paulo, Difusão Europeia do Livro, 1964, pp. 30 e 31.

Fixemo-nos, então, nesta síntese, na qual assentará toda a nossa reflexão sobre a guerra: a guerra é um fenómeno humano, social, coletivo, violento.

A guerra terá emergido nas sociedades humanas na era da sedentarização e da revolução agrícola, em paralelo com outras duas manifestações da vida coletiva, aliás intimamente associadas à guerra, a propriedade e o poder. Como terá dito Rousseau, a célula social funda-se quando, à volta do primeiro grupo que, delimitando uma área de terreno habitável, proclamou «isto é meu», se instituiu um poder de facto que se legitimou e se dotou de capacidade e vontade para se impor internamente e para, em relação ao exterior, preservar ou alargar esse património. Da disputa entre os diversos patrimónios em formação – propriedade – ou entre os diferentes líderes em ascensão – poder – nasceram as primeiras guerras.

Coloca-se aqui a questão de saber se a violência, como recurso para adquirir/defender propriedade e para conquistar/preservar poder, será ou não inerente à condição humana, se a agressividade é ou não inata da componente animal do homem. Os defensores desta tese inscrevem-se nas correntes de pensamento apologistas das causas biológicas ou psicológicas da guerra, que vieram a encontrar em Hobbes o seu suporte teórico quando entende o homem como lobo do homem, para concluir que o estado de natureza entre Estados é o estado de guerra. Opunham-se aos humanistas das causas sociológicas e económicas na linha de Rousseau, para quem o homem é, por natureza, bom e se corrompe com a civilização, produto da vida em sociedade, sede originária da violência organizada, sempre radicada em motivações económicas.

Regressemos a Gaston Bouthoul, que faz uma síntese integradora destas duas teses opostas, a que podemos chamar pessimista e otimista, sobre a natureza humana face à violência: «[...] a guerra não tem as suas raízes profundas apenas no que há de animal no homem, mas também na sua própria natureza, no facto de ele viver em sociedades organizadas» ([17]). E, por isso, este autor considera que entre os homens do Paleolítico não havia guerras, não porque fossem

---

([17]) Bouthoul, Gaston, Carrere, René, e Annequin, Jean-Louis, *Guerres et civilisations*, Paris, Fondation pour les Études de Défense Nationale, Cahier n.º 14, 1979, p. 39.

melhores do que os seus sucessores, mas porque ainda não se colocavam as questões que vieram a provocá-las ([18]).

De qualquer forma, estes dois conjuntos de teorias, ainda que antagónicos, tinham em comum um efeito algo perverso: ambas consideravam a guerra na ordem natural das coisas, fosse o homem ou a sociedade, portanto, inevitável. Eram abordagens que poderemos chamar pré-científicas ([19]), uma atitude fatalista perante a inevitabilidade da guerra que se inscreve naquilo a que Rapoport, no Prefácio à obra magna de Clausewitz, *Da guerra*, chama as filosofias escatológica e cataclísmica da guerra ([20]). De acordo com a filosofia escatológica, a guerra cumpre um desígnio divino e definitivo, transcendente ou sobrenatural. Conforme a filosofia cataclísmica, a guerra é uma catástrofe, uma calamidade, um flagelo imposto à humanidade. Daí que nada houvesse a fazer, além de a enfrentar e procurar minimizar os seus danos. Por isso não se investia no estudo da guerra para a conhecer e compreender, aceitava-se a mesma como as outras fatalidades, as catástrofes naturais, as epidemias. Os estudos sobre a guerra apenas incidiam na forma de melhor a enfrentar e conduzir. Os realistas vão aqui buscar alguns dos argumentos para justificar as suas teses da inevitabilidade da guerra, ainda que situem as causas em domínios mais concretos, como a anarquia do sistema internacional.

Até que chegou a altura em que o progresso científico e filosófico despertou o homem para a necessidade de interpretar e compreender, não só o mundo que o rodeia, como o comportamento humano perante esse mesmo mundo. Com o século XVIII, o chamado Século das Luzes, culminava um longo percurso do pensamento europeu que vinha desde os gregos do século V a.C., em que a razão se foi sobrepondo ao mito na busca de respostas racionais para a realidade visível ou imaginável, até aí explicável pela magia, pela superstição, pela crença religiosa. A guerra não escaparia às novas abordagens racionalistas, deixa de ser aceite como um castigo de Deus, como um flagelo natural, como uma fatalidade inelutável e, como concluiu

---

([18]) *Idem*, p. 141.

([19]) DOUGHERTY, James E., e PFALTZGRAFF JR, Robert L., *Relações internacionais, as teorias em confronto*, Lisboa, Gradiva, 2002, Nota 2 p. 283.

([20]) RAPOPORT, Anatole, «Prefácio», in *Da guerra*, Lisboa, Perspectivas & Realidades, 1976.

Gwynn Dyer ([21]), passa a ser vista como uma invenção do homem. É, aliás, um percurso paralelo e contemporâneo com o que se verifica na filosofia do Estado depois de Vestefália, em que a legitimação divina do poder do soberano é substituída por um poder racionalista assente nos três pilares da soberania do Estado moderno, território, povo, lei. Guerra e Estado vão, a partir de então, estar indissoluvelmente associados, impondo-se aquilo a que Rapoport chama a filosofia política da guerra.

Coube a Carl Von Clausewitz, prussiano, general, pensador da guerra, o mais citado escritor militar da história, a introdução desta nova maneira de encarar a guerra. Não quer dizer – e é preciso que isto fique bem claro – que antes de Clausewitz as guerras fossem conduzidas com objetivos escatológicos e/ou cataclísmicos e que depois de Clausewitz tenham passado a sê-lo com objetivos políticos. As guerras perseguiram, desde sempre, objetivos políticos. O que mudou com Clausewitz foi a forma de encarar, de interpretar a guerra. Ao que antes era interpretado de acordo com princípios filosóficos, como formas de encarar o posicionamento do homem perante a vida e a morte, escatológicos e cataclísmicos, Clausewitz conferiu um sentido racional e político. Foi o percurso intelectual iniciado por Clausewitz que levou a que hoje Richard Ned Lebow, entre outros estudiosos e sociólogos do fenómeno bélico, possa afirmar, sem ser contrariado, que «A racionalidade é a ideia central de todas as teorias da guerra existentes» ([22]).

O general prussiano foi o primeiro pensador militar que se preocupou, para além da melhor forma de preparar e conduzir as guerras – e a sua obra também é um tratado sobre isto –, em compreender de forma integrada a própria guerra, a sua natureza, os seus fundamentos, as suas origens e causas. Compreender a guerra enquanto fenómeno humano e, portanto, social e político.

Antes de Clausewitz, os grandes tratadistas da guerra apenas se preocupavam com a regulamentação da organização das forças para o combate, com a preparação e aperfeiçoamento dos combatentes, com a planificação e condução das batalhas, com a recolha

---

([21]) SOUSA, Vinício de, *No labirinto do minotauro*, Lisboa, Esfera do Caos, 2010, p. 149.

([22]) LEBOW, Richard Ned, *Why Nations Fight*, Cambridge, Cambridge University Press, 2010, p. 44.

e análise dos ensinamentos das guerras passadas. Escreveram e deixaram obras muito valiosas, mas que eram meros manuais de campanha ou manuais de combate. Aqui e ali, deitavam um olhar sobre uma ou outra componente da filosofia da guerra – por exemplo, Tucídides faz uma incursão muito interessante sobre as causas da Guerra do Peloponeso ([23]) –, mas nunca de uma forma sistemática ou tendo esse particular como objetivo.

Recuemos ao celebrado Sun Tzu, general chinês que muitos consideram o precursor do pensamento estratégico militar, que provavelmente viveu na passagem do século VI para o século V a.C. O seu livro *A Arte da guerra* ([24]) aborda, sobretudo, a liderança de homens em campanha, o planeamento, a decisão, a conduta do combate, a preparação e o treino dos militares. A guerra existia, e o que competia ao chefe era conduzi-la o melhor possível ao serviço do príncipe.

O já referido Tucídides, escritor grego do século V a.C., quando o *logos* começava a ensaiar os primeiros passos na conquista de espaço ao mito, é o cronista de grande parte da Guerra do Peloponeso da qual foi contemporâneo. Conta como esta dividiu as cidades-estado gregas em dois blocos, o bloco marítimo liderado por Atenas, que viria a ficar cada vez mais isolado, contra o bloco continental liderado por Esparta, agrupado na Liga do Peloponeso. Tucídides analisa as causas deste conflito em particular, mas não da guerra em geral, e relata como as alianças se formaram, como as batalhas se sucederam, como os desfechos se verificaram. E coloca-se numa posição a que hoje poderíamos chamar realista, encarando a guerra como uma inevitabilidade, produto das relações e equilíbrios de poder entre potências dominantes.

A guerra das Gálias, um clássico de Júlio César (século I a.C.) ([25]), é um relato vivido dos acontecimentos que enfrentou pessoalmente e das batalhas que ele próprio comandou. É, mesmo, a obra de um estratega *avant la lettre*, mas passa ao lado dos fundamentos da guerra. Estava na ordem natural das coisas e ainda era cedo para equacioná-la.

([23]) TUCÍDIDES, *História da guerra do Peloponeso*, Lisboa, Edições Sílabo, 2008.

([24]) TZU, Sun, *A arte da guerra*, Lisboa, Edições Sílabo, 2006.

([25]) CÉSAR, Júlio, *A guerra das Gálias*, Lisboa, Edições Sílabo, 2004.

Vegécio é um escritor romano mais tardio (finais do século IV d.C.), e o seu *Compêndio militar* continua a ser um puro manual, que se debruça sobre todas as áreas em que, modernamente, se divide a ciência militar abaixo do nível estratégico: do pessoal, incluindo o recrutamento, a disciplina, a hierarquia, o moral das tropas; das operações, incluindo o treino, a organização para o combate, o dispositivo, os deslocamentos, a conduta do combate; das informações, incluindo o estudo do inimigo, do terreno, a segurança; da logística, incluindo os armamentos e os abastecimentos. E Vegécio debruça-se mesmo sobre áreas menos comuns, como a das fortificações e a das batalhas navais. É já uma obra relativamente avançada e que, como salienta João Gouveia Monteiro, no profundo e detalhado Estudo Introdutório da edição que coordenou e foi publicada pela Universidade de Coimbra, em 2009, se inscreve, prematuramente, na escola realista, sendo mesmo o criador do aforismo *qui desiderat pacem praeparet bellum*. Segundo Milner, esta será a mais precoce expressão, em latim, do célebre paradoxo clássico *si vis pacem para bellum*. ([26]) Mas, sobre os fundamentos e filosofia da guerra, com Vegécio permanece a omissão.

Nicolau Maquiavel, já um modernista do Renascimento (século XV/XVI) e um involuntário patrono do realismo, com *A arte da guerra* apresenta-nos um estudo profundo da problemática militar do seu tempo, sobre a organização, treino, tática, disciplina, logística, liderança. David Martelo, no Estudo Introdutório da edição publicada pela Sílabo, diz, e eu concordo, que é uma obra marcadamente técnica, algo de muito semelhante ao que modernamente designamos por regulamento de operações ([27]).

Mesmo Antoine-Henri Jomini (século XVIII/XIX), de naturalidade helvética, mas que serviu em altas funções no exército de Napoleão, já um homem das Luzes e contemporâneo de Clausewitz, no seu *Compêndio da arte da guerra* ([28]) não vai além do estilo manual, o estudo da guerra pela guerra, da tática à logística, no sentido de

([26]) MONTEIRO, João Gouveia, «Estudo Introdutório», in *Compêndio da arte militar*, de VEGÉCIO, Coimbra, Imprensa da Universidade de Coimbra, 2009.

([27]) MARTELO, David, «Estudo Introdutório», in *A arte da guerra*, Lisboa, Edições Sílabo, 2006, p. 25.

([28]) JOMINI, Antoine-Henri, *Compêndio da arte da guerra*, Lisboa, Edições Sílabo, 2009.

melhorar o funcionamento da máquina militar. É certo que o autor vai um pouco mais longe do que os seus antecessores, antes aqui referidos, também se antecipando à linha realista quando afirma que a guerra é, para sempre, um mal necessário. Insere mesmo um capítulo, «Da política e da guerra», em que analisa as razões pelas quais os Estados se envolvem em guerras e as formas que estas assumem. Mas não chega a debruçar-se sobre a filosofia da guerra e é mesmo algo arrogante em relação à obra escrita do seu rival prussiano. Conheceram as obras um do outro, mas Jomini teve oportunidade de se debruçar com muito mais tempo sobre a de Clausewitz, até porque teve o privilégio de lhe sobreviver quase quatro décadas.

Seria, de facto, Clausewitz, o introdutor de um pensamento que mergulha nos fundamentos da guerra, e, por isso, fez jus ao título póstumo de filósofo militar ou filósofo da guerra. Depois dele, toda a teorização sobre a guerra passou a ser decisivamente influenciada pelo seu pensamento, e nunca mais ninguém pôs em causa que a guerra constitui um fenómeno social ao serviço do poder político. Este é o fundamento central de toda a elaboração teórica clausewitziana.

Aliás, aqueles pensadores ou escritores militares, anteriores a Clausewitz, já haviam registado que a guerra serve a política. Na época de Sun Tzu vigorava o sistema feudal na China, e o estratega chinês tinha consciência de que era ao serviço do príncipe que colocava a sua arte militar. A frase com que abre *A Arte da guerra* é elucidativa: «A arte da guerra é de importância vital para o Estado» ([29]). Elucidativa é, também, a forma como inicia o Capítulo VII: «Na guerra o general recebe as suas ordens do soberano» ([30]).

Tucídides não tem dúvidas de que a causa próxima da Guerra do Peloponeso foi a rutura da balança do poder entre as cidades-estado gregas e, fundamentalmente, o receio que o crescimento de poder de Atenas estava a provocar nas suas vizinhas.

César nem precisou de o dizer, era senador e chefe militar, e as suas legiões serviam-no a si e à sua fação no poder político de Roma.

([29]) *Op. cit.*, p. 65.

([30]) *Idem*, p. 109.

O tratado de Vegécio reflete a sua perceção do papel que a guerra sempre desempenhou no desenvolvimento do Império Romano, até ao seu apogeu e é nesse sentido que vai o seu conselho ao imperador seu contemporâneo, provavelmente Teodósio.

Maquiavel é muito mais claro e David Martelo, no já referido Estudo Introdutório, afirma, concludentemente, que para Maquiavel a guerra era a questão política por excelência, que a ideia da guerra ao serviço de Deus estava completamente arredada do seu pensamento e que, apesar de Vestefália ainda estar longe, já nele era patente a ideia da guerra impregnada de sentimento nacional.

Por fim, Jomini, já pós-Vestefália, discorre sobre as razões pelas quais os Estados fazem as guerras, mostrando que estava ciente de quem a guerra servia, de quem a guerra era instrumento, dos Estados obviamente.

Todos estes clássicos não faziam mais do que constatar o óbvio. As grandes guerras da história que relataram ou nas quais se inspiraram para elaborarem os seus tratados e compêndios não permitem outras conclusões. No essencial, todas as guerras foram travadas por poder, com objetivos políticos.

Na Antiguidade, as guerras greco-persas foram disputas entre impérios ou pelo alargamento de impérios, como a Guerra do Peloponeso foi uma luta pela hegemonia na península Ática e como as grandes campanhas de Alexandre, para sul da Grécia e para o interior da Ásia Central, configuraram um projeto imperial em larga escala. Entre impérios e pela hegemonia do mundo mediterrânico foram também travadas as Guerras Púnicas entre Roma e Cartago, como imperiais foram as empresas militares de César e Mário para o Ocidente europeu. Imperiais e, posteriormente, entre impérios foram as invasões, agora em sentido inverso, dos hunos para ocidente.

As guerras franco-árabes que terminaram em Poitiers, no século VIII, foram também entre impérios, pois, apesar da componente religiosa do confronto, poder e religião confundiam-se, os impérios justificavam-se em nome de fés religiosas. No fundo, eram disputas políticas por impérios hegemónicos em formação. Da vitória cristã nasceu o Império Carolíngio e feudal fundado por Carlos Magno.

Na Ásia Central ou a partir da Ásia Central para o Extremo Oriente e para o Ocidente europeu, envolvendo persas, chineses, mongóis, indianos, turcos, árabes e europeus, foram permanentes as guerras de conquista das tribos nómadas em busca de destino para a sua sedentarização.

As guerras santas no Médio Oriente, a partir do Médio Oriente, ou tendo como objetivo o Médio Oriente, a *jihad* pregada por Maomé, as cruzadas decididas no Vaticano e as guerras em nome de Jeová foram guerras por poder político, ainda que muitos combatentes não tivessem essa perceção e fossem mobilizados pela fé, ou em nome da fé, enquanto outros o eram pela ganância e pela promessa do saque. As ordens militares e religiosas eram milícias do poder. Em nome de Deus era a política que motivava quem as desencadeava, muitas vezes poderes teocráticos.

Políticas foram as guerras pouco conhecidas entre os povos do continente americano antes da colonização europeia. Como políticas foram as guerras de dominação europeia e, depois, de colonização, no Extremo Oriente, na América e em África, apesar da óbvia motivação económica e das invocadas intenções humanitárias e de propagação da fé.

As guerras na Europa Ocidental, pela consolidação dos Estados europeus, mesmo quando, mais uma vez, foram motivadas por antagonismos religiosos, ou quando o sistema feudal sujeitava as monarquias à proteção do papa, foram guerras por poder político.

Em resumo, é uma constante indesmentível que todas estas guerras ou campanhas de longa duração que envolveram guerras diversas, anteriores a Clausewitz, podendo ter associadas motivações secundárias, fossem religiosas ou económicas, étnicas ou tribais, ajustes de contas ou civilizacionais, questões de honra ou de sobrevivência ou até meras questões pessoais, tiveram sempre como motivação central o poder, como objetivo final a política nas suas mais diversas expressões, domínio, hegemonia, segurança, interesses. Dougherty e Pfaltzgraff apoiam-se, entre outros, em Donald Kagan, para quem a guerra é o resultado da competição pelo poder, para concluírem que «O problema da guerra é antes de mais um problema de decisão política [...]» ([31]). Mas foi preciso esperar por Clausewitz, que seria o primeiro a compreendê-lo lucidamente e a dar-lhe uma interpretação racional e não dogmática. Com ele, a guerra passou a ser entendível.

([31]) *Op. cit.*, pp. 242 e 326.

*

Do espólio literário de Clausewitz, que só foi publicado postumamente, a obra magna é o grande tratado *Da guerra*, cuja revisão para publicação estava longe de concluída aquando da sua morte. O próprio Clausewitz deixou três notas junto dos seus manuscritos, na terceira das quais alertava: «O Primeiro Capítulo do Livro I é o único que considero como acabado» ([32]). Ora, a obra compõe-se de 3 partes e 8 livros, subdivididos em 125 capítulos, dos quais só o primeiro Capítulo do Primeiro Livro da Primeira Parte o autor considerava acabado.

Na generalidade, *Da guerra* é, como os tratados e compêndios dos seus antecessores, um manual de campanha e de combate, talvez mais minucioso, ao nível do de Jomini. Onde a obra de Clausewitz é inovadora, única até então, é exatamente no Capítulo I, com o título «Que é a guerra?», do Livro I, a que chama «A natureza da guerra». É aí que o autor desenvolve a sua filosofia política da guerra. É certo que nos Capítulos II e III do Livro VIII, que intitulou «O plano da guerra» e que é onde o autor se debruça sobre a estratégia, regressa à reflexão sobre a guerra, o que refere expressamente na Nota II, datada de 1827, quatro anos antes da sua morte. Prova a importância que atribuía a este tema, pois nessa nota confessa o desejo de completar o Livro VIII antecipadamente, por considerar que tal o ajudaria na conceção dos restantes, ainda que com numerações anteriores ([33]).

É de facto no Livro I/I que Clausewitz rompe com as filosofias escatológica e cataclísmica e, sem o enunciar, lança os fundamentos da filosofia política da guerra. Como já noutras oportunidades escrevi ([34]), o essencial do pensamento de Clausewitz sobre a guerra está condensado em quatro pilares, constituídos por três

---

([32]) Clausewitz, Carl Von, *Da guerra*, Lisboa, Perspectivas & Realidades, 1976, p. 67.

([33]) *Idem*, p. 66.

([34]) *Manual de geopolítica e geoestratégia*, vol. I, Coimbra, Quarteto, 2002, e Coimbra, Almedina, 2010.

– «Revolução nos assuntos militares», in *Revista de história das ideias – A guerra*, vol. 30, Instituto de História e Teoria das Ideias, Coimbra, Faculdade de Letras da Universidade de Coimbra, 2009.

frases-síntese do próprio e por uma frase deduzida do prefaciador Anatole Rapoport. A primeira frase-síntese é, talvez, a mais célebre e mais repetida de sempre, e quase a podemos considerar o epigrama do filósofo da guerra, a que Raymond Aron chamou «a fórmula» – «A guerra é a continuação da política por outros meios». O que quer dizer que a guerra serve objetivos políticos, que o poder político quem comanda a guerra.

A segunda é aquela a que diversos autores chamam «definição monista da guerra» – «A guerra é um ato de violência destinado a forçar o adversário a submeter-se à nossa vontade». Isto é, a guerra é uma luta de vontades e a vitória passa, não pela destruição física do outro, mas pela destruição no outro da vontade de prosseguir o combate. A terceira é a que ficou conhecida por «definição trinitária da guerra»:

> A guerra é uma maravilhosa trindade, composta pela violência original dos seus elementos: pelo ódio e animosidade que podem ser considerados o instinto cego; pelo jogo das probabilidades e azar, que a torna uma atividade livre da alma; e pela natureza subordinada de instrumento político, através do qual pertence à razão.

Com esta trindade, o que Clausewitz pretende acentuar é, em termos simplistas, que na guerra interagem três elementos fundamentais: o povo que participa pela emoção; o militar que atua pela estratégia; e o político que age pela razão.

O quarto pilar do pensamento de Clausewitz é o que Rapoport definiu como «o paradigma» e que deduz do pensamento genérico desenvolvido em todo o livro *Da Guerra*, nomeadamente das três frases-síntese e em especial da definição trinitária: «A guerra é um instrumento racional de política nacional». Racional porque se baseia numa avaliação da relação custo/eficácia e não no resultado de fenómenos ocasionais, fruto do acaso ou da ação de forças ocultas, sobrenaturais ou transcendentes. É um instrumento porque não é um objetivo em si, não se serve a si própria, a guerra pela guerra, mas objetivos da política. E é nacional porque esses objetivos

---

– «Evolução do pensamento estratégico, revolução nos assuntos militares e estratégia pós-moderna», in *Boletim formação investigação doutrina*, Lisboa, IESM, 2010.

se identificam com interesses de uma entidade política nacional, o Estado, e não com interesses particulares ou de grupo.

Em resumo, está aqui um novo pensamento sobre a guerra, a partir de então encarada como um fenómeno humano, do homem em sociedade, que pode ser racionalmente compreendida.

A universalidade de Clausewitz faz com que também tenha suscitado a atenção do pensamento militar soviético. Rapoport invoca as referências favoráveis que mereceu a Lenine e cita V. D. Sokolovsky: «[...] o marxismo-leninismo toma como ponto de partida a premissa de que a guerra não é um objetivo em si mesma, mas antes um instrumento da política» ([35]).

Independentemente das interpretações opostas, uma coisa é certa: é a nova perceção da guerra numa perspetiva da filosofia política que permite equacionar a construção da paz. Porque, sendo a guerra um fenómeno humano, da vida dos homens em sociedade, e já não um fenómeno transcendental, divino, natural, inevitável e irremediável, é possível entendê-la, compreendê-la, evitá-la, remediá-la.

Finalmente, há ainda outra componente, implícita no pensamento de Clausewitz, fundamental para caracterizar o seu conceito de guerra numa perspetiva alargada. Refiro-me à simetria ([36]). Clausewitz reflete sobre uma guerra simétrica, em que as partes em confronto dispõem de potenciais comparáveis, de organizações militares semelhantes, de equipamentos e armamentos do mesmo tipo, recorrem a processos, estratégias e táticas do mesmo género. Isto, evidentemente, dentro de uma certa relatividade, porque normalmente há uma parte que acaba por se sobrepor à outra, seja na capacidade, seja na vontade, e por isso termina vencedora. Mesmo quando no início da guerra uma das partes dispõe, ou pensa que dispõe, de nítida vantagem relativa – e muitas vezes é essa convicção que está

([35]) *Op. cit.*, p. 27.

([36]) Simetria dá-se quando as partes em confronto podem dispor de potenciais semelhantes que, não sendo necessariamente iguais, são do mesmo tipo e optam por formas de atuação e estratégias idênticas. Dissimetria significa que as partes se confrontam com uma notória diferença nos seus potenciais, quer humanos quer materiais. Assimetria verifica-se quando as partes, em consequência dos seus potenciais dissimétricos, recorrem a estratégias, isto é, a formas de atuação, distintas. Destes conceitos decorre aquilo a que se chama conflitos, guerras ou estratégias simétricas, dissimétricas ou assimétricas.

na origem do seu desencadeamento –, a outra esforça-se rapidamente por conseguir munir-se dos mesmos meios, organizar-se da mesma forma (os meios determinam a organização), recorrer aos mesmos processos.

O paradigma alargado da guerra clausewitziano é então, o de um conflito simétrico entre entidades políticas nacionais, que recorrem a meios de coação violentos com a finalidade de submeter o adversário para atingir objetivos definidos pelo poder político.

*

Este conceito iria permanecer e predominar até finais do século XX, ainda que com algumas *nuances* a partir do fim da Segunda Guerra Mundial. O aparecimento de três novos tipos de guerra, a guerra nuclear, a guerra fria e a guerra irregular, vieram introduzir alguma perturbação na linearidade do método de pensamento clausewitziano, mas sem ainda o porem completamente em causa ([37]).

Estas novas especificidades bélicas já não eram meras formas de guerra inseridas nos tipos de guerra até aí reconhecidos, como a guerra clássica ou interestatal, a guerra imperial ou supraestatal ou a guerra interna ou infraestatal. Eram tipos de guerra novos e autónomos, atípicos porque não se inscreviam em qualquer daqueles tipos até então considerados.

A guerra nuclear não teve início em 1945, quando os EUA fizeram detonar o primeiro engenho de urânio enriquecido sobre Hiroxima, no Japão, a 6 de agosto, seguindo-se, três dias depois, um segundo engenho de plutónio enriquecido em Nagasáqui.

Como a bomba era monopólio exclusivo de uma única potência, estando excluída qualquer resposta do mesmo género, ainda não se podia falar de uma guerra nuclear. A sua utilização inscreveu-se no quadro de uma guerra clássica, com bombardeamentos aéreos

([37]) Os tipos de guerra distinguem-se pela natureza dos objetivos estratégicos e pela sua amplitude. As formas de guerra distinguem-se pelos meios utilizados, as modalidades de atuação, os fins imediatos. Tipos de guerra são variantes da guerra, formas de guerra são variantes na guerra. No espectro da guerra, os tipos de guerra situam-se acima das formas de guerra, porque um tipo de guerra pode comportar várias formas de guerra.

a longa distância. Estas ações haviam sido constantes ao longo da Segunda Guerra Mundial, por parte de todos os contendores, na Europa e no Pacífico, os quais recorreram aos mais variados vetores aéreos, aviões e mísseis com bombas cada vez mais potentes. O lançamento das bombas atómicas configurou, quando muito, a introdução de uma nova forma de guerra no quadro do tipo de guerra convencional.

A novidade residia na potência do engenho explosivo, muito maior do que qualquer arma até então utilizada, na enorme ampliação do raio de ação, na capacidade de destruição apocalíptica pelo efeito de sopro e nas sequelas prolongadas resultantes da radioatividade subsequente à explosão. Mas tal não significava que se tivesse alterado a tipologia da guerra, da mesma forma que o aparecimento da pólvora nas novas tecnologias dos armamentos, no século XIV, em substituição das armas de arremesso não explosivas, também não a alterara, apesar de aumentar os seus efeitos e alcances. O primeiro emprego da bomba atómica foi, repito, uma nova forma de guerra no quadro do tipo de guerra convencional.

O que veio introduzir um tipo de guerra, a guerra nuclear, não foi, então, o aparecimento da arma nuclear, mas a partilha da arma nuclear por parte de potências antagónicas, situando-se em campos opostos no sistema internacional, potenciais inimigos instalando a ameaça de uma guerra em que se confrontassem armas nucleares.

O engenho nuclear deixava de ser uma mera arma passível de ser empregue num conflito convencional e passava a ser uma arma que, a ser utilizada, era suscetível de provocar uma resposta do mesmo tipo, dando lugar a uma guerra nuclear que, com a escalada qualitativa e quantitativa que entretanto se processara, ameaçava consequências incomportáveis para a humanidade. No dizer de Michael Hardt e Antonio Negri, «Desde que o genocídio e a arma nuclear puseram em causa a própria vida, a guerra tornou-se ontológica no sentido mais rigoroso do termo» ([38]). Instalou-se o síndroma paralisante dos efeitos apocalípticos da nova arma de destruição maciça o que, paradoxalmente e pela primeira vez na história, transformou a arma mais mortífera até então concebida e já utilizada, de arma de emprego em arma de não emprego. Impôs-se a lógica da

---

([38]) HARDT, Michael, e NEGRI, Antonio, *Multitude, guerre et démocratie à l'âge de l'empire*, Paris, La Découverte, 2004, p. 34.

dissuasão traduzida nesta fórmula linear, «convencer o outro de que, as vantagens ou benefícios que conseguirá com uma eventual agressão, não compensarão os custos da resposta a que se sujeitará». Ou seja, a arma nuclear deixou de ter a função de ser um meio para ser utilizado na guerra e passou a ser um meio para impedir a guerra. A não guerra seria a característica decisiva da guerra nuclear.

Uma vez que apenas envolvia potências possuidoras de armas nucleares, a guerra nuclear era rigidamente simétrica. Mesmo que os antagonistas dispusessem de potenciais quantitativa e qualitativamente desequilibrados, a arma nuclear, pelo seu poder destruidor, é aquilo a que se chama um equilibrador estratégico, isto é, dispõe sempre de um mínimo de capacidade dissuasora suficiente para travar um eventual agressor.

Mas a guerra nuclear não perdeu a característica de instrumento de coação violenta em benefício do Estado, ou seja, ao serviço da política. A sua gestão e capacidade de decisão estavam mesmo, mais do que em qualquer outra guerra, concentradas no mais alto escalão do poder político. E, submetida à lógica da dissuasão nuclear, assentava numa base de profunda racionalidade na avaliação custos/benefícios. Foi, seguramente, um instrumento racional de política nacional, dentro dos estritos parâmetros do paradigma da guerra clausewitziana.

Quanto à guerra fria, importa introduzir, desde já, uma ressalva, porque a expressão é ambígua. Por um lado, significa um tipo de guerra inscrito no espectro da guerra, mas atípico e que alguns analistas até se recusam a considerar como tal. Designa o patamar em que não se chega ao emprego da violência armada direta entre dois opositores, ou seja, de modalidades de estratégia direta, apesar de haver todas as condições materiais e anímicas para que esse patamar possa ser atingido. Em contrapartida, recorre-se a toda a gama de estratégias indiretas, diplomática, económica, cultural, militar por procuração. Usaremos neste caso guerra fria com minúsculas.

Por outro lado, significa o conflito do tipo acabado de descrever, que, concretamente, opôs EUA e URSS e os dois blocos político--militares que lideravam, Organização do Tratado do Atlântico Norte (OTAN) e Pacto de Varsóvia (PV), que vigorou desde o fim da Segunda Guerra Mundial, em 1945, e se prolongou até ao fim do PV e à implosão da URSS, em 1991. Um conflito que se traduziu e, por isso, lhe deu nome, num sistema internacional bipolar heterogéneo, liderado por duas superpotências globais, uma marítima e outra continental, polos de dois blocos de alianças político-militares, nos quais vigoravam dois sistemas ideológicos, políticos e económicos. À margem dos dois blocos e nas suas periferias desenvolveu-se um terceiro mundo, não-alinhado, mas sujeito à disputa entre as superpotências na tentativa de atrair os seus membros para as respetivas áreas de influência. Usaremos Guerra Fria, com maiúsculas, quando nos referirmos a este conflito e a este sistema internacional concretos.

Neste capítulo, abordaremos a guerra fria, em abstrato, enquanto tipo de guerra. Da Guerra Fria concreta, que ocorreu na segunda metade do século XX, trataremos no Capítulo III, quando abordarmos a evolução da guerra.

A guerra fria traduz-se, então, num conflito em que as partes em confronto, dispondo de meios de coação violentos para entrarem em guerra uma com a outra, nunca chegam ao seu efetivo acionamento. É um estado de guerra latente, em que as partes evitam a estratégia militar direta porque a capacidade de dissuasão recíproca é suficiente para se temerem mutuamente. A guerra fria surge intimamente associada à guerra nuclear porque foi o equilíbrio nuclear que garantiu a capacidade de dissuasão recíproca. E veio perturbar a lógica do tipo de guerra clausewitziano, porque o efeito da dissuasão nuclear pôs em causa o objetivo da guerra enquanto forma de obrigar o adversário a submeter-se à nossa vontade.

Do atipicismo da guerra fria resulta uma discordância de fundo sobre a sua natureza polemológica, isto é, uma polémica sobre se se trata ou não de uma guerra. Para a maioria dos autores, a guerra fria é uma guerra, atípica, mas uma guerra. E constitui mesmo um novo tipo de guerra. A razão, para os que assim pensam, está muito bem sintetizada por Eric Hobsbawm: «[...] a guerra fria se mostrou de acordo com a definição dada pelo grande filósofo Thomas Hobbes para a guerra; segundo ele, esta consistiria "não apenas numa batalha ou no ato de lutar, mas num período de tempo em que a vontade de competir através da batalha é suficientemente conhecida"» ([39]). Zbigniew Brzezinski, norte-americano que foi conselheiro

---

([39]) HOBSBAWM, Eric, *Globalização, economia e terrorismo*, Lisboa, Editorial Presença, 2008, p. 23.

de segurança do presidente James Carter, faz também uma síntese interessante e relaciona a guerra fria com o pensamento de Clausewitz: «Por extensão, pode definir-se guerra fria como uma guerra por outros meios (não mortíferos) [...]. Sem dúvida, era uma guerra» ([40]). A generalidade dos autores portugueses, nomeadamente Cabral Couto e Loureiro dos Santos, seguidores do pensamento de Raymond Aron, ainda que com algumas variantes, incluem a guerra fria no espectro da guerra, como tipo de guerra específico. Couto cita a interessante frase com que Aron classifica a guerra fria: «Paz impossível, guerra improvável» ([41]).

Entre as exceções mais significativas conta-se Gaston Bouthoul, que, no seu livro *A guerra*, é perentório: «A guerra-fria não é uma guerra» ([42]). Baseia-se no facto de não ser um confronto sangrento, de não comportar a destruição de vidas humanas e, por isso, prefere chamar-lhe paz quente. O general britânico Rupert Smith, autor de um importante livro sobre as novas guerras a que voltaremos adiante, considera «A guerra-fria – um nome que é um grande equívoco histórico, pois nunca se tratou de uma guerra e sim de um confronto prolongado [...]». O autor faz questão de acentuar uma distinção entre confronto e guerra, que situa acima de tudo ao nível dos objetivos: no confronto, o objetivo é influenciar o outro, vencer através do choque de vontades; na guerra, o objetivo é destruir o outro através da aplicação direta da força militar ([43]), opinião bem diferente da de Clausewitz.

Em resumo, se a considerarmos uma guerra – e nessa posição nos colocamos –, apesar de estarmos perante um novo tipo de guerra, a guerra fria não pôs em causa a natureza da guerra no quadro do paradigma de Clausewitz porque, nos termos em que a interpretamos, continua a ser um instrumento racional da política nacional. Instrumental, sem dúvida, porque, tendo como objetivo bloquear a eventualidade do confronto, nunca poderá ser uma

---

([40]) Brzezinski, Zbigniew, «La guerra fria y sus sequelas», in *Politica exterior*, Madrid, Estúdios de Politica Exterior S.A., 30 de VI de 192-93, p. 142.

([41]) Couto, Abel Cabral, «Raymond Aron e a teoria da estratégia», in *Raymond Aron – a paz e a guerra no século XXI*, Lisboa, Edições Cosmos e IDN, 2007, p. 90.

([42]) *Op. cit.*, p. 34.

([43]) Smith, Rupert, *A utilidade da força – a arte da guerra no mundo moderno*, Lisboa, Edições 70, 2008, pp. 20 e 224.

guerra pela guerra, será sempre uma guerra ao serviço da política. E não só ao serviço de qualquer política, mas ao serviço de objetivos de política nacional, obviamente, porque os atores e decisores são Estados-nações. E racional porque assenta numa base de absoluta racionalidade de avaliação de custo/benefício, conferida não só, mas acima de tudo, pela dissuasão nuclear.

A terceira *nuance* atípica é a guerra irregular, assim chamada por oposição à guerra convencional, considerada regular. Chamam-se irregulares as várias formas de guerra levadas a cabo por forças irregulares, isto é, grupos de resistentes ou combatentes não pertencentes a instituições militares, ainda que atuando em seu proveito e através de processos pouco ortodoxos e não convencionais. Entre eles, a guerra de guerrilha, que foi a que teve maior aplicação ao longo dos tempos, nomeadamente durante o período da Guerra Fria, era confundida com a própria guerra irregular. Conforme os contextos políticos em que se desenvolve e os objetivos que visa, a guerra irregular pode assumir características de guerra subversiva, guerra revolucionária, resistência popular ou guerra de libertação. Atualmente, há quem pretenda acrescentar-lhe o terrorismo, questão que à frente abordaremos.

Aron inclui estas guerras no género de conflitos infraestatais ([44]). Roger Trinquier, um veterano francês das guerras da Indochina e da Argélia, em livro escrito em 1961, chamou-lhe guerra moderna, na qual às forças armadas clássicas já não caberia o papel decisivo ([45]) e cujas armas essenciais eram o terrorismo nas áreas urbanas e a guerrilha nas zonas rurais. André Beaufre teoriza sobre a guerra revolucionária, a que chama a forma constante da guerra moderna, em termos que, com algumas diferenças, se podem identificar com a guerra irregular ([46]), sendo que o termo guerra revolucionária é ambíguo, pois normalmente é usado para classificar uma guerra irregular específica, aquela a que corresponde um conteúdo ideológico concreto, marxista.

A designação de guerrilha, tradução do castelhano *guerrilla*, que significa pequena guerra, surgiu no léxico militar no princípio

---

([44]) *Op. cit.*, p. 172.

([45]) TRINQUIER, Roger, *La guerre moderne*, Paris, Éditions de La Table Ronde, 1961, pp. 16 e 17.

([46]) *Op. cit.*, p. II.

do século XIX aquando das invasões napoleónicas na Península Ibérica. Mas as ações militares a que se aplicava sempre existiram, desde a Antiguidade, em todos os tempos e em todas as guerras. As ações de guerrilha são tão antigas como a própria guerra. Até meados do século XX, porém, foram meras formas de guerra, conduzidas por civis ou forças irregulares, por vezes também por destacamentos especiais de forças institucionais, complementares da guerra convencional, ainda que pudessem ser efetuadas à sua margem. Eram ações de desgaste, em geral levadas a cabo pela parte mais fraca, nomeadamente quando os seus territórios estavam ocupados por forças estrangeiras, até porque a guerrilha pressupõe o apoio das populações, pelo que aparece intimamente associada à resistência contra invasores ou ocupantes.

Hermes de Oliveira, que publicou uma obra importante sobre a guerrilha, em 1949, bastante antes do início da guerra colonial portuguesa, revelando um notável sentido prospetivo caracterizou a guerrilha como um «[...] sistema de luta dos mais fracos contra os mais poderosos, dos poucos contra os muitos, dos donos da terra contra os intrusos, da astúcia contra a força» ([47]). Punha assim em destaque uma das suas principais características e que conflitua com o paradigma clausewitziano da simetria. Os contextos em que as guerrilhas geralmente atuam, contra exércitos convencionais, são rigidamente dissimétricos, até porque o recurso à guerrilha é, já por si, o reconhecimento de uma dissimetria desfavorável. Como o fraco não pode confrontar-se com o forte com armas iguais, a dissimetria gera da sua parte respostas assimétricas, adequadas aos meios de que dispõe.

Seria depois da Segunda Guerra Mundial que a guerrilha assumiria uma nova dimensão, passando mesmo a falar-se de uma guerra de guerrilhas, pressupondo um novo tipo de guerra, e já não apenas uma forma de guerra complementar da guerra convencional. Apesar da contestação de alguns autores, por exemplo Samuel Huntington, a guerra de guerrilhas assumiu uma dimensão autónoma, deixou de ser apenas complementar da guerra convencional, legitimando que pudesse passar a inscrever-se no espectro da guerra como um novo tipo de guerra.

([47]) OLIVEIRA, Hermes de Araújo, *A guerrilha na guerra moderna*, Lisboa, Papelaria Fernandes, 1949, p. 25.

No entanto, a guerra de guerrilhas, que atingiu a sua expressão máxima com as lutas de libertação coloniais, não se excluiu do quadro das guerras clausewitzianas. Face ao paradigma de Clausewitz, continuou a ser um instrumento da política nacional porque, ainda que um dos atores pudesse não ser um Estado-nação, era um ator genuinamente nacional em luta pela construção do seu Estado-nação. Foram mesmo guerras políticas por excelência, muitas vezes apontadas como não sendo passíveis de soluções militares, mas apenas de soluções políticas. E era um instrumento racional bem expresso na opção dissimétrica e assimétrica que valorizasse o custo/benefício dos meios disponíveis ao alcance da parte mais fraca e na tentativa do mais forte reposicionar uma simetria, que lhe fosse menos desfavorável, através da contraguerrilha. Onde a guerra de guerrilhas, enquanto tipo de guerra, se afastou do quadro clausewitziano foi, exatamente, nesta componente dissimétrica e assimétrica porque, apesar de Clausewitz se ter interessado implicitamente pela guerrilha, nunca a encarou como mais do que uma mera forma de guerra.

*

Só depois da Guerra Fria e com a passagem do milénio, do século XX para o século XXI, emergiria um tipo de conflitualidade que viria a pôr em causa o paradigma clausewitziano que dominara o pensamento militar dos últimos duzentos anos. Uma complexa teia de fatores políticos, identitários, económicos, sociais, tecnológicos terá estado na sua origem, com destaque para a globalização, a unipolaridade do sistema político mundial, a implosão de alguns Estados-nação tornados Estados falhados, tensões étnicas e religiosas, a explosão demográfica, as novas tecnologias da comunicação e dos armamentos. Os pilares do edifício conceptual de Clausewitz, Estado-nação, forças armadas institucionais e racionalidade da guerra enquanto instrumento da política, iriam confrontar-se com novas realidades que, decididamente, os punham em causa.

O debate teórico acerca desta nova conflitualidade está em aberto e longe de gerar consenso, nomeadamente sobre o aspeto central da sua caracterização polemológica, isto é, sobre se deve ou não ser incluída no espectro da guerra. Porque, envolvendo violência relacionada com o crime, organizado ou não, com a marginalidade gratuita não relacionada com objetivos políticos ou ameaças externas, há quem pense que deve ser primariamente função de polícia e dos tribunais e não de forças armadas. Outros pensam que se deve incluir esta atividade violenta no âmbito da guerra, argumentando que, na nova situação, ações militares e de polícia tendem a confundir-se.

A terminologia usada para qualificar estes novos conflitos é de uma diversidade quase caótica, própria de um período em que se busca uma definição. Alguns chamam-lhes mesmo conflitos do caos. Há quem use a expressão «guerras não convencionais», que não identifica nada, porque não convencionais já são, como vimos, a guerra nuclear, a guerra fria e a guerra irregular, que, nem por isso, deixaram de se inscrever no paradigma de Clausewitz. Outros autores referem-se-lhes como conflitos ou guerras de baixa intensidade, o que também não parece apropriado, pois estas, a que também podemos chamar limitadas, sempre existiram em todos os tipos de guerras. Têm que ver com uma questão de grau e não de natureza.

Eric Hobsbawm tenta pôr alguma ordem nesta anarquia terminológica quando reconhece a «[...] tendência para usar o termo guerra [...] em referência ao emprego da força organizada contra diversas actividades nacionais e internacionais vistas como anti--sociais [...]». ([48])

Certos autores, com audiência comprovada em disciplinas como as relações internacionais e a polemologia, abordam estes conflitos no âmbito da revolução dos assuntos militares, que será o tema com que encerraremos este trabalho, sobre a qual têm reflexões interessantes e que são já referências obrigatórias.

Quem tem um livro importante sobre este tema é Martin Van Creveld. Em *La transformation de la guerre*, recusa que estes novos conflitos sejam formas degeneradas de guerra e, pelo contrário, pensa que se trata de «[...] guerra *tout court*, no sentido elementar – hobbesiano – da palavra [...]» e vai mesmo mais além, considerando que «[...] constitui, de longe, o tipo de conflito armado mais importante do nosso tempo» ([49]). Creveld demarca, expressamente,

---

([48]) *Op. cit.*, pp. 15 e 16.

([49]) Creveld, Martin Van, *La transformation de la guerre*, Paris, Éditions du Rocher, 1998, p. 41.

este conflito moderno, como lhe chama, do paradigma clausewitziano, porque, salienta, não é trinitário ([50]). E caracteriza desta forma a sua natureza: «No futuro, a guerra não será função dos exércitos, mas de grupos, hoje chamados terroristas, guerrilheiros, bandidos, assaltantes de estrada, mas que procurarão, sem dúvida, títulos mais oficiais» ([51]). Van Creveld admite, implicitamente, que, no futuro, nos depararemos com a guerra pela guerra, o que é a antítese do paradigma clausewitziano ([52]). Na mesma linha vai Michael Mandelbaum quando afirma que «[...] agora a guerra tende a ser muito encarada como algo próximo de uma atividade criminosa» ([53]).

Philippe Engelhard, num livro com uma forte componente de preocupação social, *La troisième guerre mondiale est commencée*, defende que esta guerra mundial se desenvolve segundo dois eixos, um interno, no seio do Estado-nação e que, opondo pobres e ricos, excluídos e incluídos, desembocará no terrorismo, na incivilidade generalizada e na violência gratuita, outro externo, que oporá Estados à ordem mafiosa internacional. Estes dois eixos têm tendência a confundir-se ([54]). Diz o autor que o conflito entre ricos e pobres não assumirá as características de uma guerra aberta entre estas duas partes, mas que os pobres fornecerão as tropas para a guerra que a máfia e o terrorismo desencadearão aos Estados ([55]). Portanto, será a pobreza a constituir obrigatoriamente a grande preocupação dos responsáveis estatais. Mas, já antes dele, em 1981, Alain Joxe avançara uma tese análoga, dizendo que os conflitos que caracterizam o mundo na atualidade, em que se incluem genocídios causados pela fome, pelas grandes migrações intercontinentais, pelas violações generalizadas dos direitos do homem, podem ser definidos como uma Terceira Guerra Mundial ([56]).

([50]) *Idem*, pp. 85 e 86.

([51]) *Idem*, p. 251.

([52]) *Idem*, p. 275.

([53]) MANDELBAUM, Michael, «Is major war obsolete?», in *Survival*, vol. 40 n.º 4, Londres, IISS, Winter 1998-99, p. 24.

([54]) ENGELHARD, Philippe, *La troisième guerre mondiale est commencée*, Paris, Arleá, 1999, pp. 127 e 128.

([55]) *Idem*, pp. 167 e 168.

([56]) JOXE, Alain, *Demain la guerre?*, Paris, Les Éditions Ouvrières, 1981, p. 9.

O general britânico Rupert Smith, no seu livro que é de leitura obrigatória, que já citámos e que é produto da sua vasta experiência como responsável militar nas guerras pós-Guerra Fria, Golfo 1991, Bósnia 1995, Irlanda do Norte 1996-1998 e Kosovo 1999, considera que o paradigma clausewitziano da guerra industrial deu lugar a um novo paradigma, a que chama guerra no seio do povo, porque o campo de batalha são as pessoas, todas as pessoas e em toda a parte, na rua, em casa, no campo ([57]). O sociólogo e político norte-americano Joseph Nye, que também citei, aproveitou esta terminologia de Rupert Smith quando diz que «[...] no século XXI estamos a assistir à chamada guerra do povo [...]» ([58]). Mas Nye acrescenta uma particularidade importante que tem de ser tida em consideração, que é o facto de estas novas formas de conflito não se substituírem, em absoluto, ao conflito convencional entre Estados, que continua a ser possível. É a isto que Franck Hoffmann, citado por Coutau-Bégarie, chama guerras híbridas, as quais «[...] incorporam uma gama de diferentes modos de condução da guerra, indo das capacidades convencionais às táticas e/ou formações irregulares, às ações terroristas, com uma violência indiscriminada e uma desordem criminal [...]» ([59]). É um termo, guerra híbrida, atualmente muito usado na política de defesa dos EUA, com o sentido que Hoffmann lhe deu e que se prevê como a guerra do futuro ([60]).

Para concluir, é incontornável referir Mary Kaldor, que deu a este novo paradigma o nome que foi mais generalizadamente adotado, novas guerras, mas que não deixa de lhe conferir a abrangência a que Hoffmann associou a guerra híbrida. Escreveu Mary Kaldor: «Chamo a este tipo de violência "nova guerra" [...] as novas guerras envolvem um leque de distinções entre guerras [...] crime organizado [...] e violações dos direitos humanos [...]». Aceita, porém, que o termo pós-moderna usado por outros autores tenha o mesmo significado, até porque oferece uma via para a distinguir das guerras

---

([57]) SMITH, Rupert, *op. cit.*, p. 22.

([58]) NYE, Joseph, «O poder e as relações internacionais», in *Relações internacionais*, n.º 31, Lisboa, IPRI, setembro 2011, p. 189.

([59]) COUTAU-BÉGARIE, Hervé, «Quelle stratégie pour le XXIe siècle», in *Nação e defesa* n.º 125, Lisboa, IDN, primavera de 2010, p. 28.

([60]) AUERSWALID, David, «Foreign and defense policy in the Obama administration», in *Nação e defesa*, n.º 125, Lisboa, IDN, primavera de 2010, pp. 20 e 21.

da modernidade clássica que foi a dos séculos XIX e XX ([61]). Tatiana Moura adapta ao conceito global das novas guerras de Kaldor a sua abordagem das novíssimas guerras, com a particularidade de as circunscrever a uma escala micro e a um ambiente urbano ([62]). Kaldor insere as novas guerras no contexto da globalização ([63]) e tem a preocupação de salientar os pilares fundamentais da filosofia política da guerra de Clausewitz, nomeadamente a sua definição trinitária, um conceito de guerra entre Estados, para dela demarcar o paradigma da nova guerra. E também a exclui do paradigma de Max Weber, segundo o qual o Estado é o único detentor da violência legítima, que, aliás, decorre diretamente do quadro conceptual de Clausewitz ([64]).

Em síntese, com o fim da Guerra Fria enquanto sistema mundial bipolar, com a Nova Ordem Mundial, a globalização e o sistema unipolar liderado pelos EUA, surgiu um novo paradigma da guerra, de contornos não clausewitzianos. Trata-se de um fenómeno que decorre linearmente da emergência do sistema internacional da globalização, porque com ela se esvazia o protagonismo do Estado-nação, que vai perdendo poder para cima (entidades supranacionais), para baixo (regionalismos) e transversalmente (estruturas transnacionais). O novo paradigma rompe com a filosofia clausewitziana da guerra, cujo espectro passa a incluir conflitos violentos dos quais estão ausentes os pilares do pensamento de Clausewitz. A falta de racionalidade político-militar, o protagonismo de entidades não políticas (paraestatais, subestatais, particulares ou marginais), o recurso a estruturas armadas não institucionais (grupos terroristas, empresas militares privadas ou bandos de criminosos), a motivação por interesses materiais, particulares ou de grupos, guerras que não são instrumentos ao serviço de objetivos políticos nacionais, mas de objetivos identitários, económicos ou criminosos, é esta a configuração de um quadro que se exclui radicalmente do paradigma clausewitziano.

([61]) KALDOR, Mary, *New & old wars – organised violence in a global era*, Cambridge, Polity Press, 1999, pp. 1 e 2.

([62]) MOURA, Tatiana, *Novíssimas guerras; espaços, identidades e espirais da violência armada*, Coimbra, Almedina, 2010.

([63]) *Idem*, p. 3.

([64]) *Idem*, p. 115.

Convém deixar aqui, desde já, uma referência a três formas especiais de conflito que se inscrevem no quadro geral das novas guerras e que assumem importância por corresponderem ao que na ONU, e entre as maiores potências, se consideram as maiores ameaças da atualidade. Serão tratados mais desenvolvidamente no capítulo final, mas não devem ser omitidos aquando de uma abordagem da tipologia das novas guerras, que é o que estamos a fazer neste capítulo. Estou a referir-me ao terrorismo global, à criminalidade transnacional organizada e à proliferação das armas nucleares. Os conflitos ou ações violentas que emergem um pouco por toda a parte têm, quase sempre, marcas de uma ou várias destas ameaças. Acresce que cada uma destas formas de guerra, exatamente pela importância que vem assumindo no quadro polemológico global, tem tendência para ascender a tipo de guerra autónomo, a ser encarada como tal pelas potências que se sentem ameaçadas. À semelhança do que aconteceu com a guerrilha e que assinalámos, que de forma de guerra menor passou ao estatuto de tipo de guerra de guerrilhas. Como disse, a isto voltaremos.

Esta nova guerra pôs fim ao monopólio conceptual clausewitziano na caracterização da guerra, mas não pôs termo às guerras clausewitzianas. Pelo contrário, na atualidade convivem os dois paradigmas da guerra, há até guerras que exibem características dos dois paradigmas, ainda que, tendencialmente, seja previsível que, no futuro, venham a predominar novas guerras não clausewitzianas.

2.

Origens, causas e motivações da guerra

«É impossível identificar uma causa única para os conflitos e guerras.»
(James Dougherry e Robert Pfaltzgraff Jr.)

«A guerra é o resultado da competição pelo poder.»
(Donald Kagan)

Com a filosofia política da guerra e o seu entendimento numa base racionalista, foi possível uma busca epistemológica sobre as suas origens e as suas causas. A partir do Século das Luzes, no qual já se inscrevia o pensamento de Clausewitz, mas especialmente a partir do século XX, depois da Primeira Guerra Mundial, filósofos, sociólogos, historiadores, politólogos, militares e intelectuais de todos os ramos do conhecimento passaram a dedicar-se à busca e interpretação das causas da guerra. Muitos, certamente, numa linha realista, prática, profissional, movidos pelo objetivo de conhecerem as causas para melhor enfrentarem a guerra, melhor se prepararem para ela, melhor a decidirem a seu favor, ainda que através de estratégias indiretas, isto é, de coação diplomática, económica e política, que conduzisse aos mesmos resultados sem ir além da mera pressão militar e sem chegar ao seu emprego. Era o papel dos políticos, dos estrategas, dos diplomatas e dos militares. Outros, numa perspetiva humanista, evolucionista ou construtivista, da paz positiva galtunguiana, com a preocupação de conhecerem as causas, visando o objetivo final da sua eliminação, tornando a guerra inútil e desnecessária.

Hoje podemos contar com um leque vasto e diversificado de teorias abordando as causas da guerra. Delas procuraremos elaborar aqui uma síntese, obviamente não orientada numa perspetiva estratégica militar, mas numa perspetiva da cultura da paz, que é a que anima este trabalho.

Partimos de um princípio que temos como axiomático: a guerra em geral, e qualquer guerra em particular, nunca tem uma causa única. As causas são sempre múltiplas e, com a evolução da sociedade, com o avanço tecnológico, com a crescente complexidade política, económica, social e cultural, com a explosão demográfica, as causas da guerra não cessam de se multiplicar ([65]). Isto é, quantitativa e qualitativamente, as causas da guerra têm evoluído com a marcha do processo histórico. Não vamos entrar numa excessiva pormenorização das causas-tipo, como fazem alguns respeitados autores – Dougherty e Pfalzgraff, à sua conta, avançam com dezanove –, mas procuraremos uma sistematização lógica e simplificadora.

Digamos que se podem distinguir duas grandes doutrinas sobre as causas da guerra, a determinista e a evolucionista. A determinista, que entende a guerra como uma fatalidade, que sempre existiu e sempre existirá, comporta dois tipos de teorias, as teleológicas e as biossociológicas. As teorias teleológicas consideram que a guerra deriva de causas transcendentes, inexplicáveis, visa desígnios providenciais e, por isso, é inevitável, se não mesmo necessária, como reguladora dos desvios da humanidade. As biossociológicas situam as causas da guerra na natureza do homem, encarando-a como fator de equilíbrio, de justiça, ligada ao instinto de conservação e de seleção natural, como uma tragédia, mas indispensável ao progresso. Têm ambas algo a ver, como facilmente se entende, com as filosofias escatológica e cataclísmica da guerra, se bem que de forma menos vincada nas segundas.

A doutrina evolucionista, pelo contrário, considera que a guerra é um produto de fatores derivados do homem e da sua organização

([65]) Dougherty, *op. cit.*, p. 243.

em sociedade, mas não inerentes à própria natureza do ser humano. Considera ainda que estes fatores são evolutivos e suscetíveis de serem controlados e até contrariados, pelo que a guerra não é um fenómeno inelutável. Exatamente porque não é determinista, considera que esses fatores podem transformar-se em causas que tornam as guerras mais prováveis, mas que não as tornam inevitáveis. Esta doutrina e as teorias que dela decorrem inserem-se, claramente, na filosofia política da guerra, clausewitziana, pois só no seu quadro a guerra tem causas objetivas, racionalmente detetáveis e suscetíveis de serem combatidas. É à luz desta doutrina evolucionista que abordaremos a questão das origens e causas da guerra.

Mas há ainda que ter em consideração que, de acordo com Bouthoul, as causas, independentemente das áreas teóricas em que são agrupadas, podem distinguir-se em função da sua atualidade. Serão ocasionais, quando momentâneas, fortuitas, imprevisíveis, resultado de situações atípicas ou de ruturas bruscas nos sistemas e equilíbrios internos e/ou externos. Podem ser conjunturais, quando resultam de uma acumulação de fatores de perturbação recentes que se desenvolveram logicamente, alterando cenários e dando lugar a novos contextos, mas que não eram prováveis num passado relativamente próximo. Ou podem ser estruturais, sendo estas as que se vão acumulando durante períodos longos, acentuando linhas de clivagem, formas de comportamento, valores contraditórios e interesses antagónicos. Estas últimas são as causas mais profundas, as mais importantes porque, segundo Bouthoul, são os desequilíbrios e abalos nas estruturas que provocam a agressividade coletiva, o vírus da guerra, mas podem ser agravadas e abreviadas pelas causas conjunturais e ocasionais ([66]). Noutra terminologia, poderá dizer-se que estes três planos correspondem às causas imediatas, próximas e longínquas.

A forma como abordaremos o tema das causas das guerras pode deixar a ideia de que alimentamos alguma confusão entre causas e objetivos, isto é, de que por vezes desenvolveremos a reflexão sobre determinadas causas, estando, afinal, a analisar os objetivos visados com a guerra. Esta confusão resulta do facto de a causa ser algo que precede um fenómeno, enquanto o objetivo é consequente, é o fim a atingir. Aqui coloca-se a questão da causalidade, que é a

---

([66]) Bouthoul, Gaston, e outros, *op. cit.*, p. 144.

relação entre a causa e o efeito, segundo a qual o fim de um acontecimento pode ser a causa final que o determinou. Se o objetivo se altera no decurso de uma ação é porque, entretanto, se introduziram novas causas. Uma causa é algo que produz efeitos e, se há uma vontade, uma motivação, uma intenção de produzir efeitos, isso já constitui uma causa que pode materializar-se de formas várias, consoante as causas derivadas da motivação inicial ou que para ela concorreram. É causa o que produz um efeito, mas também a motivação pela qual se produz esse efeito.

Esta relação é o nexo de causalidade que estará presente na nossa análise das causas da guerra. Ned Lebow, no interessante livro que aqui citei e no qual insere a guerra no âmbito das relações internacionais, segue deliberadamente esta via de raciocínio quando afirma que «Para perceber as causas da guerra precisamos de começar pelos motivos e os objetivos da política externa a que conduzem». Este autor pensa que se pode aprender algo de importante sobre as causas da guerra se se compreenderem as principais razões pelas quais os líderes optam por recorrer à guerra. E, por isso, confessa-se menos interessado nos objetivos imediatos do que nas motivações pelas quais eles buscam esses objetivos ([67]). Voltaremos adiante a falar de Richard Ned Lebow.

Aparentemente, dado o fundamento base em que assenta todo este trabalho segundo o qual a guerra é um instrumento da política, seríamos levados a concluir que todas as guerras resultam de causas políticas. Não é assim. A guerra serve objetivos da política, mas pode ter entre as suas causas fatores não políticos, mas que a política, na sua complexidade abrangente, tem de gerir, por vezes também através da guerra. Raymond Aron diz que a guerra tem causas políticas de uma forma generalizada, o que aceitamos, ainda que cada guerra em particular possa ter ainda outras causas específicas.

Tendo em conta as teses dos nomes mais conceituados, nomeadamente Aron, Bouthoul, Dougherty e Pfalzgraff e Cabral Couto, pensamos que é metodologicamente ajustado agrupar as teorias sobre as causas da guerra, numa perspetiva doutrinária evolucionista, em três grandes áreas, a saber: políticas, económico-sociais e identitárias. É essa a via que seguiremos.

([67]) *Op. cit.*, p. 14.

2.1. Causas políticas

Entre as causas políticas da guerra, vários autores destacam as relacionadas com a soberania dos Estados, ou a aspiração à soberania de comunidades ainda não estatais, em suma, com a disputa de poder. O poder como causa permanente de guerra.

Entre as muitas definições, o poder é entendido como a capacidade de obrigar. Ora, como o poder é, por natureza, expansivo, a capacidade de obrigar passa pelo *hard power*, classificação que, na revista *Relações internacionais*, Joseph Nye deu ao patamar da guerra, se o *soft power*, patamar da atração e da persuasão, não for suficiente ([68]). Fareed Zakaria, no seu livro *O mundo pós-americano*, invocando Robert Gilbin e aplicando idêntica reflexão às grandes potências, escreveu:

> [...] quando o poder de um país aumenta, ele se sente tentado a aumentar o seu domínio sobre o que o rodeia. Para aumentar a sua segurança, tentará expandir o seu domínio político, económico e territorial e mudar o sistema internacional de acordo com o seu conjunto de interesses bem particular [...] ao longo da história, as grandes potências consideraram que tinham as melhores das intenções, mas eram forçadas pela necessidade a proteger os seus interesses em permanente expansão.

Isto é, se a persuasão falha, o instrumento é a coação e é nisso que Zakaria está a pensar porque lembra o aforismo romano, «se queres a paz prepara-te para a guerra» ([69]). Nos antípodas desta filosofia política, Mao Tsé-Tung pensava o mesmo da relação poder-guerra e dizia que o poder está na ponta da espingarda, isto é, exerce-se através da guerra.

É ainda o poder, o abuso do poder político, real ou como tal percebido por aquele sobre quem se exerce, a causa de guerras de resistência, de irregulares, de *partisans*, de guerrilheiros, de terroristas, do fraco contra o forte, das guerras dissimétricas e assimétricas que estão hoje na ordem do dia mas que foram uma constante ao longo da história.

([68]) *Op. cit.*, p. 188.

([69]) ZAKARIA, Fareed, *O mundo pós-americano*, Lisboa, Gradiva, 2008, pp. 113 e 114.

São estas causas políticas que estão presentes nas guerras expansionistas, coloniais, imperiais e, no campo oposto, nas guerras de resistência ou de libertação. É verdade desde Alexandre da Macedónia, provavelmente o primeiro grande líder e estratega ocidental que almejou um império universal, a que hoje chamaríamos globalização e que terá sido mais motivado por causas políticas do que económicas ou identitárias. As guerras coloniais pela conquista ou manutenção dos impérios coloniais tiveram, nas suas origens, causas diversas, políticas, económicas e identitárias, mas, no essencial, foram as causas políticas que mais influenciaram a decisão da potência colonial. Das longas campanhas de expansão resultam, muitas vezes, processos perversos de sobre-extensão estratégica que tornam as grandes potências mais frágeis e são geradores de guerras de resistência, de libertação, de desgaste ou, por procuração, através de parceiros terceiros.

A própria natureza dos regimes políticos pode ser por si uma causa de guerra, nomeadamente quando exibem culturas, estruturas e comportamentos militaristas, isto é, quando é muito elevado o peso interno da instituição militar, quando personalidades militares dominam as instituições civis e quando predomina a tendência para, na política doméstica e nas relações externas, privilegiar soluções musculadas com recurso ao uso da força. Desde Esparta que a história mostra que sociedades militarizadas, onde se promove o culto da guerra, são promotoras de guerras. Montesquieu considera que há regimes belicistas por natureza, enquanto outros são naturalmente pacíficos. Entre os primeiros estarão os despotismos de matizes diversos, entre os segundos as democracias. Montesquieu não teve tempo para se aperceber de que, com as extensões imperiais, metrópoles democráticas foram despotismos belicistas nas colónias.

Os interesses nacionais, cuja defesa muitas vezes se invoca para justificar uma guerra, envolvem causas complexas mas, acima de tudo, causas políticas. Mesmo quando, entre esses interesses, se destaca o território, a guerra não deixa de envolver causas políticas, ainda que muitas vezes o valor do território possa ser mais simbólico do que material.

Causas relacionadas com o território e que podemos classificar de geoestratégicas, também as incluímos neste âmbito mais geral das causas políticas. Respeitam à sua importância geográfica, no sentido restrito da geografia física, que o podem tornar alvo de disputa, objetivo fundamental em grandes planeamentos estratégicos, interesse vital para um ou vários atores em conflito. Essa importância assenta predominantemente no fator posição, cuja posse pode conferir vantagem decisiva a quem o detiver.

A *raison d'État*, segundo Richelieu, tem um significado fundamentalmente político. E políticas eram as causas das guerras dinásticas que durante tanto tempo prevaleceram em todos os quadrantes, nomeadamente no europeu. Ruturas políticas dos sistemas internos têm sido causas de guerras internas, obviamente, mas também externas, por fenómenos de solidariedades várias, da atração ou receio do vazio político, da tendência para a regionalização dos conflitos, por desencadearem ambições irredentistas ou por serem percebidos como ameaças para a paz e segurança internacional.

Causas políticas são também aquelas que resultam da deficiente organização do sistema político internacional e da insuficiência do direito internacional, origem de assimetrias de poder e de frustrações nacionais. A ausência de princípios e leis internacionais que a todos obriguem e que vinculem a definição de agressão, de legítima defesa, de direito de resposta, é propiciadora da arrogância do mais forte, de políticas agressivas, de guerras punitivas ou de guerras preventivas.

Nos sistemas internacionais, uns são mais propiciadores de guerras do que outros. Os sistemas bipolares sendo, por um lado, neutralizadores de guerras entre os polos antagónicos do sistema, são, por outro, propiciadores de guerras nas periferias, por delegação. Já os sistemas multipolares são encarados como menos seguros entre as potências hegemónicas do sistema, mais imprevisíveis, exatamente pela diversidade de atores antagónicos e por serem suscetíveis de gerar conflitos em cadeia, mais incontroláveis e que podem degenerar na catástrofe generalizada. A própria heterogeneidade do sistema internacional, mais vincada nos sistemas bipolares e mais dispersa nos sistemas multipolares, sendo geradora de instabilidade é causa de conflitos que degeneram em guerras. As teorias realistas colocam, exatamente, a tónica na anarquia do sistema internacional, como causa das guerras interestatais.

Nestas causas estruturais infiltram-se frequentemente causas conjunturais e/ou ocasionais, como erros de cálculo acerca dos potenciais relativos de combate, das motivações do outro, de solidariedades externas, que muitas vezes resultam de deficientes ou tendenciosas informações e que estão na origem da guerra.

Políticas são também as causas que estão na origem do chamado dilema de segurança. A obsessão de uma parte com a sua segurança e o reforço dos meios para se precaver face a outro, afetam o sentimento de insegurança desse outro que, assim, é também arrastado a reforçar-se, acrescentado insegurança no primeiro. É um círculo vicioso em espiral em que ambos se sentem inseguros. A escalada da insegurança, em que estão presentes complexos fenómenos psicológicos como o medo e o fatalismo, tem sido sempre uma causa de guerra. Para os realistas e neorrealistas, a ausência de segurança é mesmo a principal causa da guerra e, por isso, elegem a segurança como um dos principais vetores dos seus projetos políticos, levando aos extremos o dilema que aquela apresenta.

Os fatores políticos, de que nos vimos ocupando em primeiro lugar, têm sido, em todas as épocas históricas e em todos os espaços geográficos, causas de todos os tipos de guerra, internas ou internacionais, convencionais ou irregulares, da guerra fria e até, potencialmente, da guerra nuclear.

Desde a Antiguidade Clássica que, na bacia mediterrânica, são identificáveis causas políticas da guerra, como bem nos mostra Tucídides no seu livro sobre a Guerra do Peloponeso. Durante esse período em que os povos estavam em fase de fixação sedentária depois das grandes nomadizações migratórias em toda a Eurásia, a «ilha mundial», como lhe chamou Mackinder, de definição de fronteiras e de ambições hegemónicas, predominaram as causas políticas nas guerras que os opunham.

Nos sistemas feudais que se seguiram, mas que no Extremo Oriente asiático já tinham raízes anteriores, as causas políticas terão perdido alguma importância, até pela fragmentação do poder, devido às fidelidades pessoais, familiares, tribais e religiosas. Mas, depois de Vestefália, no século XVII, com o fortalecimento do Estado-nação, com as alianças estatais e o sistema internacional baseado no equilíbrio de poder e, posteriormente, com as guerras totais e as nações em armas, as causas políticas voltaram a ser predominantes. E foram essas que chamaram a atenção de Clausewitz. Mas a guerra civil inglesa que terminou no mesmo ano do Tratado de Vestefália, 1648, já derivara de motivações políticas profundas, contradições entre uma casa real centralizadora, um parlamento cioso dos seus poderes e um efémero regime republicano.

As grandes guerras da era industrial, Guerra Civil Americana, grande jogo na Ásia Central entre Rússia e Grã-Bretanha e Guerra Franco-Prussiana no século XIX, Guerra dos Boers na África Austral na passagem do século XIX para o século XX, Primeira e Segunda Guerras Mundiais e Guerra Fria do século XX, assinalaram o reforço dos fatores políticos. A soberania, os modelos estatais, a expansão imperial, a libertação nacional, o sistema internacional, o dilema de segurança, foram as principais causas dessas guerras. E as guerras dos finais do século XVIII e princípios do século XIX pelas independências no continente americano, bem como as guerras de expansão colonial e as consequentes e prolongadas guerras de resistência e de libertação nos continentes asiático e africano nos séculos XIX e XX, tiveram na sua génese causas políticas.

A tendência para o predomínio das causas políticas na génese das guerras só se alteraria com a globalização pós-Guerra Fria, em que a RAM em curso conferiu estatuto de guerras a conflitos armados em que as causas políticas são menos visíveis do que as causas económicas e identitárias. Nestas novas guerras, nomeadamente nas que resultam da erosão ou desintegração dos Estados e, com eles, o fim do monopólio da violência legítima organizada, as causas políticas não desapareceram totalmente, mas diluíram-se noutras causas mais óbvias. No atual conflito no Médio Oriente protagonizado pelo Estado Islâmico, em que predominam causas identitárias, nomeadamente religiosas, não estão ausentes causas políticas, como a invasão do Iraque de 2003, as interferências do Ocidente na Síria, a questão curda, a herança histórica do califado, a hegemonia regional. E, até, uma nova disputa entre os EUA e a Rússia nos apoios cruzados que prestam a atores antagónicos, aliados contrariados contra um inimigo comum.

2.2. Causas económico-sociais

Agrupam-se no conjunto a que chamamos económico-sociais as causas das guerras relacionadas com interesses materiais ou com benefícios deles derivados, nomeadamente território, infraestruturas, recursos, matérias-primas, mercados, tarifas aduaneiras, embargos, dívidas externas ou degradação ambiental. E ainda com os desequilíbrios financeiros, económicos e sociais, com as desigualdades, o desemprego, a pobreza, a fome, a ignorância, as epidemias, o subdesenvolvimento em geral.

As causas da guerra que se inscrevem no âmbito genérico económico-social são as mais acolhidas pelas teorias estruturalistas, construtivistas e marxistas. Resultam da focagem de análises críticas nos vícios das estruturas económicas, financeiras e sociais, na estratificação em classes sociais, nos modelos de desenvolvimento económico, na subordinação da política aos poderes económico e financeiro, nas distorções que se detetam, não apenas no interior de cada unidade política, mas também no quadro internacional, regional e global.

As teorias marxistas localizam as causas da guerra no sistema capitalista em si mesmo, porque violento por natureza, baseado na força do poder económico-financeiro instalado e que suscita respostas violentas por parte dos explorados no interior dos Estados e dos parceiros mais fracos num sistema internacional dominado pelas grandes potências hegemónicas. Objetivamente, a causa das guerras situa-se, para os marxistas, na existência de classes, na violência das contradições sociais geradora das lutas dos pobres contra os ricos, dos explorados contra os exploradores. Terá sido sempre assim ao longo da história.

Na mesma ordem de natureza sociológica, mas por oposição às teorias marxistas, devemos situar aquelas a que Rapoport chama neoclausewitzianas, dos estrategas dos EUA na administração Reagan, numa óbvia tendência realista, para os quais as guerras contrarrevolucionárias incluíam as respostas a todas as revoluções sociais, em qualquer parte do mundo, que eram, só por si, hostis aos EUA enquanto defensores da ordem mundial. Uma das preocupações dos neoclausewitzianos era a pujança das posições antibelicistas que se impuseram na Europa Ocidental e na América, no pós-guerras da Argélia e do Vietname. Daí terem orientado as suas preocupações para a restauração da legitimidade da guerra ([70]).

Raymond Aron, em *Paix et guerre entre les nations*, cita Bergson que, inspirado em Rosseau, considerou que a origem da guerra

([70]) *Op. cit.*, pp. 46 e 48.

reside na propriedade, individual e coletiva ([71]). E Fuller, na sua obra de referência *L'influence de l'armement sur l'histoire*, afirma que numa civilização como a nossa, baseada na máquina, as causas da guerra são de ordem financeira e económica ([72]). Vai mesmo ao ponto de dizer que, com a Primeira Guerra Mundial, «[...] pela primeira vez na história da guerra e das batalhas, assistiu-se a uma luta tanto entre fábricas concorrentes como entre exércitos rivais» ([73]). Cita o marechal Foch que, numa conferência aos alunos da Escola Superior de Guerra subordinada ao título «As características essenciais da guerra moderna», em princípios do século XX, afirmou que a guerra é o meio para as nações obterem fortuna e satisfazerem os seus apetites [74]. Para Fuller, general britânico, a sede de riqueza é uma das primeiras causas da guerra e, afinal, todas as grandes descobertas científicas foram aproveitadas pelo homem quer para enriquecer quer para fazer a guerra ([75]).

Bouthoul, porém, não comunga esta opinião, considerando que as guerras têm mais consequências económicas do que causas económicas. Corresponde, de certa maneira, ao pensamento de Maquiavel quando este diz que a guerra é um instrumento de enriquecimento ([76]). É uma constatação óbvia. Das guerras há sempre quem saia mais rico, pessoas, empresas, potências. Bouthoul põe antes a tónica das causas nos problemas demográficos, o que podemos inscrever nos fatores de tipo sociológico. Raymond Aron insiste que, causa ou consequência, guerra e indústria são parentes e inseparáveis ([77]).

Nas teorias económico-sociais inscrevem-se também as que consideram que está nos armamentos, na escalada armamentista, uma das principais causas da guerra. É um problema em aberto e não resolvido saber se são as armas que estão na origem da guerra

---

([71]) ARON, Raymond, *Paix et guerre entre les nations*, Paris, Calmann-Lévy, 1962, p. 356

([72]) FULLER, J. F. C., *L'influence de l'armement sur l'histoire*, Paris, Payot, 1948, p. 227.

([73]) *Idem*, p. 159.

([74]) *Idem*, p. 142.

([75]) *Idem*, p. 210.

([76]) MAQUIAVEL, Nicolau, *Discursos sobre a primeira década de Tito Lívio*, Lisboa, Edições Sílabo, 2010, p. 180.

([77]) *Op. cit.*, p. 165.

ou a guerra na origem das armas. O homem começou por usar utensílios ou fabricar armas rudimentares antes de se envolver em guerras, como instrumento de defesa contra a natureza, contra animais ferozes perante os quais se sentia indefeso ou para caçar e pescar como forma de sobrevivência. O primeiro utensílio que serve para combater é a primeira arma, fosse a pedra, o instrumento perfurante ou cortante, a armadilha ou o fogo. Como as armas que empregavam para matar animais eram igualmente aptas para matar homens, aproveitou esses instrumentos nas disputas com os seus semelhantes, individuais ou grupais e, mais tarde, quando, enquanto comunidade, envolveu-se em conflitos com outras comunidades, já em guerras, portanto. Neste sentido, a arma precedeu a guerra e, se algumas comunidades desencadearam guerras contra outras por se sentirem em vantagem, por disporem de armas de que os outros careciam, então as armas foram causas de guerras. Para os outros, que, por serem agredidos, tiveram de procurar o equilíbrio, armando-se, a guerra terá sido causa do armamento.

Não é a este nível que o problema merece ser equacionado, mas sim quando o armamento se transforma em negócio e altamente lucrativo que, na lógica capitalista, exige mercados. O chamado complexo militar-industrial dos EUA é apontado como um dos mais poderosos *lobbies* intervencionistas e belicistas da maior potência militar de sempre. O comércio de armas no Terceiro Mundo, nos Estados falhados, em sociedades carentes de todos os recursos vitais, é um escândalo e, a sua disseminação caótica e fora de qualquer controlo, é causa não desprezível nas chamadas novas guerras. E aqui entra outra perspetiva das teorias marxistas. Além de ser causa direta da guerra, a corrida armamentista é ainda causa indireta porque, dado o enorme peso que representa nas despesas dos Estados, em particular dos países mais pobres, desvia recursos que poderiam e deveriam ser aplicados na satisfação de necessidades básicas, de alimentação, saúde, educação, assistência, acentuando carências e contradições sociais que são, por si, causas de guerra.

Mesmo que as guerras não sejam fomentadas pelas armas, são fomentadas com armas. E os excessos e disseminação de armas, mesmo depois de terminadas as guerras convencionais ou de guerrilhas, vão alimentar todo o género de atores nas novas guerras, bandos da criminalidade transnacional organizada, senhores da guerra, seitas identitárias étnicas e religiosas, grupos terroristas.

Causa ou efeito, melhor dito, causa e efeito, não é possível uma reflexão sobre as origens da guerra sem nela incluir o fator armamento.

Mas as armas são um sector restrito do fenómeno mais vasto, o mercado, que muitos autores apontam como causa económica e financeira da guerra. A conquista e manutenção de mercados, a sua reserva, imposições tarifárias, embargos económicos, ruturas unilaterais e bruscas de balanças comerciais, dívidas externas, todos estes fatores isolados ou associados em conexões complexas têm estado na origem de guerras, em todos os tempos e em todas as latitudes.

A montante do mercado está a conquista de recursos e matérias-primas, o seu controlo e a fixação de preços, das quais nos tempos modernos se destacam os recursos energéticos. Conquista e controlo, não apenas das fontes, das regiões produtoras, mas também dos seus fluxos.

Um dos mais temíveis chefes militares da Ásia Central na passagem do século XIV para o século XV, o turco-mongol Tamerlão, para além das ambições meramente imperiais, terá sido animado por motivações económicas, causas das guerras que serviram o seu projeto de um extenso espaço de livre comércio numa zona atravessada pela Rota da Seda, o grande fluxo terrestre das trocas entre o Ocidente e o Extremo Oriente na época ([78]).

Para as grandes potências, as regiões produtoras de matérias-primas e recursos essenciais e as áreas sensíveis das rotas de escoamento são selecionadas como zonas de interesse vital, o que, em terminologia geoestratégica, significa que justificam o apelo a todos os meios de coação militar para o seu controlo. Alguns destes recursos, para além dos energéticos, assumem nos dias de hoje especial acuidade, pela sua natureza indispensável à satisfação das necessidades primárias e pela sua progressiva escassez face aos efeitos combinados da degradação ambiental e da explosão demográfica. É o caso dos cereais, das pescas, da água doce, de minerais raros aplicados às novas tecnologias das comunicações. A água, em algumas regiões do planeta Terra, é já um bem escasso e deficitário face às necessidades básicas. Para muitos autores, a escassez de água doce constitui

([78]) RODRIGUES, Miguel Urbano, *Nómadas e sedentários na Ásia Central*, Porto, Campo das Letras, 1999, p. 273.

já uma das principais causas de guerra, mas mais ainda o será no futuro próximo.

Ainda no que diz respeito a recursos e matérias-primas, impõe-se uma referência às guerras imperiais pelo estabelecimento de impérios coloniais. Como frisa Eric Hobsbawm, «Os impérios foram constituídos sobretudo através da guerra e da agressão [...]» ([79]).

As colónias modernas, da chamada era pós-gâmica, que alguns consideram o início da globalização de matriz ocidental, atualmente a iniciar o seu recuo depois de ter atingido o zénite no final do século XX, estão, sem dúvida, ligadas à busca de matérias-primas essenciais para a revolução industrial. Já vimos que alguns consideram que a colonização teve, essencialmente, causas políticas, como o estatuto, o prestígio, o poder, mas, seja ou não verdade, os interesses económicos não foram desprezíveis. Bouthoul, por exemplo, em *A guerra*, sublinha que «As guerras coloniais são exemplos de guerras económicas [...]» ([80]).

Entre as várias componentes da lógica colonial, para além da política, estão, como salientou Richard Wright ([81]), os três M do imperialismo: missionários, militares, mercadores. O M do mercado era a lógica da exclusividade monopolista ou da cláusula preferencial, garantia da exploração das matérias-primas na colónia, do transporte para a metrópole, da transformação industrial na metrópole, do transporte de retorno do produto acabado para a colónia, da reserva da comercialização na colónia. Este circuito não resultou em consequência da empresa colonial, pelo contrário, foi a empresa colonial que teve como finalidade a instalação deste circuito. O objetivo da Conferência de Berlim de 1885-86 foi a partilha de África para satisfazer este apetite das potências europeias, em fase de expansão colonial.

Sem dúvida que as guerras de expansão colonial também tiveram causas económicas.

Já antes dos projetos coloniais europeus e com eles relacionados, se bem que não devam ser com eles confundidos, houve o processo escravocrata, que, tendo uma componente predominantemente

---

([79]) *Op. cit.*, p. 57.

([80]) *Op. cit.*, p. 42.

([81]) RIGHT, Richard, *Écoute homme blanc*, Paris, Calmann-Lévy Éditions, 1959, p. 191.

social, apresentou também uma importante vertente económica, porque o escravo era encarado como uma mercadoria, uma fonte de energia transacionável. A empresa escravocrata europeia em África, de captura e exportação de escravos para o continente americano – apenas uma pequena parte ficava nos próprios territórios de origem ou seguia para as metrópoles –, onde então imperava o colonialismo europeu, foi o primeiro grande empreendimento europeu no continente africano e precedeu os projetos coloniais neste continente. Foi realizado através de intervenções militares e foi causa dessas intervenções militares. E destinou-se a compensar, nas Américas, o vazio deixado pelas populações indígenas que haviam sido dizimadas pelas guerras de extermínio desencadeadas pelos invasores europeus.

O problema da escravatura sempre existiu, em todas as fases do processo histórico, até aos finais do século XIX, em todos os continentes, com todos os modelos políticos, mas nem sempre com os mesmos contornos. A empresa escravocrata em África assumiu as características mais desumanas e mais cruéis, porque foi vincadamente marcada pelas piores manifestações de racismo, o escravo esvaziado da sua condição humana, arrancado massivamente à sua família, à sua tribo, ao seu *habitat*, atingindo as sociedades indígenas na sua mais expressiva identidade, o comunitarismo. Era a juventude, o estrato em idade fértil da vida, para o trabalho e para a reprodução da espécie, exportada para terras longínquas sem esperança de regresso. As campanhas para captura de escravos pelos negreiros assumiam muitas vezes características de guerra, guerra de penetração no interior, de captura e de transporte, guerra civil, porque os europeus contavam com a colaboração de chefes e hostes locais, organizadas em autênticas empresas negreiras paramilitares que efetuavam verdadeiras guerras de razia. Os estigmas que dividiram tribos, clãs, regulados entre colaboracionistas e não colaboracionistas, perduraram durante séculos até às independências.

As guerras tendo por causa a captura de escravos existiram desde sempre, desde a Antiguidade, algumas desencadeadas objetivamente com esse propósito. A escravatura como causa de guerra esteve presente em muitos confrontos de grandes dimensões, mesmo já na era moderna, sendo bem conhecido o caso da Guerra Civil Americana.

Com o fim oficial da escravatura pura, em meados do século XIX, mais porque a revolução industrial a tornara desvantajosa do que por uma tardia tomada de consciência humanitária dos colonizadores, seguiram-se modernas formas de escravatura através do trabalho forçado, do recrutamento compulsivo para contrato com deslocamento obrigatório, de deslocalização pela expulsão das suas terras para serem distribuídos por colonos para culturas de exportação. Estas violências estiveram na base de guerras prolongadas na África Subsariana, nos finais do século XIX e princípios do século XX, fase dominada pela penetração e fixação europeia no interior para assegurar o direito de posse nos termos impostos pela Conferência de Berlim. Foram as guerras pela implantação dos sistemas coloniais. Causas idênticas, entre outras que já tinham a ver com a repressão contra as reivindicações independentistas, estiveram depois na origem das guerras de libertação que se seguiram à Segunda Guerra Mundial.

O território, como causa de guerra, é por alguns autores incluído nas causas políticas (sentido simbólico ou sentido geoestratégico, como vimos), por outros nas causas económicas, porque é reservatório de recursos, sede de infraestruturas, de património, de capital humano e material. Se uma guerra tem na sua origem a cobiça ou disputa de recursos, então a causa está na sede, na fonte desses recursos, o território que os contém. Se a origem está nas infraestruturas porque podem constituir um desafio, uma concorrência, ou uma ameaça pelo avanço tecnológico, então a causa está no território que as alberga, que as acolhe, que as protege.

O território como causa de guerra remete-nos diretamente para a teoria do espaço vital, de Ratzel e da Escola de Munique, referências de geopolíticos apologistas do determinismo geográfico. O espaço vital, indispensável à completa formação e realização dos Estados fortes, resultado da expansão territorial à custa dos vizinhos fracos, se necessário através da guerra, inspirou a política belicista e expansionista de Hitler e do III Reich. Raymond Aron, em *Paix et guerre entre les nations*, rotulou a ideologia do espaço vital como a correspondência espacial da necessidade económica das coletividades humanas ([82]). Na política norte-americana, o espaço vital tem expressão no *manifest destiny*, de que Alfred Mahan foi um dos patrocinadores e que impulsionou a ambição da nova potência marítima em ascensão.

([82]) *Op. cit.*, p. 203.

A relação território/recursos como causa de guerra é importante, porque em geral o território, que se disputa recorrendo à guerra, ou que justifica que pelas armas se defenda, é o que dispõe, de facto ou potencialmente, de riquezas materiais, de recursos suficientemente valiosos. A origem do território como causa de guerra radica, afinal, na imagem de Rousseau da primeira célula social que demarcou um território e proclamou «isto é meu». Se não foi preciso recorrer à guerra para o proclamar, foi depois certamente preciso fazê-lo para o garantir.

Ao longo da história, as causas económico-sociais das guerras nem sempre tiveram a mesma relevância. Provavelmente foram mais importantes nas guerras das sociedades primitivas, em que a preocupação maior era a sobrevivência, a disputa pela posse de gado, de pastagens, de colheitas, pelos quais pequenos grupos se combatiam em escaramuças de alcance limitado e curta duração. Continuaram a ser importantes nas sociedades feudais, em que os senhores combatiam por terras, tributos, prestações, benefícios, por vassalos, por servos, por escravos. Voltaram a ser importantes, talvez não tanto como as causas políticas, nas guerras industrializadas e nas guerras de expansão colonial orientadas para a conquista e preservação de terras, de espaço vital, de matérias-primas, de mercados. Hoje voltam a perfilar-se como causas destacadas nas novas guerras no âmbito da revolução nos assuntos militares, que, como salienta Mary Kaldor, têm sempre ramificações sociais e económicas ([83]).

Vimos que um dos aspetos que distingue as guerras não clausewitzianas é o facto de não serem já, por definição, instrumentos da política, logo, também as suas causas deixaram de ser predominantemente políticas. Muitas das novas guerras derivam, objetivamente, de causas económicas. A criminalidade transnacional organizada, particularmente os cartéis da droga, o contrabando, o tráfico de armas, as migrações clandestinas, o comércio clandestino de órgãos humanos, o crime cibernético, são causas da Terceira Guerra Mundial em curso, como a anunciaram Alain Joxe e Philippe Engelhard. Bem como das novas guerras conduzidas por grupos marginais, bandidos de estrada, senhores da guerra, modernas piratarias, grupos terroristas, máfias de todos os matizes, nos panoramas inquietantes desenhados por Mary Kaldor e Van Creveld.

([83]) *Op. cit.*, p. 10.

As causas económico-sociais da guerra surgiram, nas novas guerras da globalização, com uma importância relativa que nunca terão conhecido.

2.3. Causas identitárias

Uma terceira área de reflexão sobre as origens da guerra é aquela a que chamei das causas identitárias. Identitárias porque relacionadas com determinados valores, características ou comportamentos, uns inatos outros adquiridos, que identificam comunidades e estão na base de solidariedades duradouras ou permanentes. São causas que, na adequada expressão de Cabral Couto, se relacionam mais com o ser do que com o ter, predominando estas nas causas políticas e económico-sociais ([84]). Bouthoul, Carrère e Annequin, que assinam o livro *Guerres et givilisations* de que já aqui falámos, escreveram:

> [...] a humanidade, no percurso da sua história, sucumbiu constantemente à tentação das guerras santas ou das guerras profanas sacralizadas; guerras religiosas até ao século XVII; guerras de príncipes dos séculos XVII e XVIII; guerras nacionais dos séculos XIX e XX; guerras ideológicas do século XX [...]. Todas estas guerras santas, sob as suas formas antigas, modernas ou contemporâneas, estão marcadas pela confusão entre a religião e a política, entre o sagrado e o profano. ([85])

Está aqui uma síntese quase perfeita das causas identitárias das guerras, na forma como vou conduzir a minha reflexão, que agruparei em quatro grandes tipos: nacionais, religiosas, étnicas e ideológicas.

Estas solidariedades identitárias conduzem muitas vezes a reações perversas, com motivações defensivas ou ofensivas, de hostilização do outro, daquele que não se identifica com o nós ou mesmo se lhe opõe, o que é mais frequente em relação a vizinhos próximos. Tal inclui manifestações de chauvinismo, culto exagerado da identidade ou de valores próprios ou de xenofobia, recusa ou ódio exacerbado

---

([84]) COUTO, Abel Cabral – «A estratégia, o Estado e a nação», in *Nação e defesa,* n.º 124, Lisboa, IDN, outono-inverno de 2009, p. 309,

([85]) *Op. cit.*, p. 90,

pela identidade ou valores do outro. Estão ainda no centro de tendências cisionistas, com ruturas e desmembramento de espaços políticos alargados, ou fusionistas, com associação de entidades políticas em espaços regionais mais amplos, podendo neste último caso dar lugar a ambições irredentistas de anexação de áreas incluídas noutro espaço político. Estas tendências têm sido causas diretas de vários conflitos recentes, alguns ainda não resolvidos, outros mantidos em estado latente. Grande Sérvia, Grande Croácia, Grande Albânia, Grande Marrocos, Grande Cáucaso, Grande Israel são alguns exemplos de ambições irredentistas relacionadas ou não com ruturas cisionistas.

*

A ideia ou o sentimento de nação é relativamente recente na evolução das sociedades humanas. Pode dizer-se que surge no termo da evolução do sentimento de família alargada, de clã, de tribo, e que se constrói na base de uma associação de pessoas livremente assumida, em torno de um património histórico-cultural acumulado. Ora, essa acumulação é demorada e sujeita a retrocessos por acidentes cisionistas que retardam nações em formação, ou fusionistas que integram nações diferenciadas. Uma nação precisa de história, é produto da história, como disse o eminente professor e geógrafo Orlando Ribeiro ([86]). O mesmo escreveu Raymond Aron, «Uma nação é sempre o resultado da História, uma obra de séculos» ([87]). A verdade é que, historicamente, a nação surgiu sempre em distinção ou contra um outro. Na evolução da história humana, a partir da sedentarização, as células sociais foram-se ampliando e, por isso, tornando-se mais complexas, da família para o clã, para a tribo, para a nação. As primeiras eram constituídas na base de comunhões sanguíneas, hereditárias, ligações afetivas e religiosas, a nação já na base de relações mais complexas, culturais, comportamentais, de interesses comuns contra um outro.

Se incluirmos as identidades clânicas, tribais e nacionais no termo genérico nacionalismo, estas foram, ao longo dos tempos,

---

([86]) RIBEIRO, Orlando, *Introduções geográficas à História de Portugal*, Lisboa, Imprensa Nacional – Casa da Moeda, 1977, p. 19.

([87]) ARON, Raymond, *Paix et guerre entre les nations*, p. 297.

causas frequentes de guerras. Nas sociedades primitivas, em todos os quadrantes onde as tribos se iam fixando, na Europa, no Médio Oriente, em África, no Extremo Oriente ou na América, foram constantes as disputas violentas para preservar ou para acrescentar o património que iam acumulando. E, quando novas tribos chegavam, nas nomadizações em busca de destino começaram as guerras por conquista e defesa de território.

Quando, a partir de Vestefália e de meados do século XVII, o Estado-nação passou a ser o modelo político das comunidades europeias, as causas políticas e as causas nacionais passaram, em certa medida, a confundir-se. Entrou-se no período das guerras nacionais, cujo paradigma, com as campanhas napoleónicas, passou a ser a nação armada. Na realidade, poucos Estados-nação correspondiam rigorosamente à associação de um Estado e de uma nação, pois a grande maioria dos Estados agrupava várias nações, não apenas os Estados federais ou confederais, mas nações no interior de cada unidade federada. As migrações, as grandes guerras, as colonizações já tinham dado lugar a sociedades mais cosmopolitas, mais integradas, mais mestiças. A verdade, porém, é que, quando o ciclo da constituição dos grandes espaços começou a inverter-se, com as descolonizações dos séculos XIX e XX, com as desintegrações de grandes federações no pós-Guerra Fria, os apelos nacionalistas estiveram na base de muitas guerras cisionistas.

Em África, as fronteiras coloniais haviam sido traçadas para satisfazer exclusivamente interesses e compromissos dos colonizadores, nada tendo a ver com as realidades étnicas, tribais ou nacionais dos colonizados e atentando mesmo contra elas. A aceitação pelos novos países resultantes da descolonização da resolução da OUA, impondo que as independências fossem declaradas no respeito pelas fronteiras coloniais, aliás como já acontecera com as independências da América Latina no século anterior, como medida prudente para que os atores políticos nacionalistas não se envolvessem em lutas fronteiriças antes da soberania recuperada, desviando as atenções do objetivo principal que era a luta contra o colonizador, pode ter apenas adiado problemas que os protonacionalismos, dilacerados pelas partilhas coloniais, virão a reavivar. Alguns já começaram a revelar-se como causas de conflitos no Corno de África, na África Ocidental e na África Central. Na própria América do Sul, continua a haver problemas de fronteiras por solucionar.

Nas sociedades primitivas já sedentarizadas, quando ainda estava por construir a nação enquanto realidade social, as células-base eram o clã e a tribo e, por isso, os conflitos, no seu patamar violento, as guerras portanto, tinham frequentemente causas tribais. Terá sido assim nas guerras entre cidades gregas ou nas guerras civis no interior da república ou do Império Romano. Menos conhecidas entre nós, ocidentais, assim terá sido também no Extremo Oriente e na América pré-colombiana. Nos tempos mais modernos, no seio dos povos dos países colonizados que viram os seus processos de desenvolvimento travados pela dominação colonial e interrompidas as evoluções de conjuntos pré-nacionais, as solidariedades tribais permaneceram, reemergiram e foram causa de rivalidades e até de alianças espúrias com os poderes coloniais, que se traduziram em guerras fratricidas.

Muitas das chamadas novas guerras pós-clausewitzianas da revolução nos assuntos militares têm causas em manifestações de nacionalismos xenófobos e chauvinistas. Mais do que na nação, é neste tipo perverso de nacionalismo exacerbado que residem as causas das guerras.

Nas guerras intestinas, mas com óbvias interferências transversais de todo o mundo muçulmano, que têm caracterizado as apressadamente festejadas primaveras árabes, vêm à superfície causas relacionadas com rivalidades tribais, que nunca deixaram de estar presentes nas sociedades vizinhas do Sara.

As causas étnicas das guerras poderão ter alguns paralelismos com as causas nacionais, mas não se confundem, porque etnia e nação são realidades distintas. As nações podem ser etnicamente plurais e nenhuma etnia constitui uma única nação. A nação, onde convergem etnias, pode ser um fator de coesão étnica; a etnia, dispersa por diferentes nações, pode ser um fator de rutura nacional. A nação é uma característica adquirida, a etnia é uma característica inata. Se a nação, num processo de formação comunitária mais avançado, não é, em geral, etnicamente homogénea, já a tribo é-o. Mas a etnia está dispersa por tribos distintas, muitas vezes hostis entre si na dispersão das fidelidades aos chefes tribais e na luta por hegemonias de poder. As rivalidades tribais são causas de guerras no interior da mesma etnia.

Inversamente, as etnias, enquanto tal, enquanto grupo humano com raízes genéticas comuns, também geraram interesses e solidariedades que ao longo da história estiveram na origem de guerras. Nas comunidades primitivas que se foram fixando no Crescente Fértil da Mesopotâmia, as disputas por hegemonia entre semitas e não semitas foram origem de guerras que continuam a ter expressão nos dias de hoje. As invasões bárbaras da Antiguidade europeia foram entendidas pelos romanos como agressões étnicas – bárbaros eram, para a cultura greco-romana, os que não pensavam, não se comportavam, não sentiam como eles –, e foi com um sentimento de superioridade racial que os romanos os enfrentaram. As rivalidades étnicas estiveram também presentes, ainda que não predominantemente, nas expansões árabes para o Ocidente europeu e africano e para o Oriente asiático, bem como nas expansões que partiram da Ásia Central e chegaram à Europa.

Mas onde o fator étnico, como causa de guerra, assumiu maior relevo foi nas expansões europeias que precederam os impérios coloniais, para o Norte de África, para o Oriente asiático e, muito particularmente, para o continente americano e para a África Subsariana. Nestes casos, o sentimento de superioridade racial do branco esteve na base de verdadeiros genocídios a que hoje chamaríamos limpezas étnicas. No continente americano, pela pura e simples aniquilação física. No continente africano, as razias por ação direta das armas terão sido de menor dimensão, mas foram complementadas pelas migrações forçadas para a América. O resultado foi semelhante: despovoamento dos dois continentes.

As guerras coloniais ou decorrentes dos processos coloniais tiveram sempre implícitas causas étnicas, motivações racistas, ainda que por vezes negadas, pelo estigma que passou a representar para a comunidade internacional, quando começou a invocar os princípios universais dos direitos humanos. Em alguns casos foram aberta e impudicamente assumidos, como na África do Sul e na Rodésia do Sul, em que o *apartheid* vigorou como doutrina oficial do Estado. As respostas prolongadas dos nativos, a resistência sistemática que acabou por desembocar nas guerras de libertação, tiveram também a marca étnica nas suas causas, porque eram contra o explorador, contra o dominador, contra o colonizador, que era o branco.

Nas guerras da era moderna, nomeadamente na Segunda Guerra Mundial, as causas étnicas, aliás, por parte da Alemanha fundamentadas em teorias que tiveram acolhimento na Escola de Munique, estiveram na base das posições belicistas, expansionistas, de extermínio, do eixo alemão-italiano-nipónico. O genocídio germânico de judeus, de ciganos, de russos, de ucranianos e de não arianos em geral, a proclamação da superioridade japonesa face aos seus vizinhos chineses, coreanos, malaios e indochineses, foi causa objetiva de guerras com fundamentos racistas.

Nas guerras pós-modernas da globalização no âmbito da revolução nos assuntos militares, voltou a falar-se recorrentemente de guerras étnicas e de limpezas étnicas. Creio que aqui, por vezes, com alguma falta de rigor semântico, porque alguns desses genocídios não resultavam prioritariamente de antagonismos étnicos, mas de outros tipos de causas identitárias. Nos Balcãs, nomeadamente na Bósnia, cristãos e muçulmanos pertencem ao mesmo grupo étnico. Na região dos Grandes Lagos, na África Central, não é a etnia que divide hutus e tutsis. Também não é étnico o interminável conflito em Caxemira, entre indianos e paquistaneses. Como não tem causas étnicas o conflito entre sunitas e xiitas que afeta transversalmente muçulmanos de diferentes etnias.

Mas persistem outras guerras larvares, intermitentes, cujas causas identitárias têm fundamentos étnicos, como a dos curdos na região da Ásia Menor e do Golfo Pérsico, como a guerra israelo-árabe com o foco na Palestina, como a guerra do Afeganistão, em que, entre a multiplicidade de causas, estão as divergências étnicas com prolongamentos pelos Estados vizinhos. Origens étnicas têm também algumas das várias guerras cruzadas no Cáucaso, quer internas quer na dimensão regional, com as interferências de potências vizinhas. Recorde-se que a Arménia ainda guarda, contra a Turquia, o ressentimento do genocídio dos arménios na Primeira Guerra Mundial, problema em relação ao qual, aliás, a Turquia é muito sensível.

*

As causas identitárias de natureza religiosa são as mais frequentemente invocadas a propósito das novas guerras. Mas mergulham nas profundezas da história. Não é às filosofias escatológica e cataclísmica, que colocam a reflexão sobre a guerra nos domínios do inevitável, do sobrenatural, do castigo divino, que nos estamos a referir, porque essas, como escrevi na introdução, foram excluídas do esquema deste trabalho. Nem às guerras escatológicas da mitologia da Antiguidade Clássica, que são do domínio da fantasia. Refiro-me a causas religiosas da guerra que se inscrevem no âmbito da filosofia política da guerra, em que Deus, ou uma religião em seu nome, é invocado como motivação para uma guerra que muitas vezes tem interesses temporais. Isto é, a religião é subtilmente utilizada como instrumento racional da política. Como escreveram os autores de *Guerres et civilisations*, religiosas são as guerras que são declaradas em nome da fé, em que os antagonistas combatem pelo seu Deus, pelo Deus da sua comunidade que, como tal, não pode deixar de favorecer uma causa que é justa, uma guerra que a defende em seu nome ([88]).

A religião, enquanto crença humana, nas suas diversas confissões e igrejas, tantas vezes em discordância e mesmo em conflito umas com as outras, sempre foi causa de guerra. Quer causa direta, para defender a considerada verdadeira ou para atacar crenças consideradas blasfemas, quer causa indireta, invocada para mobilizar combatentes para guerras que, no fundo, tinham causas reais mais profanas. E as chamadas guerras religiosas, que tiveram nas suas causas e/ou nos seus objetivos motivações religiosas, sempre se distinguiram por atingirem os mais elevados patamares da violência. A inclemência é marca das guerras religiosas.

Nas antigas sociedades teocráticas, quando a oligarquia política dominante se confundia com a oligarquia sacerdotal ou clerical, em que o próprio monarca era o sumossacerdote ou em que a monarquia secular, sendo independente do poder religioso, era profundamente influenciada ou controlada por ele, devendo mesmo obediência a uma suprema hierarquia religiosa, as causas da guerra eram um misto de causas religiosas e profanas. Foi assim em sociedades tão distintas e longínquas, desde o Egito antigo onde o faraó, mais do que representante de Deus na Terra, era a encarnação do próprio Deus, à Grécia, Índia ou Germânia, onde as guerras entre os homens eram invocadas como a continuação de guerras entre os deuses, que patrocinavam as respetivas tribos. Na África a sul do Sara, o rei era sagrado e rodeava-se de uma classe sacerdotal e guerreira. Entre os hebreus, o rei dos reis emanava de direito divino e o mesmo acontecia no Japão. Por fim, na América do Sul pré-colombiana,

([88]) *Op. cit.*, p. 81.

as tribos maias, astecas e incas estavam sujeitas a tiranias militares lideradas por soberanos que eram também sumossacerdotes e se rodeavam de aristocracias militares e guerreiras ([89]). Nestas comunidades antigas, os homens combateram-se permanentemente, no interior dos próprios conjuntos étnicos, invocando os seus próprios deuses, em guerras de razia e aniquilação. As guerras eram decididas em nome de Deus, tinham a bênção de Deus, contavam com a proteção de Deus, serviam desígnios de Deus, ainda que os objetivos visados fossem mais terrenos e materiais.

As guerras eram invocadas ou justificadas como fazendo parte de uma ordem providencial, mesmo que servindo objetivos políticos. Os contendores, na disputa de interesses opostos, invocavam cada um a proteção do seu Deus, por vezes até a proteção de um mesmo Deus. Estas invocações divinas tinham mesmo manifestações antagónicas, em que o bem e o mal se confundiam no mesmo simbolismo. Nas vésperas da Idade Média europeia as invasões dos hunos foram encaradas pelos povos europeus como castigos divinos mas, para os seus, Átila era Deus, a sua espada mágica era uma dádiva de Deus.

Diz Gaston Bouthoul que as religiões monoteístas, quando surgiram com o Velho Testamento, conferiam a Deus virtudes guerreiras ([90]). Posteriormente, a Idade Média europeia e o período coevo na Ásia terão sido a época em que as causas religiosas predominaram nas guerras, quer nas de menor dimensão entre senhores feudais, quer nas de maior dimensão entre reinos. E, no livro em que é coautor com René Carrère e Jean-Louis Annequin, pode ler-se:

> Em todas as civilizações onde predomina a mentalidade teológica, todas as guerras são de alguma forma guerras santas. Os primeiros confrontos humanos tiveram por origens sobretudo causas de ordem material […] mas depressa o homem se tornou um «animal religioso». A guerra assumiu então por vezes um carácter particular: desencadeada em nome da fé […]. O homem combate voluntariamente pelo seu Deus, pelos deuses da cidade […]. Deus não pode deixar de favorecer

([89]) BOUTHOUL e outros, *op. cit.*

([90]) *A guerra*, p. 13.

> uma guerra feita em seu nome; a causa defendida não pode deixar de ser uma causa justa [...]. Nos conflitos que se erguem entre duas tribos, duas cidades vizinhas, os deuses estão empenhados ao lado dos humanos. ([91])

Invocando os favores das suas divindades combateram-se egípcios e assírios. As guerras dos hebreus e de Israel foram, todas, de base religiosa, religião que era, aliás, o fator de unidade entre as diferentes tribos, as quais se definiam pela fé em Jeová. Hebreus e árabes originários, que até tinham as mesmas raízes étnicas, foram divididos, para sempre, por razões de fé, em deuses distintos. Os imperadores romanos eram de essência divina e Cartago reclamava a autenticidade dos seus deuses.

Com Roma convertida ao Cristianismo, a guerra passou a fazer-se em nome da religião de Estado, tornou-se uma guerra santa. A expansão árabe, que se estendeu das margens do Mediterrâneo, europeu e africano, até às fronteiras da China, é uma empresa religiosamente motivada pelo profeta Maomé, para difusão e implantação do Islão. Os califados são Estados islâmicos, os califas herdeiros de Maomé e a guerra desencadeada em nome do Islão. A *jihad* é uma guerra santa. No Ocidente europeu foi travada por Carlos Martel aquela que terá sido a maior guerra religiosa entre a cruz e o crescente, a qual os seus descendentes carolíngios prosseguiram, nomeadamente Carlos Magno, que encabeçou a guerra santa destinada a expulsar os árabes da Europa, que veio a concluir-se na Península Ibérica. E, no Oriente, as guerras que travaram a expansão árabe também foram de origens religiosas, do Budismo e do Taoísmo chinês, do Hinduísmo indiano. Posteriormente, os turcos assumiram o proselitismo guerreiro dos árabes, o Império Otomano foi um Estado islâmico e as guerras que travou a partir do início do século XIV e até ao século XX, no Ocidente, foram confrontos com as várias confissões cristãs, ortodoxa, protestante e católica, logo com óbvias motivações religiosas.

As revoltas urbanas e camponesas, contra os senhores feudais na Europa, assentaram em grupos religiosos e alguns disputaram terras pertencentes à Igreja. Foi a época da constituição das ordens

---

([91]) *Op. cit.*, p. 81.

religiosas, verdadeiras organizações paramilitares e mercenárias que, em nome de Deus, serviam poderes reais ou seus feudatários, mas também desencadearam guerras por causas próprias. E foram instrumentos fundamentais das cruzadas, empresas guerreiras por causas, não apenas religiosas, mas em que estas eram principalmente invocadas, lançadas contra o Islão na Europa do Sul e no Médio Oriente, com a cobertura ou mesmo a iniciativa papal. A Igreja de Roma teve um papel decisivo na formação da ordem medieval europeia e fê-lo de espada na mão. Carlos Magno, em nome de Roma, travara uma guerra santa contra os pagãos saxões vindos de leste e as suas campanhas contra árabes e pagãos valeram-lhe a consagração papal de defensor da Cristandade. A Guerra dos Cem Anos, protagonizada pela França e pela Inglaterra, teve causas religiosas dentro do Cristianismo e dela emergiu Joana d'Arc, que se tornou figura mitológica do belicismo católico.

A Guerra dos Trinta Anos, na Europa, foi também uma sequência de guerras religiosas no interior do Cristianismo, causada pela ascensão da Reforma Luterana e Calvinista, e foi de uma enorme violência e de consequências devastadoras. Quando terminou, a população alemã fora reduzida a cerca de metade. Acabou por se transformar numa guerra política de grandes dimensões e de consequências decisivas no futuro da Europa, mas as suas motivações iniciais foram de ordem religiosa. E terá sido a última grande guerra religiosa europeia da transição medieval para a era moderna. Do seu termo, com o Tratado de Vestefália, viria a emergir o Estado-nação e a proeminência das causas políticas nas guerras que se seguiram. A guerra civil inglesa, que foi contemporânea da sua fase final, também teve motivações de ordem religiosa, de um radicalismo protestante e contra um monarca a reivindicar direitos divinos.

Já vimos que as guerras de expansão colonial das potências europeias tiveram motivações políticas, económicas e, neste particular das causas identitárias, acrescentámos as étnicas. Mas não são menos significativas as motivações religiosas, por alguns idealistas até invocadas como determinantes, o proselitismo religioso de difusão da fé cristã. Teorias que se confrontam com as teses mais materialistas, estruturalistas, evolucionistas e marxistas, que veem as guerras coloniais e imperiais, essencialmente, como produtos de causas económicas. Mas não é possível negar que as motivações religiosas estiveram sempre presentes nas guerras de expansão colonial.

A aliança da cruz e da espada nas guerras coloniais não foi favorável à imagem da empresa imperial europeia na Ásia, na Oceânia, na América e em África. No fim, a cruz permaneceu, mesmo depois da retirada da espada ou, melhor dito, da sua mudança de mãos. Mas a aliança deixou marcas. No denso diálogo entre Fidel Castro e Frei Beto, dois sul-americanos, incluído no livro deste, *Fidel e a religião*, as acusações do revolucionário cubano são duras:

> Em nome de Deus os espanhóis e portugueses invadiram a América Latina e trucidaram milhões de índios. Em nome de Deus multidões de escravos foram trazidos de África [...]. ([92])

O religioso brasileiro não deixou de concordar, mas procurou localizar as causas na distorção dos princípios:

> O que vocês, marxistas-leninistas, negam, eu também nego: o deus do capital, o deus da exploração, o deus em cujo nome se promoveu a evangelização missionária da Espanha e de Portugal na América Latina, com o genocídio dos índios [...]. Esse não é o Deus da Bíblia, não é o Deus de Jesus. ([93])

Com a sua resposta, Fidel Castro não deixa dúvidas de que, no seu pensamento, também as guerras de libertação colonial viriam a ser religiosamente motivadas:

> [...] historicamente a Igreja [...] esteve do lado dos conquistadores, dos opressores e dos exploradores [...]. Assim, nada há a estranhar no facto de o pensamento revolucionário, que surgiu num esforço de luta contra aquelas seculares injustiças, encerrar um espírito anti-religioso [...] há lógica no facto de os homens que desejaram mudar esse sistema injusto entrarem em choque com as crenças religiosas, com aqueles instrumentos e com aquela fé. ([94])

([92]) Beto, Frei, *Fidel e a religião*, Lisboa, Editorial Caminho, 1986, p. 49.
([93]) *Idem*, p. 176.
([94]) *Idem*, pp. 194 e 195.

Posteriormente, numa fase tardia, assistiu-se a um progressivo descomprometimento da Igreja Católica com os regimes coloniais, vindo mesmo a apoiar algumas guerras de libertação nacional, enquanto, em África, igrejas anglicanas estiveram envolvidas no desencadeamento de guerras conduzidas por movimentos de libertação. Mas, importa dizê-lo, cristãos religiosos militantes, sacerdotes ou laicos, anteciparam-se sempre por iniciativas próprias às igrejas no apoio às lutas de libertação colonial, muitas vezes contra as próprias hierarquias eclesiásticas, que mantiveram até muito tarde os seus compromissos com os poderes coloniais. Causas religiosas encontram-se, de facto, em todas as manifestações violentas do processo de expansão europeu e da consequente resistência indígena, de implantação do sistema colonial e da respetiva resposta que foi a descolonização, processo este que, frequentemente, muito frequentemente, atingiu o patamar da violência armada sob a forma da guerra prolongada.

Causas religiosas estão, obviamente, presentes na guerra israelo-árabe em geral e na sua dimensão mais saliente da guerra na Palestina. É uma guerra em que as solidariedades religiosas vão além dos Estados e das etnias em confronto, com Israel, através da diáspora judaica, por todo o mundo e com os árabes, através de povos islâmicos, árabes e não árabes, como os persas, os turcos, os centro-asiáticos, os africanos. E nesta guerra há Estados teocráticos em cena, nomeadamente o Irão, de um lado, e Israel, do outro. É uma guerra santa para ambas as partes.

Algo surpreendentemente, as motivações religiosas vieram a assumir inesperado protagonismo nas novas guerras da era da globalização e da revolução nos assuntos militares. O primeiro sinal foi dado pelo radicalismo interno no mundo islâmico por algumas ondas de choque resultantes da revolução islâmica no Irão, a que logo se seguiu a guerra Irão-Iraque. Esta terá sido provocada, entre várias causas, pelo confronto sunismo-xiismo mas, de facto, não foi uma guerra religiosa no interior do Islão. É certo que, a partir de então, muitos conflitos religiosamente motivados se multiplicaram em todo o arco islâmico, desde Marrocos até ao Sudeste Asiático, com particular violência na Argélia, no Afeganistão, na Chechénia, na Indonésia, no Iraque e, mais recentemente, na Síria e na Líbia. No Iraque, a invasão de 2003 não teve causas religiosas, mas já na resistência iraquiana, na guerrilha contra as forças de ocupação e os seus aliados iraquianos, na guerra civil interna que se seguiu, há causas religiosas profundas. A Al-Qaeda, organização que tem na componente religiosa um pilar estruturante, passou a marcar presença permanente. O mesmo se passa no Afeganistão, nas várias fases da guerra sem fim que há décadas assola o país, na resistência contra a URSS, na tomada de poder pelos talibãs, na atual resistência contra a coligação liderada pela OTAN. Os talibãs, que lideram a resistência afegã, são um movimento fundamentalista islâmico radical e contam com o apoio da Al-Qaeda. A guerra desencadeada pelos EUA na sequência dos atentados do 11 de Setembro teve, na sua origem, exatamente, a aliança entre o poder dos talibãs e a organização liderada por Bin Laden.

Em Caxemira, cuja guerra vem de meados do século passado, aquando da independência indiana e paquistanesa, o conflito radica em causas religiosas, opondo hindus e muçulmanos, que estiveram na origem da separação da colónia britânica em dois Estados.

Samuel Huntington fez escândalo nos finais do século passado com a sua teoria do choque das civilizações, que publicou em artigo na revista *Foreign affairs*, no verão de 1993 e, mais tarde, desenvolveu no livro com o mesmo título publicado em Portugal em 1999 ([95]). O sociólogo e professor norte-americano, baseando-se nos sinais efetivos do aumento de guerras por causas religiosas, cometeu o erro de generalizar e considerar que, no futuro, os conflitos serão culturais, entre civilizações diferentes e que o fator diferenciador dessas civilizações será, essencialmente, religioso. Em síntese, as guerras do século XXI teriam, na sua origem, causas religiosas. E, no centro dessa conclusão, estará o Islão, contra as civilizações asiáticas, por um lado, contra a civilização ocidental, por outro. No essencial, a tese de Huntington era um alerta, ao Ocidente em geral e aos EUA em particular, face ao que pensava ser a grande ameaça do futuro próximo, uma guerra com o Islão por razões religiosas. Foi este aspeto, em especial, que esteve na base das generalizadas críticas ao autor, por as suas teses serem demasiado simplistas e lineares, por não terem dado suficiente atenção ao facto de os conflitos religiosos do Islão serem, predominantemente, no seu interior e por resultarem numa mobilização xenófoba contra o Islão.

([95]) HUNTINGTON, Samuel P., *O choque das civilizações e a mudança na ordem mundial*, Lisboa, Gradiva, 1999.

Afinal seria do próprio Islão que surgiria quem apostasse em dar razão a Huntington. A Al-Qaeda e Bin Laden, com os ataques do 11 de Setembro de 2001 contra Washington e Nova Iorque, deram início ao que nos EUA se iria chamar a guerra global contra o terrorismo, cujo ato inicial tinha causas religiosas óbvias. Só que a estratégia da Al-Qaeda, visando os EUA e o Ocidente, é também dirigida contra os países islâmicos que colaborem contra o Ocidente, que permitam que o Ocidente explore os seus recursos, que tenham regimes muçulmanos apóstatas. É uma guerra santa mas que visa, também, inimigos internos no próprio Islão e, por exemplo no Iraque, agiu-se em conformidade.

O terrorismo global e o recrudescimento de guerras por motivações religiosas inscrevem-se no contexto das novas guerras da revolução nos assuntos militares nas quais, como salientámos, as causas identitárias são mais visíveis do que as políticas. Entre elas, as religiosas justificam algum destaque.

O primeiro conflito pós-moderno que assumiu contornos das novas guerras e terá até estado na génese da sua caracterização foi o dos Balcãs e, em particular, o da Bósnia. A Bósnia era uma das seis repúblicas da Jugoslávia e constituía, até certo ponto, uma síntese do pluralismo etno-cultural jugoslavo, onde conviviam três religiões ou, talvez mais rigorosamente, duas religiões, islâmica e cristã e, dentro desta, duas igrejas distintas, a ortodoxa e a católica. Quando, no início da década de noventa do século passado, com a queda do Muro de Berlim e o fim da era bipolar, durante a qual a Jugoslávia fora um Estado neutral não-alinhado, ainda que dominado por um partido comunista, se deu a implosão da federação jugoslava de forma extremamente violenta, uma das linhas de fratura foi a religiosa. A guerra que deflagrou na Bósnia pôs em confronto católicos, ortodoxos e muçulmanos, todos contra todos, estender-se-ia à Croácia e, mais tarde, à região sérvia do Kosovo e, ainda que com menos expressão, à Eslovénia e à Macedónia. No Kosovo, apenas poria em confronto ortodoxos e muçulmanos, já que os católicos são aí inexistentes.

Nos Balcãs, as causas religiosas da guerra não foram apenas internas, porque a guerra também foi alimentada por solidariedades religiosas externas, do Vaticano, das igrejas ortodoxas russa e grega, dos muçulmanos de várias tendências e várias origens geográficas levados à Bósnia pelo espírito da *jihad*.

As motivações religiosas fizeram-se sentir nas numerosas guerras internas de países islâmicos da última década do século XX e do limiar deste século XXI, algumas das quais ainda perduram com períodos de maior ou menor intensidade, Argélia, Afeganistão, Iraque. Nó Sudão, resultou na divisão do país. Na Chechénia, onde as causas religiosas são muito fortes, o conflito não é interno do mundo islâmico, mas uma guerra cisionista no interior da Federação Russa.

As revoluções das mal denominadas primaveras árabes, iniciadas no final de 2010, apenas na Líbia e na Síria desembocaram em guerras internas, mas noutros Estados a ameaça não está de todo afastada. Na Líbia, as causas tribais sobrepuseram-se às religiosas, mas o derrube de Kadhafi contou com a ação direta de movimentos jihadistas e a Al-Qaeda marcou presença. A revolução na Síria não teve os contornos de um levantamento religioso, sunita contra o poder xiita, mas a fratura entre as duas tendências não esteve ausente desta guerra interna, alimentada por fortes apoios do exterior confessionalmente antagónicos, xiita do Irão e do Líbano, sunita da Arábia Saudita e de outros emirados do Golfo. No Iémene, a guerra interna que já dura há décadas, a cisão entre sunitas e xiitas tornou-se mais visível depois do fim da Guerra Fria.

Noutros Estados árabes, onde ainda tem sido possível conter as revoluções num patamar de conflito que não desembocou em guerra civil, como o Egito, os riscos não estão de todo afastados e as causas religiosas são determinantes, com o peso dos militares a ser contestado por fortes agrupamentos, como os irmãos muçulmanos e outros mais radicais, fundamentalistas de orientação salafita. Na própria Somália, paradigma do Estado falhado em que os conflitos internos têm todos os ingredientes das novas guerras, senhores da guerra, dinâmicas cisionistas, ambições irredentistas de países vizinhos, grupos da criminalidade transnacional organizada nas suas várias componentes, moderna pirataria, disputas clânicas e tribais, células terroristas, o fator islâmico radical também está presente e rapidamente conseguiu protagonismo com uma aparente aproximação do movimento Al-Shabaab à Al-Qaeda.

Sobre as causas religiosas que afetam, transversalmente, todos os conflitos das chamadas primaveras árabes, encontra-se uma síntese interessante no livro de Mathieu Guidère *O choque das revoluções árabes* ([96]). Mas que não previu o que o futuro imediato reservava.

A conflitualidade global do mundo árabe desembocou, algo paradoxalmente, num conflito de âmbito regional que, tendo contornos da RAM em curso, se transformou numa guerra híbrida, que envolve também contornos de guerra clássica. De uma dissidência da Al-Qaeda surgiu uma ala ainda mais radical – os conflitos de raiz islâmica da atualidade têm, desde a Argélia de 1992, a particularidade de as dissidências serem sempre mais radicais do que os originais – que hoje se denomina Estado Islâmico (Daesh) e se anuncia promotora da restauração do califado, em todo o Médio Oriente, Norte de África e estendendo-se às franjas europeias das penínsulas Ibérica e Balcânica.

A guerra, atualmente localizada na Síria, Iraque e Líbia e, em menor escala, na Nigéria e no Mali, tem origens e fundamentos religiosos evidentes, apesar de outras causas muito mais complexas.

*

Para concluir esta passagem em revista das motivações das guerras, uma breve referência às causas identitárias de raiz ideológica. A ideologia é uma aquisição relativamente recente do pensamento, resulta do aprofundamento da filosofia política que animou o Século das Luzes e que foi precursora da Revolução Francesa. Tem na sua base conjuntos de ideias, teses, valores, conceitos, doutrinas, teorias, subordinadas a princípios unificadores que lhe conferem uma lógica coerente. Configuram sistemas ideais sobre as melhores, mais justas e mais eficazes formas de organização e gestão da vida em sociedade, de acordo com leituras próprias da realidade social, da acumulação do processo histórico, do crescimento económico, das relações laborais, do desenvolvimento cultural, das relações internacionais, traduzindo-se, no exercício do poder, em modelos de regimes políticos e em programas de governo que tentam aplicar o quadro doutrinário-ideológico. A ideologia orienta, no quadro teórico dos princípios, o que o poder executa na prática política.

([96]) GUIDÈRE, Mathieu, *O choque das revoluções árabes*, Lisboa, Edições 70, 2012.

A ideologia é transversal em relação às outras manifestações identitárias, nacionalismo, etnia, religião e, de todas, é a mais conscientemente adquirida. Mas as ideologias, não sendo neutras, não são todas regidas pela mesma conceção do bem comum. Há ideologias perversas, que fazem a apologia do racismo, do darwinismo social, da seleção natural, do povo eleito, do belicismo. Há, então, ideologias que são, por natureza, causas de guerra. Mas há também as que, não o sendo por natureza, porque propõem formas justas de convivência, garantias da satisfação universal das necessidades mínimas, não discriminatórias, igualdade de oportunidades, distribuição equilibrada de recursos, respeito pelos direitos na aceitação das diferenças, são suscetíveis de mobilizar antagonismos porque ameaçam interesses instalados e ameaçam ainda que elas próprias se radicalizem por vocação messiânica. Na sua aplicação prática, quando se torna ideologia oficial, de Estado ou paraestatal, fundamento de programas de poder, mesmo a ideologia mais humanista é muitas vezes corrompida por interesses que desvirtuam o idealismo originário. Isto é, as ideologias, mesmo as que o não são por natureza, podem ser causas de guerras externas e internas.

As ideologias impuseram-se no Ocidente a partir do século XVIII, frequentemente animadas de um proselitismo militante e que, por isso, alimentaram conflitos armados. Proselitismo que começou com ideologias progressistas e revolucionárias que apostavam na mudança, mas que se manifestou também através das que se opunham ou que contrariavam a mudança e, por isso, eram genericamente catalogadas de conservadoras ou reacionárias.

Motivações ideológicas, radicadas no iluminismo dos enciclopedistas franceses, estiveram, obviamente, entre as causas da Guerra da Independência dos Estados Unidos da América no último quartel do século XVIII, em que a causa da liberdade e do liberalismo se sobrepôs às demais. Bem como nas Guerras Napoleónicas na Europa, nos finais deste século e no início do século XIX, com a bandeira da trilogia, liberdade, igualdade, fraternidade, apesar de Napoleão, ele próprio, parecer abominar as ideologias. Como estiveram nas guerras de independência da América Latina, aliás inspiradas na revolução do vizinho do Norte que as precedera. A marca ideológica desta época, marca europeia que se estendera aos outros continentes, foi a do republicanismo e da democracia política, os valores da Revolução Francesa, com a reação antirrepublicana a procurar sobreviver através de liberalismos monárquicos. A República passou a ter por instrumento militar a nação em armas, a que Fuller chamou a componente militar do coletivismo, do socialismo, que tem um conteúdo ideológico preciso ([97]).

No século XX, as causas ideológicas das guerras assentaram em paradigmas diferentes: antidemocracias como o nazismo nacional-socialista germânico, o fascismo italiano e o centralismo militarista e expansionista japonês; antagónicas interpretações da democracia, democracias populares *versus* democracias liberais; oposições de modelos políticos, económicos e sociais, individualismo *versus* coletivismo, capitalismo *versus* comunismo, liberalismo *versus* centralismo; distintas hierarquizações de valores, liberdade *versus* igualdade, nacionalismo *versus* internacionalismo.

As grandes guerras do século XX, Guerra Civil Espanhola, Guerras Mundiais, Guerra Fria, quer no confronto direto entre as grandes potências quer nos conflitos periféricos e nas guerras por procuração que as suas dinâmicas promoveram, da Coreia, do Vietname, do Afeganistão, as guerras de libertação colonial, as guerras internas contra regimes ditatoriais, todas tiveram, entre outras, causas de vincada matriz ideológica. As guerras de libertação incluídas nos processos de descolonização tiveram mesmo marcas ideológicas complexas, quer no confronto entre potências coloniais e movimentos de libertação quer no confronto entre movimentos de libertação hostis e apoiados por grandes potências e por potências regionais ideologicamente antagónicas. Causas ideológicas tiveram, assumidamente, as guerras contrarrevolucionárias dos neoclausewitzianos da administração Reagan, desencadeadas contra toda e qualquer revolução que, por ter motivações sociais, era encarada como hostil aos interesses dos EUA.

As novas guerras no âmbito da revolução nos assuntos militares são normalmente referidas por serem não ideológicas. Esta é, exatamente, uma das suas imagens caracterizadoras, apesar de os grandes conflitos da era da globalização serem, maioritariamente, de natureza identitária. Mary Kaldor, significativamente, afirma que as novas guerras se travarão em torno de causas identitárias tradicionais, nação, tribo, religião. Delas exclui, expressamente, a ideologia.

([97]) FULLER, *op. cit.*, p. 187.

2.4. Motivações

Forma diferente e original de abordar este problema das causas, origens e motivações da guerra tem Richard Ned Lebow, que já nomeei, com o seu livro que sugestivamente intitulou *Why Nations Fight?*

Lebow confessa-se menos interessado nas razões imediatas pelas quais as guerras são desencadeadas e, pelo contrário, mais interessado nas motivações que levam os seus promotores a valorizar essas razões. Exemplifica com as disputas por território, que muitos consideram a causa-chave das guerras. O que lhe interessa é o porquê de um dado território assumir essa importância e que pode resultar de razões de segurança, de interesses económicos ou de um valor simbólico ([98]). É uma posição estruturalista, em oposição às teorias realistas que ele contesta, mas que reconhece predominarem na área científica das relações internacionais.

O autor inspira-se nas virtudes cardeais de Platão, coragem, temperança, piedade e temor, três mais uma, para desenvolver uma teoria das relações internacionais baseada num modelo simplificado das motivações humanas, sublinhando os impulsos humanos fundamentais e que também são três mais um, necessidade (*appetite*), alma (*spirit*), razão (*reason*) e insegurança (*fear*) ([99]). Confere a este último impulso, insegurança, um lugar à parte no conjunto, por considerar que, ao contrário dos três primeiros, que são inatos ao homem, a insegurança é uma emoção adquirida, que surge quando a razão, à qual cabe o papel de moderar os excessos da necessidade e da alma, se revela incapaz de o conseguir.

A cada um destes impulsos naturais e paradigmáticos, que se compensam, se combinam ou se conflituam nas relações interestatais, Ned Lebow faz corresponder motivações específicas. Com a necessidade, por exemplo, relaciona a riqueza, os recursos, o desenvolvimento, o bem-estar material, a propriedade, a igualdade e tem tido por instrumentos a conquista, o domínio de matérias-primas, o controlo de mercados, a pirataria, a escravatura. Com os impulsos da alma

---

([98]) *Op. cit.*, p. 14.

([99]) Incluo, entre parênteses, os termos originais porque a tradução não é linear, e as palavras que escolhi decorrem dos desenvolvimentos que o autor faz de cada um ao longo do livro.

relaciona duas grandes motivações, a autoestima e a honra, que por sua vez compreendem o estatuto, a hierarquia, a identidade, o respeito, os privilégios. As motivações associadas aos impulsos moderadores da razão são a ordem, a lei, a justiça, a disciplina, os compromissos, os consensos, a temperança, a prudência, o diálogo, a honestidade. Por fim, as motivações relacionadas com a insegurança incluem a prevenção, a escalada dos armamentos, as alianças, a dissuasão, as ameaças.

Da análise dos impulsos nas relações internacionais Lebow parte para a busca das motivações que levam os líderes políticos a optar pela guerra mas, como o próprio diz, está menos interessado nos objetivos imediatos que os movem do que nas razões principais porque procuram esses objetivos. Porque poderá ser essa a via que permitirá aprender alguma coisa de importante sobre as causas da guerra.

Lebow contesta e critica a opinião predominante da escola realista que foca na segurança as principais causas das guerras interestatais. Mas coloca-se também numa posição não clausewitziana, porque desvaloriza a racionalidade das causas da guerra.

Passa em revista as guerras dos três séculos e meio pós-Vestefália e encontra quatro motivações dominantes: segurança (medo), interesse (necessidade), estatuto (honra), vingança (represália). Da sua análise chega à conclusão de que o binómio segurança/interesse, que agrupa as motivações mais racionais, é o que está menos presente e, pelo contrário, que o binómio estatuto/vingança, que engloba na categoria de ideacionais ou emocionais, é o que predomina. Do conjunto, a motivação estatuto é, de longe, a maioritária entre as causas das guerras que analisa.

Mas Lebow não se coloca numa perspetiva escatológica ou cataclísmica, pelo contrário, considera que as causas são detetáveis, o que permite a sua compreensão e o equacionar de soluções pacíficas para as guerras. Curiosamente, chega à conclusão de que as guerras desencadeadas por potências hegemónicas são quase sempre acidentais, resultando da escalada de fatores de conflitualidade não previstos. São normalmente erros estratégicos, de avaliação dos fatores de decisão e não erros de informação.

Lebow termina de forma otimista, concluindo que as guerras continuam a ser possíveis, mas que estão genericamente em declínio. E, mais particularmente, estão em declínio aquelas cujas motivações assentam no interesse, porque se relacionam preferencialmente com território, a sua conquista ou defesa, objetivos que hoje raramente se colocam. Mas mesmo as guerras motivadas pelo binómio estatuto/vingança, que depois de Vestefália se revelaram como as mais frequentes, estão em declínio. Estando a guerra a tornar-se negativa aos olhos da opinião pública, porque perdeu a sua aura romântica, porque é interiorizada por uma sociedade mais informada como um grosseiro e desadequado instrumento das relações internacionais, porque é cara e desperdiça recursos, porque ainda estão vivas as memórias das catástrofes das duas guerras mundiais do século XX, é cada vez mais encarada como pouco honrosa e, como tal, menos suscetível de conferir prestígio. Ou seja, a guerra está a perder a motivação que o autor considera a causa de guerras mais comum ao longo de toda a história. E, por outro lado, tem-se mostrado cada vez menos eficaz como instrumento de represália, motivação que tinha aplicação mais objetiva quando havia território em disputa, o que não é caso das guerras da atualidade.

2.5. Causas justas?

Encerremos a reflexão sobre as origens e causas da guerra com uma nota de ordem deontológica para que não restem dúvidas sobre qualquer intenção de classificar ou distinguir, de acordo com uma escala de valores, o conteúdo ético ou moral, absoluto ou relativo, das causas enunciadas. As guerras são sempre negativas e não são as causas que as tornam boas ou más. Até porque numa guerra há sempre partes antagónicas em confronto, duas no mínimo e, ainda que se aceitasse a sua classificação moral, a que fosse boa de uma parte seria sempre má da outra parte. Guerras que podem iniciar-se com uma causa legítima, oposição a uma invasão, resposta a uma agressão, resistência a uma ocupação, degeneram por vezes em guerras condenáveis onde se cometem excessos.

Outra coisa é saber se a guerra é justa, para uma das partes, obviamente, porque nunca poderá ser justa para ambas, saber se essa parte poderá invocar causas justas.

A questão das guerras justas e das guerras injustas é velha, tem-se mantido insolúvel e, provavelmente, assim continuará. A aceitação de uma distinção, a nível universal, de princípios de guerras justas e não justas exigiria um sistema internacional homogéneo, não apenas no sistema político, mas também nos quadros de referências, de valores, de comportamentos e até de crenças que, como se sabe, influenciam os conceitos de justiça. Esta ideia da necessidade de um sistema homogéneo que sirva de referência à avaliação da guerra justa é a que ressalta em Raymond Aron, para quem este problema só pode pôr-se quando os antagonistas pertencem à mesma esfera civilizacional e que, a ser possível, deve envolver a ponderação de três fatores, a responsabilidade do seu desencadeamento, a natureza dos objetos visados e a avaliação dos resultados previsíveis ([100]).

Para Santo Agostinho, em plena Alta Idade Média, em que, na Europa, vigorava o poder temporal da Igreja Católica, guerra justa era a que vingava as injúrias, tautologia que pouco adianta. É certo que, enquanto vigorou a hegemonia temporal da Igreja de Roma, justas eram as guerras por ela sancionadas. Nessa linha de pensamento, São Tomás de Aquino, Vitória e Suarez foram mais longe e consideraram que, para uma guerra poder ser considerada justa, se colocavam várias condições, entre as quais ter sido declarada por uma autoridade legítima, ter por base uma causa justa, constituir um último recurso, visar uma reta intenção e recorrer a meios apropriados. A pretensa valorização das causas está sempre presente.

A partir do século XVI, quando se ensaiavam os primeiros passos para a construção do Estado moderno, o dilema acentuava-se, porque também se multiplicava o número de entidades políticas em disputa por fronteiras e por soberanias. Maquiavel, com o seu pragmatismo, considerava a guerra justa desde que necessária. Dispensava qualquer valoração ética. Já Erasmo, que foi um precursor de sociólogos pacifistas e até da filosofia da atual Organização das Nações Unidas, era mais objetivo ao afirmar que justa é a guerra contra a agressão, ou seja, em linguagem atual, reconhecia o direito à legítima defesa. Pacifistas do século XX, como Jean Jaurés e Bertrand Russell, integrar-se-iam nesta linha de pensamento.

Hugo Grotius, com o livro que constituiu um clássico, *De jure belli ac pacis*, não questiona a justiça da guerra, mas a justiça na guerra, isto é, estabelecia regras de conduta na guerra. Com o objetivo louvável de procurar limitar excessos, tem tido resultados

([100]) *Op. cit.*, p. 598.

algo perversos, pois tem levado a condenações de quem executa a guerra, mas não de quem determina a guerra.

Já Montesquieu, o grande precursor do Estado de direito moderno, distinguiu a legitimidade humanitária das guerras defensivas da ilegitimidade da guerra de conquista e destruição. E associou estas diferentes modalidades de guerra aos sistemas políticos que servem. A democracia, que relaciona com a monarquia moderada, é pacífica, prudente, humanitária, enquanto a monarquia de direito divino é guerreira, conquistadora, despótica.

A Convenção de Genebra de 1864 fez escola, não apenas porque, a partir dela, nasceram a Cruz Vermelha e o Crescente Vermelho, organizações internacionais humanitárias e associadas para atenuarem o sofrimento das vítimas da guerra, incluindo nos próprios campos de batalha, mas porque instituiu regras de conduta na guerra que ainda hoje são acolhidas, como as relacionadas com os prisioneiros de guerra, com os feridos e doentes, com os não combatentes, bem como conceitos bem controversos, como os de necessidade e de meios apropriados.

Já no século XX, através do Pacto Briand-Kellog, de 1928, nomes dos ministros dos Negócios Estrangeiros de França e dos Estados Unidos que o negociaram, na sequência da formação da Sociedade das Nações, que formalizou o fim da guerra mundial de 1914-1918, declaravam a guerra ilegal enquanto instrumento da política, embora não deixando de salvaguardar que «[...] criminosa é a guerra de agressão, não qualquer guerra» ([101]). No discurso final de apresentação do pacto, os seus autores acolhiam a guerra de legítima defesa contra a agressão, mas mantinha-se por definir o conteúdo do termo agressão, logo, também o de legítima defesa. Quatro anos antes, a Assembleia da Sociedade das Nações havia-o conseguido, através do Protocolo de Genebra, mas este nunca foi ratificado. Depois da guerra mundial de 1939-1945, a Organização das Nações Unidas substituiu-se à Sociedade das Nações e procurou colmatar algumas das insuficiências por esta reveladas, nomeadamente com a instituição do Conselho de Segurança (CS), com especiais responsabilidades na manutenção da paz e da segurança internacionais. É certo que as organizações de segurança coletiva surgiram sempre na sequência de guerras mundiais, refletindo as perspetivas das potências

---

([101]) Aron, Raymond, *op. cit.*, p. 573, Nota 2.

vencedoras o que, no caso das Nações Unidas, foi demasiado evidente na composição do Conselho de Segurança, com a garantia vitalícia dos cinco membros permanentes (os cinco grandes) e a reserva exclusiva do direito de veto.

Passo importante foi a definição de agressão pela Assembleia-Geral das Nações Unidas através da Resolução 3314 de 14 de dezembro de 1974 que, no essencial, relaciona a agressão com a iniciativa da violência, com o facto de agir em primeiro lugar e com a intervenção no exterior das fronteiras do Estado. A verdade é que, se até ao fim da Guerra Fria a Organização das Nações Unidas estava refém dos chamados cinco grandes e particularmente da lógica bipolar das duas superpotências, depois da Guerra Fria, com o sistema unipolar, tem-se revelado demasiado refém da hiperpotência dominante, os Estados Unidos da América.

Verifica-se assim que, ao longo de toda a evolução histórica, a tentativa de definir regras justas para a classificação dos conflitos, nomeadamente das guerras, tem enfrentado problemas que subsistem, porque continuam por resolver os pressupostos subjetivos das premissas. Por exemplo, a aceitação inequívoca da definição da agressão, a identificação clara do que pode ser classificado como iniciativa, a qualificação sem ambiguidades do que se entende por legítima defesa, são clarificações que assumem grande urgência, numa altura em que se promove uma deliberada promiscuidade entre guerras preemptivas e guerras preventivas, assunto de grande atualidade e que desenvolveremos adiante. Subsiste a indefinição sobre o que se deve entender por causa justa ou o que permite classificar a reta intenção, conceitos essenciais, mas cujas interpretações divergem, por princípio, conforme as diferentes identidades culturais e civilizacionais. Ou ainda sobre o significado, qualitativo e quantitativo, para os meios apropriados, que é sempre subjetivo e, normalmente, só é suscetível de avaliação *a posteriori*.

É a subjetividade de todos estes pretextos que confere uma enorme ambiguidade aos conceitos que podem ser invocados, com idêntica argumentação mas conclusões antagónicas, pelas partes em conflito.

É certo que a existência da Organização das Nações Unidas, onde quase todos os Estados do mundo têm assento, poderia, em parte, solucionar estas questões. Foi isso, aliás, que esteve na génese do nascimento da própria organização como instância de segurança coletiva e reguladora dos conflitos, para o que poderia contribuir a tendência para a constituição de tribunais internacionais. Mas também se sabe que as Nações Unidas têm funcionado muito mais em função de subordinações a poderes do que de subordinações a valores e, de uma maneira geral, os tribunais internacionais têm sido instâncias boas para os outros, mas não para nós e só têm funcionado para julgamento dos derrotados.

De facto, desde a Primeira Guerra Mundial, os tribunais especiais constituídos em Versalhes, Nuremberga, Tóquio e Haia têm-se destinado a julgar crimes na guerra, mas não crimes da guerra. Isto é, a julgar comportamentos na guerra, mas não responsáveis pelas causas da guerra. No fundo, têm sido tribunais de vencedores para julgar vencidos. Em Nuremberga e Tóquio, julgaram-se e condenaram-se os responsáveis alemães e japoneses pelos extermínios e genocídios, mas não se julgaram os bombardeamentos de Hamburgo e Dresden, de Hiroxima e de Nagasáqui, nos quais foi invocado o princípio da necessidade. Em Haia, julgam-se os responsáveis por crimes nos Balcãs, em África, mas não os que estiveram na origem da guerra dos Balcãs ou do Iraque. O que dá alguma razão a quem afirma, cinicamente, que o pior crime de guerra é perdê-la.

A situação é hoje muito mais complexa e melindrosa porque, com as novas guerras, confrontam-se partes que têm posições antagónicas sobre os valores, em torno dos quais se pretende avaliar a justiça da guerra. De acordo com a atual ordem internacional, julga-se no quadro de regras cuja negação está na origem da própria guerra, que é absolutamente assimétrica em relação às regras por que se rege. As novas guerras não reconhecem o *jus in bellum* ou o *jus ad bellum*, a justiça é feita no imediato, no campo de batalha, pelo próprio combatente, com o gatilho da arma individual, com a lâmina do punhal ou com o botão que aciona o drone.

III.

EVOLUÇÃO DA GUERRA

«A guerra surge sempre como inseparável de todas as civilizações.»

(Gaston Bouthoul)

«Na sua juventude, na sua idade madura e na sua velhice, todas as civilizações conheceram sucessivamente os mesmos géneros de guerras.»

(Quincy Wright)

Na introdução deste trabalho, citámos Raymond Aron quando o politólogo francês afirmou que sempre, em todas as épocas, sociedade e guerra interagiram: tipo de sociedade e tipo de guerra resultam de influências mútuas. Na sua obra magna, *Paix et guerre entre les nations*, coerentemente com esta sua linha de pensamento, Aron diz que é corrente tipificar as guerras de acordo com o modo de organização interior das coletividades humanas, guerras feudais, guerras dinásticas, guerras nacionais, guerras coloniais e frisa que, através dos séculos, a organização política e a organização militar se relacionaram reciprocamente: «[...] o modo de organização interior das coletividades impõe a sua marca, confere o seu estilo ao comércio bélico das unidades políticas» ([102]).

Não é Aron o único pensador a pronunciar-se, com clareza, sobre esta recíproca interação. O que, aliás, constitui um axioma

([102]) *Op. cit.*, p. 162.

óbvio, porque as guerras são feitas com homens, com armas fabricadas pelo homem e com infraestruturas instaladas pelo homem. Homens, armas e infraestruturas que refletem e são produto de um estádio de desenvolvimento técnico, cultural, científico, social. Mas a influência é recíproca e também se manifesta no sentido inverso porque, se é certo que as armas e as infraestruturas resultam desse nível de desenvolvimento, muitas vezes também é a própria investigação dirigida às novas tecnologias dos armamentos e equipamentos militares que contribui para o desenvolvimento das sociedades.

O general Fuller, com quem já aqui travámos conhecimento, é taxativo:

> «[...] as civilizações seguem ciclos que se repetem [...] todas passam pelas fases similares do nascimento, do crescimento, da decadência e da desagregação e, no desenvolvimento de cada uma destas fases, a guerra joga um papel de primeiro plano.»

E prossegue, citando o livro *A Study of War*, de Quincy Wright: «Na sua juventude, na sua idade madura e na sua velhice, todas as civilizações conheceram sucessivamente os mesmos géneros de guerras».

Pouco mais à frente, Fuller acentua que «[...] se a guerra evolui com o progresso, este último é igualmente influenciado pela guerra – há uma ação recíproca de um sobre o outro» ([103]).

O prefaciador da edição francesa desta obra, que é a que vimos seguindo, o general L. M. Chassin, sintetiza esta reflexão de Fuller e chama-lhe a sua primeira lei: «[...] a da influência recíproca da guerra e das civilizações» ([104]).

Outro autor que nos tem acompanhado nesta deambulação pelo fenómeno da guerra, porque incontornável, é Gaston Bouthoul. Sobre esta matéria, no livro que partilha com René Carrière e Jean-Louis Annequin, já aqui citado, *Guerres et civilisations*, lá encontramos que «A guerra surge sempre como inseparável de todas as civilizações» ([105]). E o académico Jean Guitton, que prefacia esta obra, confirma: «A civilização e a guerra têm laços essenciais» ([106]).

([103]) *Op. cit.*, pp. 31 e 32.

([104]) Chassin, L. M., *op. cit.*, p. 7.

([105]) *Op. cit.*, p. 22.

([106]) *Idem*, p. 13.

Já nos nossos dias, Mary Kaldor, a quem já fizemos referência a propósito das novas guerras e a quem iremos recorrer, amiúde, na última parte deste capítulo, confirma estas leituras, ao considerar que todas as sociedades têm as suas formas de guerra características ([107]).

Por último, Juan Clemente Zamora, com o seu clássico *O processo histórico*, não sendo tão explícito nesta identificação, mantém a associação entre tipo de civilização e tipo de guerra, que percorre todo o seu livro. Nas diversas componentes com que vai analisando o desenvolvimento do processo histórico dá relevo ao fator militar, aos armamentos, à caracterização sociológica dos exércitos, aos objetivos e tipologias das guerras. E, na tabela geral em que alinha diversos quadros que sintetizam o cruzamento da evolução das fases do processo histórico com as respetivas estruturas das sociedades, inclui, no quadro da estrutura social, uma coluna correspondente à classe militar (Quadro III) e, no quadro da estrutura política, uma coluna relativa aos tipos de conflitos (Quadro IV) ([108]). São, para Zamora, fatores determinantes de análise do processo histórico.

Em resumo, são de peso os autores que sustentam a tese de que, ao longo da história, sociedade e guerras têm marchado a par.

De todos estes autores clássicos referidos, serão Fuller e Zamora, duas personalidades tão diversas, ainda que ambos historiadores, o militar e o politólogo, o simpatizante fascista e o pensador marxista, o europeu britânico e o latino-americano cubano, contudo, curiosamente, tão próximos na leitura que fazem do encadeamento do processo histórico, que nos servirão de principal apoio para a reflexão que nos propomos elaborar sobre a evolução da guerra. Desse apoio se exclui, obviamente, o subcapítulo final sobre o Período Pós-Moderno, que ultrapassa temporalmente as obras daqueles autores.

*

Reconhecemos que a história não é seccionável em compartimentos estanques, separados por datas ou ruturas que definam um

---

([107]) *Op. cit.*, p. 13.

([108]) ZAMORA, Juan Clemente, *O processo histórico*, Lisboa, Livraria Renascença Editora, pp. 93 a 107.

antes e um depois. Mas também sabemos – e por isso a generalidade dos historiadores o fazem – que, para sua melhor abordagem, compreensão e divulgação, essa compartimentação é um instrumento útil e nela se inscreve o recurso à periodização e faseamento. Utilizaremos esse instrumento, mas definindo períodos e fases, como já referi, não estanques, pois que, pelo contrário, cada um mergulha no precedente e se prolonga no seguinte.

Clemente Zamora encontra, no processo histórico, três grandes fases civilizacionais, cada uma delas comportando duas subfases, de acordo com as respetivas estruturas económicas. Podemos assim, genericamente, deduzir do seu pensamento seis fases: a Nómada/Coletora e a Nómada/Pastoril, a Rural/Hortícola e a Rural/Agrícola, a Urbana/Manufatora e a Urbana/Capitalista. É um faseamento determinado pela economia, pela forma de produção dominante.

Fuller, numa perspetiva assente na evolução militar, evidencia também seis épocas históricas: Época da Bravura, Época da Cavalaria, Época da Pólvora, Época do Vapor, Época do Petróleo, Época da Energia Atómica. É um faseamento determinado pela dinâmica, pelas fontes de energia prevalecentes. O leitor deve, porém, estar precavido, para ter em conta que a análise de Fuller está demasiado colada à evolução da Europa e dos europeus.

Não sendo estas épocas de Zamora e Fuller, objetivamente, coincidentes, não é abusivo encontrar, entre elas, analogias.

Excluamos a Fase Nómada identificada por Zamora, quer na subfase Coletora quer na subfase Pastoril, que não tem correspondência no quadro elaborado por Fuller. É uma fase que antecede a sedentarização e a guerra. De acordo com a conceptualização que estabelecemos, no Capítulo I.1, a guerra é um fenómeno social que só emergiu com a sedentarização e a revolução agrícola. Zamora considera que, na Fase Nómada, quer na Coletora quer na Pastoril, não há ainda uma classe militar diferenciada, mas que, nesta segunda subfase, já eram os mais fortes, os mais hábeis, que conduziam as disputas entre tribos por gado, por pastos, e que impunham uma liderança dentro da própria tribo. Mas os conflitos que ocorreram nessa fase ainda não eram catalogáveis como guerras.

Da sedentarização e da revolução agrícola e da entrada na Fase Rural resultou a primeira grande rutura civilizacional da humanidade, mas que foi lenta e se prolongou ao longo de séculos, até se consolidar. Digamos que foi a transição para a subfase Rural/Hortícola avançada por Zamora, que teve alguma correspondência com a Época da Bravura de Fuller. A subfase que se seguiu, a Rural/Agrícola, já é, em traços largos, identificável com a Época da Cavalaria.

A subfase Urbana/Manufatora corresponderá à Época da Pólvora, e a subfase Urbana/Capitalista engloba as Épocas do Vapor, do Petróleo e da Energia Atómica. Esta última subfase decorreu num processo muito mais rápido, em resultado da aceleração técnica desencadeada pela Revolução Industrial do século XVIII, que esteve na origem da segunda grande rutura civilizacional da história da humanidade.

A esta periodização integrada das perspetivas de Zamora e Fuller podemos acrescentar a que Loureiro dos Santos destaca no seu livro *Apontamentos de história para militares* ([109]), baseada na rutura provocada pelo aproveitamento da pólvora para fins militares. Foi o fenómeno que assinalou a transição do Período de Evolução Técnica Lenta para o Período de Evolução Técnica Rápida, que Loureiro dos Santos situa no século XV. Estas ruturas e as transições decorrentes dos seus efeitos nunca são instantâneas e muito menos quando a técnica é rudimentar, a informação escassa e a comunicação morosa. Assim, se é certo que a descoberta da pólvora para canhão remonta ao século XIII, inicialmente os seus efeitos limitaram-se à projeção, a uma distância pouco maior, do mesmo tipo de projéteis não explosivos já antes lançados por catapultas. As primeiras armas de fogo individuais, de carregar pela boca, tiveram um impacto reduzido nas mudanças táticas e organizacionais e coexistiram, ainda durante muito tempo, com as armas manuais de ponta e gume que, mais ou menos aperfeiçoadas, vêm desde a Idade do Cobre. Vão perdurar os exércitos senhoriais, os regimes feudais, as guerras defensivas e limitadas, apoiadas em estruturas amuralhadas. Onde o impacto do primitivo canhão a pólvora terá sido maior foi na guerra no mar, com os canhões embarcados, que estiveram na base da expansão europeia por todo o mundo.

Os efeitos dos progressos que darão origem ao Período da Evolução Técnica Rápida far-se-ão sentir, drasticamente, com o aparecimento da máquina a vapor, que está na origem da Revolução

---

([109]) SANTOS, Loureiro dos, *Apontamentos de história para militares*, Lisboa, Instituto de Altos Estudos Militares, 1979.

Industrial. Em termos militares, os impactos foram de tal natureza que se traduziram no que constituiria a primeira grande rutura no quadro conceptual da guerra, na revolução nos assuntos militares clausewitziana.

*

Por força das circunstâncias, acabámos de introduzir um novo conceito, o da revolução nos assuntos militares (RAM), a que aliás já fizéramos uma muito breve alusão na introdução. É matéria que desenvolveremos adiante, mas façamos aqui um parênteses para, sobre ela, antecipar uma clarificação terminológica.

Nas muitas e diversificadas teorias sobre o faseamento da evolução da guerra é frequente a referência à ocorrência de alterações na temática e estrutura militar que, por tão profundas, são classificadas como revoluções (nada tem a ver com revoluções políticas promovidas ou com participação de militares). É a tendência para designar por revoluções tudo o que constitua uma mudança brusca ou uma rutura radical num processo evolutivo. Nesta ordem de ideias, revoluções teriam sido todas as transições epocais demarcadas por Fuller. Consideramos tal caracterização excessivamente ligeira e simplificadora.

A recente abordagem daquilo a que se tem chamado revolução nos assuntos militares (RAM) obrigou a fazer alguma luz sobre esta matéria e a tratá-la com mais rigor, debate que está longe de encerrado. Desta RAM, que caracteriza a passagem à era da globalização e a que poderemos a acrescentar a designação atual ou em curso, trataremos no final deste trabalho, no subcapítulo do Período Pós-Moderno. A abordagem da única RAM que a precedeu, na passagem do século XVIII para o século XIX, e que designamos por napoleónica/clausewitziana, incluí-la-emos quando analisarmos o Período Moderno. Para já, apenas adiantarei uma caracterização teórica sobre o que entendemos por RAM.

Uma RAM não é uma mera transformação tecnológica, por muito profunda que esta tenha sido. É certo que tem as suas raízes na introdução de novas tecnologias militares e nos reflexos que estas encontram nos novos modelos de instituição militar, nas novas organizações para o combate e nas novas conceptualizações táticas e estratégicas. Mas vai além disso, e só estamos perante uma RAM quando essas ruturas atingem o campo teórico e doutrinário da própria guerra. Esta reflexão e esta terminologia são muito recentes. Um dos primeiros textos que terá surgido sobre a RAM foi o de Eliot Cohen, na revista de referência *Foreign Affairs*, em 1996. O artigo intitulava-se «A revolution in warfare», e nele escreveu o autor:

> Há quase uma década os planeadores da defesa norte-americana previram uma iminente revolução nos assuntos militares, por vezes descrita como a revolução técnico-militar [...]. Tal revolução atingiria virtualmente todos os aspectos da instituição militar. ([110])

Passado pouco tempo já havia quem se preocupasse em precisar o conceito. No livro de múltipla autoria publicado em 1999, *Contemporary Security and Strategy*, Andrew Latham assinou o texto «Reimagining warfare», no qual classificava a RAM como «[...] ruturas radicais na natureza da guerra [...]» e acrescentava:

> «[...] os avanços tecnológicos não traduzem o que é revolucionário, não constituem em si mesmo uma revolução nos assuntos militares. Também são exigidas profundas alterações no pensamento militar (doutrinas) e nas práticas organizacionais [...]» ([111]).

Noutro livro, *Les nouvelles relations internationales. Pratiques et théories*, Anne-Marie Le Gloannec participa com um texto intitulado «Y a-t-il une pensée stratégique dans l'aprés-guerre froide?», que vai no mesmo sentido: «Uma revolução militar reveste-se [...] de uma dimensão quádrupla, evolução tecnológica [...] novos sistemas, inovação operacional e adaptação de estruturas» ([112]). Mary Kaldor, uma referência no tratamento das novas guerras, é muito clara: «[...] houve uma revolução nos assuntos militares, mas é uma revolução nas relações sociais da guerra, não da tecnologia [...]» ([113]). António José Telo, em artigo publicado em *Nação e*

([110]) Cohen, Eliot, «A revolution in warfare», in *Foreign Affairs*, vol. 75, n.º 2, March-April 1996, p. 37.

([111]) Latham, Andrew, «Reimagining warfare», in *Contemporary security and strategy*, Edited by Craig A. Snyder, Macmillan Press, G. B., 1999, pp. 212 e 227.

([112] Gloannec, Anne-Marie le, «Y a-t-il une pensée stratégique dans l'après-guerre froide?», in *Les nouvelles relations internationales. Pratiques et théories*, Paris, Presses de Sciences P°, 1998, p. 368.

([113]) *Op. cit.*, p. 3.

defesa, em 2002, ia no mesmo sentido, sublinhando que, para caracterização da RAM, «A doutrina e o aparelho conceptual são um elemento essencial (da RAM).» ([114]) Rematemos esta caracterização da essência da RAM com Donald Rumsfeld, então secretário da Defesa dos EUA, no artigo «Transforming the militar», publicado na *Foreign Affairs*, em 2002: «[...] uma revolução nos assuntos militares é muito mais do que construir armas de alta tecnologia – embora isto seja parte dela. Também envolve novas formas de pensamento e novas formas de combater» ([115]).

Por isso entendemos por RAM um fenómeno complexo que, tendo por base uma transformação tecnológica, vai muito além dela, resultando da sua conjugação com evoluções em outras três áreas militares: organizacional, conceptual e doutrinária.

A componente tecnológica, produto do avanço técnico e científico no armamento e no equipamento militar ou com incidência militar, está na sua génese mas, por si só, é insuficiente para caracterizar a RAM. Novas tecnologias implicam novas organizações, que devem ser entendidas a dois níveis: a nível institucional, traduzem-se em diferentes modelos de serviço militar e consequentes relacionamentos entre instituição militar e sociedade; a nível funcional, resultam em novas estruturas e articulações dos meios. Por sua vez, novos armamentos, novos equipamentos e novas organizações exigem novos conceitos de emprego, estratégicos e operacionais, incluindo nestes os táticos e os logísticos. Por último, a componente doutrinária corresponde a um novo entendimento da própria natureza da guerra, da filosofia da guerra enquanto fenómeno violento que opõe seres racionais em sociedades politicamente organizadas. É isto, em linhas muito gerais, uma RAM.

Uma passagem em revista do processo histórico e da evolução da guerra leva-nos a considerar que, dos muitos momentos em que se verificou acumulação de fatores de rutura, só em dois se conjugaram plenamente aquelas quatro componentes, tecnológica, organizacional, conceptual e doutrinária, de tal forma que permita falar-se de uma RAM. O primeiro foi a rutura *a posteriori* designada

---

([114]) Telo, António José – «Reflexões sobre a Revolução Militar em curso», in *Nação e defesa*, n.º 103, Lisboa, IDN, outono-inverno 2002, p. 216.

([115]) Rumsfeld, Donald H., «Transforming the military», in *Foreign Affairs*, vol. 81 n.º 3, May-June 2002, p. 21.

RAM napoleónica/clausewitziana (e que para simplificar passaremos a chamar apenas RAM clausewitziana), na passagem do século XVIII para o século XIX, produto da Revolução Industrial e do Século das Luzes. O segundo foi a rutura da RAM em curso, na passagem do século XX para o século XXI, produto da Revolução Pós-Industrial computorizada e da globalização. Adiante justificaremos e destacaremos os fatores que contribuíram para que cada uma destas ruturas, na entrada do século XIX e na entrada do século XXI, deva ser considerada uma RAM.

*

Fechado este parênteses e retomando o curso da nossa argumentação, diremos que há, então, no processo histórico, uma evolução da guerra que acompanha o desenvolvimento da sociedade. É sobre essa evolução que nos propomos refletir neste capítulo e, para isso, vamos considerar três grandes períodos, referentes às duas RAM: o Período Antigo, correspondente às guerras que ocorreram desde a antiguidade até à RAM clausewitziana; o Período Moderno da RAM clausewitziana englobando as guerras de tipo clausewitziano; e o Período Pós-Moderno da RAM em curso.

I.

Período Antigo

«Os primeiros exércitos genuínos surgiram depois de 3100 a.C. no Egito e na Mesopotâmia.»

(MAX BOOT)

«Com a descoberta da pólvora entramos na época técnica da arte da guerra [...] a bravura cede lugar à mecânica, democratiza a guerra.»

(J. F. C. FULLER)

Diz-nos Juan Clemente Zamora que, na Fase Nómada/Coletora, o homem ([116]) já usava instrumentos para se defender e começou mesmo a fabricar os primeiros utensílios, que também usava como armas. O Homem de Neanderthal, desaparecido sem chegar a passar da Pré-História, já terá fabricado lanças. Os seus semelhantes que sobreviveram e vingaram enquanto espécie defendiam-se uns dos outros como se defendiam dos restantes animais ou das agressões da natureza, para sobreviverem, para procriarem, para subsistirem, pela posse do que colhiam, do que caçavam, do que

([116]) O homem é sempre aqui referido com sentido biológico e não com qualquer distinção de género.

pescavam, do que apresavam. Lutavam e abrigavam-se. Estes atos de violência instintiva, irracional, ainda não cabiam no conceito de guerra.

Na Fase Nómada/Pastoril, entra-se no período pré-guerra. Há algum aperfeiçoamento muito rudimentar nos utensílios/armas, mais pesados, com maior poder perfurante, com mais capacidade de corte. E começa a esboçar-se uma organização tribal com sentimento gregário, onde emergem os mais fortes, os mais hábeis, os mais aptos, os melhores manipuladores de mitos, enfim, os que detém e exercem poder. Começa também a surgir o sentimento de posse coletiva, o gado arrebanhado, os pastos necessários, a colheita acumulada, a vegetação ou floresta produtora, o espaço de fixação temporário, a água perto da qual se acampou. Ainda não há luta organizada ou objetivos definidos, guerra portanto, mas começa a haver o que lhe vai estar na origem, armas, resistência contra outros grupos pelo direito de posse, disputa de liderança no interior do grupo.

1.1. Época da Bravura e das guerras primitivas e da Antiguidade

Em explorações arqueológicas de aldeias fortificadas do Neolítico, encontram-se armas nas sepulturas, o que parece provar que os homens já então se guerreavam. As primeiras guerras terão sido tribais, a que alguns chamam guerras primitivas ou guerras artesanais, pela disputa do que conferia poder, terra, gente, recursos.

Mas é com a Fase Rural, que se inicia com a sedentarização, com a revolução agrícola e com a entrada na história, que as causas de guerra começam a acumular-se. Os homens agrupam-se em comunidades, delimitam espaço, adquirem propriedade, estratificam um corpo social, criam estruturas políticas, assumem poder. Diferencia-se uma classe guerreira, submetem-se outros homens, cresce a ambição pela conquista, de terras, de escravos, de presas e, à iniciativa de uns, respondem os outros para, mais tarde, se inverterem os papéis, para reconquista ou por represália. Inicia-se o fabrico de armas, na subfase Hortícola ainda de forma muito incipiente e rudimentar, passando da pedra e do osso ao cobre, ao estanho, ao bronze e ao ferro. Aron situa na Idade do Bronze o início da guerra organizada ([117]). Max Boot diz que esta começou por se caracterizar por

---

([117]) *Op. cit.*, p. 349.

combates entre bandos, mal organizados, indisciplinados, ligeiramente armados, que evitavam o combate aberto e procuravam raides de surpresa, emboscadas, ações do tipo das modernas guerrilhas. É curioso constatar que, de certa forma, o ciclo esteja a fechar-se. Terá evoluído para ações de tipo mais convencional cerca do ano 10 000 a.C. e, pelo ano 3100 a.C., no Egito e na Mesopotâmia, terão surgido os primeiros verdadeiros exércitos, hierarquizados, treinados, disciplinados ([118]).

Em termos bélicos foi o início daquilo a que Fuller chamou a Época da Bravura porque, até ao aperfeiçoamento da arma de fogo que irá favorecer o combate à distância, a guerra é decidida no combate corpo a corpo, com armas manuais, tendo a coragem física dos combatentes como característica fundamental. Em terminologia militar, o elemento essencial de combate (EEC) predominante era o choque. A imagem que perdura dos relatos dos historiadores da época é a dos dispositivos compactos das falanges gregas e cartaginesas, dos corpos e divisões persas, das legiões romanas com os infantes manejando os seus escudos, gládios e lanças, constituindo autênticas fortalezas humanas móveis. Mas o espírito inventivo do homem começa a produzir armas que vão desenvolver um segundo EEC, o fogo, armas de arremesso, de combate à distância, arco e flecha, dardo, catapulta ([119]). É uma época longa, de progresso técnico muito lento, que vai estender-se por alguns milénios.

As guerras desta época têm por objetivo a conquista de espaço para formação de entidades políticas, pelo domínio de fontes de recursos vitais, pela captura de patrimónios valiosos, pela sujeição de outros povos. Confrontavam-se quer sociedades já sedentarizadas em expansão, quer sociedades nómadas que buscavam destinos

([118]) Boot, Max, «The evolution of irregular war», in *Foreign Affairs*, vol. 92, n.º 2, março-abril, 2013, p. 100

([119]) Há algum anacronismo na aplicação do EEC fogo a estas armas, quando o fogo, se bem que já utilizado pelo homem, ainda não tinha aproveitamento nas armas. A teoria dos cinco EEC, choque, fogo, movimento, proteção e comando/ligação, é recente, de quando as armas de fogo já eram comuns e a aplicação da designação fogo à ação do EEC resultante das armas de arremesso das guerras primitivas, projetadas à distância, faz-se por analogia. Porventura a designação mais feliz para esse EEC seria tiro, mas é o fogo que está vulgarizado, e, por isso, vamos continuar a usá-lo.

mais favoráveis. Eram guerras determinadas principalmente por causas políticas e económicas.

As sociedades nómadas vindas de leste, das estepes asiáticas, introduziram uma nova arma, o cavalo, que apareceu nos campos de batalha por volta do segundo milénio a.C. E, com o cavalo, o carro de tração animal, que lhes permitiu projetar poder a grandes distâncias. A introdução do cavalo no campo de batalha deu relevo a um novo EEC, o movimento. Outros animais utilizados na guerra, como o camelo, nos desertos, ou o elefante, nunca tiveram a importância do cavalo como meio de combate. A guerra começou a ganhar outra dimensão no espaço e no tempo, a manobra. O cavalo foi o fator dissimétrico que desequilibrou o potencial relativo de combate daquelas fases guerreiras. Nas estepes asiáticas, o movimento era fácil, proporcionado pelas enormes planuras, mas na Europa Ocidental exigiu a construção de estradas, quando as ambições ofensivas alargaram os seus horizontes. Ainda hoje podemos testemunhar a solidez, a amplitude e a densidade da rede de estradas construída pelos romanos, onde sobressai a preocupação estratégica militar do seu planeamento.

Não foi só na rede de estradas que a engenharia militar já aparecia a evidenciar a sua importância na manobra ofensiva, para além do seu mais divulgado contributo para as fortificações e sistemas defensivos. Datam dessa época os engenhos móveis para abordagem de posições fortificadas, as obras de sapadores para minarem ou abrirem brechas nas muralhas defensivas, a construção de acampamentos de inverno que assegurassem o prosseguimento da ofensiva quando os rigores do clima o permitissem.

Nesta fase histórica já se registavam batalhas navais, nomeadamente nos mares interiores ou semi-interiores e nos grandes rios. As embarcações, movidas por energia muscular, remos, ou por energia eólica, vela, não eram propriamente instrumentos de guerra, mas de transporte para a guerra. Todos os povos ribeirinhos os utilizaram, desde os da bacia mediterrânica até aos do Mar do Sul da China. Havia confrontos entre embarcações, por ação de choque, abalroamentos ou abordagens, porque as armas de arremesso eram então pouco eficazes contra as estruturas dos navios.

Nas sociedades primitivas, já sedentarizadas em pequenos aglomerados, todos os homens válidos eram guerreiros, tal como eram caçadores, atividades que se complementavam. O mesmo acontecia com as primeiras sociedades nómadas em que a tribo se deslocava na totalidade. Mas, quando as sociedades nómadas se sedentarizavam e mantiveram ambições expansionistas e imperiais a partir da sua base permanente (metrópole), começavam a recorrer a exércitos permanentes constituídos com base em mercenários ou escravos.

Esta fase, aliás como as seguintes, vai ocorrer em todos os processos históricos das diferentes civilizações, se bem que não coincidindo no tempo. Como diz Zamora, a humanidade não é homogénea, mas as várias civilizações percorrem as sucessivas etapas com idêntica sequência, em épocas distintas, numa ordem de sucessão inevitável, que não pode saltar-se ou inverter-se ([120]). O tipo de guerra assente na bravura, no choque e no movimento, foi o que predominou na Antiguidade durante largos milénios, tanto na bacia do Mediterrâneo, no antigo Egito e na Ásia Menor como no Crescente Fértil, nas guerras médicas como na expansão helenística para oriente, na consolidação de Roma como na construção do Império Romano. Ou ainda na Ásia do Oriente e na América pré-colombiana ([121]).

Os chefes políticos e militares – por vezes também religiosos, como no Egito dos faraós – confundiam-se na mesma pessoa e acompanhavam os exércitos nas suas campanhas, surgindo figuras que se tornaram emblemáticas como grandes estrategas de todos os tempos, como Dario, Alexandre, Aníbal, César que, com os meios técnicos rudimentares da época organizaram cientificamente os seus exércitos, souberam movimentá-los e adaptá-los ao meio geográfico e revelaram enorme sensibilidade para equacionar as suas empresas militares de acordo com os objetivos políticos.

Em pleno Período da Evolução Técnica Lenta, as inovações em armamentos demoravam a aparecer, e, assim, as guerras mantinham-se simétricas durante longos períodos, pelo que era o génio dos comandantes, com a organização das forças, o treino, a disciplina, a arte militar, que decidia as batalhas. Quando surgiam novos EEC ou armas absolutas, como foi o caso do cavalo ou do fogo

---

([120]) *Op. cit.*, pp. 12 e 16.

([121]) As civilizações das sociedades da Antiguidade Clássica que, em épocas distintas, predominaram na bacia mediterrânica, no Extremo Oriente e nas regiões central e andina do continente americano já tinham ultrapassado a Fase Rural e entrado na Fase Urbana, mas a evolução técnica ainda não permitira, em termos militares, que tivessem ido além da Época da Bravura.

grego ([122]) usado em Bizâncio, desequilibravam temporariamente a correlação de forças. Foi, em parte, devido ao fogo grego que o Império Romano do Oriente sobreviveu quase mil anos ao do Ocidente.

1.2. Época da Cavalaria e das guerras feudais

A progressiva estratificação da sociedade, com a classe guerreira a transformar-se em classe nobre detentora das terras, dos servos e escravos, do poder, em suma, influenciaria a passagem à Fase Rural/ Agrícola, correspondente à sociedade feudal.

Com características próprias mas assente numa semelhante estrutura socioeconómica, todas as civilizações passaram pelo sistema feudal antes da Fase Urbana. Entre o terceiro e o primeiro milénios a.C. este vigorou em regiões tão longínquas como a bacia mediterrânica, nomeadamente o Egito, a Ásia Menor, a Grécia e Roma, a Pérsia ou a China da dinastia Chu. A América pré-colombiana, em que algumas civilizações da América Central já haviam desaparecido antes da chegada dos espanhóis por pressão de outras vindas do Norte, encontrava-se então num sistema de tipo feudal, sociedades militarizadas em guerras permanentes, por poder e por motivações religiosas, algumas verdadeiras guerras de extermínio. Na Europa Ocidental e Central, tal sistema seguiu-se à desintegração do Império Romano do Ocidente e duraria cerca de um milénio. Mas, noutras paragens, como o Japão ou África, houve sociedades que ainda mantinham sistemas feudais tardios no século XIX.

Fuller identificou a era feudal na Europa com a Época da Cavalaria, porque os cavaleiros eram a classe nobre e guerreira, dominante. As guerras feudais, como Aron chamou aos conflitos desta época, resultavam de ruturas nas relações entre senhores, mais ou menos poderosos, entre vassalos e suseranos. Eram guerras pelos seus interesses pessoais, pela sua honra e prestígio, nas quais o povo, mesmo quando participava ao serviço dos seus amos, era um ator marginal. As batalhas faziam-se com pequenos efetivos, eram de

([122]) O fogo grego ou fogo marinho era uma mistura inflamável projetada por um tubo, que se tornava incandescente em contacto com a água. A sua composição química nunca foi desvendada e, entretanto, perdeu-se.

curta duração, disputas entre cavaleiros, por vezes meros torneios, mas que se sucederam em permanência. A Europa feudal viveu em estado de guerra perpétuo ([123]) e tornou-se uma sociedade militarizada em que hierarquia militar e hierarquia feudal coincidiam.

A cavalaria medieval foi uma particularidade do feudalismo europeu, que não teve nada a ver com a cavalaria dos povos nómadas da Ásia. Nestes, o cavalo conferiu às suas empresas guerreiras um sentido ofensivo, expansionista, assente no movimento, na rapidez, na surpresa, no choque, enquanto as guerras da cavalaria medieval europeia foram predominantemente defensivas, para proteção do processo de fixação dos respetivos burgos senhoriais. A cavalaria destinava-se a raides exteriores, à ligação entre praças vizinhas, aos jogos de guerra que frequentemente decidiam as batalhas, regidos por códigos de honra que só comprometiam a nobreza e que, muitas vezes, eram meros pretextos para a resolução de interesses entre os senhores. Faziam-se simulacros de guerras para obtenção de resgates materiais. A exceção foram as cruzadas e as campanhas contra os muçulmanos na Europa Ocidental, que tiveram causas políticas pela fundação de novas nacionalidades mas, fundamentalmente, causas religiosas, porque essas nacionalidades aceitavam uma dependência do Império Sacro-Romano e eram pontas de lança da luta do Cristianismo contra o Islão. Por isso tinham a bênção do Vaticano. Se bem que em menor escala, as causas económicas também não estavam ausentes das guerras feudais.

Esta Fase Rural/Agrícola foi, aliás, um período fértil em guerras religiosas, exatamente porque esteve marcada pelo proselitismo de duas religiões monoteístas reveladas e em expansão, o Cristianismo e o Islamismo. As ambições expansionistas dos respetivos monarcas, europeus e árabes, entraram em confronto na bacia mediterrânica, conferindo às guerras da Época da Cavalaria uma marca religiosa muito profunda. Na Europa Ocidental Carlos Magno, o fundador do sistema feudal europeu, recebia do papa o título de defensor da Cristandade e constituíram-se as Ordens Religiosas-Militares, misto de monges-guerreiros e mercenários, porque o valor do saque era o seu benefício. As cruzadas foram impulsionadas por um ideal religioso mas serviam objetivos políticos e económicos do Vaticano.

([123]) Bouthoul e outros, *op. cit.*, p. 127.

Mas as cruzadas foram tanto o instrumento de uma contraofensiva em resposta à instalação árabe na Europa do Sul para expansão da fé islâmica, como o instrumento da ofensiva das guerras da Cristandade levadas à Terra Santa da Palestina. A expansão árabe que começara pela conquista de território em todos os azimutes, a partir da Península Arábica, transformou-se em guerra religiosa pela conversão dos infiéis, que atingiu, para norte e ocidente a Europa, para oriente os confins da Ásia e para sul a África Subsariana. Foi o período das guerras santas, desencadeadas de parte a parte pelo poder religioso, com regras fixadas pelo poder religioso e arbitradas pelo poder religioso em nome de Deus.

Mas à sombra destas guerras entre senhores, ou entre religiões, também proliferaram outras guerras menores, frutos das sociedades de então. Foram as guerras de camponeses, os servos da época que não constituíam um proletariado porque viviam dispersos em pequenas comunidades e na dependência dos seus amos, que tiveram consequências menores porque ainda não tinha chegado a hora da sua emancipação.

Com as guerras feudais da Fase Rural/Agrícola verificou-se o desenvolvimento de um quarto EEC, aliás caracterizador da predominância defensiva das guerras desta época, a proteção. A proteção surgira, naturalmente, como reação às primeiras armas, distinguindo-se sempre a proteção individual e a proteção coletiva. A organização do terreno, as paliçadas, as armadilhas, eram formas de proteção coletiva que se foram aperfeiçoando com a evolução da técnica. As armaduras, as malhas, os elmos eram equipamentos de proteção individual, que se reforçavam consoante também aumentava a maior eficácia e resistência dos armamentos. Foi a eterna luta entre o gládio e o escudo. A proteção individual era contra a arma individual, a ação do choque. A proteção coletiva era contra a arma de arremesso, a ação do fogo, e, depois, contra a manobra, a ação do movimento.

Repito, o desenvolvimento do EEC proteção foi a marca saliente das guerras feudais. O cavaleiro, com o seu elmo de viseira, a cota de malha, as armaduras metálicas da cabeça aos pés, com o escudo também metálico, montado num cavalo couraçado, é a imagem do guerreiro medieval. O castelo medieval, tosco, último reduto dentro de um recinto amuralhado, rematado com ameias, seteiras, baluartes e torres de vigia, fechado ao exterior e isolado por fossas supostamente intransponíveis, ainda hoje, através dos patrimónios históricos, nos permite imaginar as preocupações defensivas das guerras da época. Por outro lado, a sua proliferação era bem a tradução de um sistema político celular, em que cada pequena unidade constituía uma entidade com um grau relativo de autonomia soberana.

Há, no entanto, que ser cauteloso com a caracterização como defensivas das guerras em que sobressai o EEC proteção. Porque a guerra pode ser taticamente defensiva quando privilegia a manobra defensiva no campo de batalha, mas estrategicamente ofensiva se serve objetivos expansionistas da política. As fortalezas, castelos ou campos entrincheirados que se vão construindo em territórios anexados por projetos expansionistas, coloniais ou imperiais, constituem medidas táticas defensivas que se inscrevem em manobras estratégicas ofensivas. As guerras da Fase Rural/Agrícola são férteis em exemplos que evidenciam esta ambiguidade.

As proteções amuralhadas de épocas históricas anteriores ao feudalismo europeu, a muralha da China começada a construir no século III a.C. contra as invasões mongóis, a muralha de Adriano na Inglaterra no século II a.C. contra as incursões dos bárbaros nórdicos, o *limes* germânico de Trajano entre o Reno e o Danúbio contra as primeiras invasões bárbaras dos séculos I e II, a muralha de Teodósio para proteção de Constantinopla no século V e a muralha inca na América pré-colombiana, haviam sido grandes obras de proteção coletiva, numa conceção diferente da medieval europeia, porque eram construções contínuas e que se estendiam por conjuntos civilizacionais, pós-feudais, unificados, constituindo defesas das fronteiras de impérios contra invasões externas de tribos nómadas. As dispersas fortalezas europeias não foram concebidas para defender o espaço europeu de agressões do exterior, mas para defender espaços do interior uns contra os outros.

Outro aspeto interessante para caracterizar as guerras feudais é o recrutamento dos combatentes. As guerras feudais eram disputas entre senhores, com a colaboração dos seus vassalos se fossem grandes senhores ou reis e dos respetivos servos, meros auxiliares. Era um recrutamento geral e era uma condição natural, porque o estatuto do vassalo e do servo pressupunha a prestação militar. Mas, com o crescimento de alguns burgos, a necessidade de manter os servos nos serviços agrícolas e o prolongamento de algumas campanhas em paragens longínquas, o recrutamento tornava-se mais exigente. Foi assim que apareceram as milícias urbanas, que se impôs o recurso a profissionais e a mercenários. Eram os combatentes a soldo, de onde derivou o termo soldado.

O sistema feudal gerava as suas próprias contradições que cavariam o seu termo e, na sua origem, esteve a guerra.

1.3. Época da Pólvora e das guerras burguesas e religiosas

Admite-se que tenham sido os chineses os primeiros a descobrir os efeitos explosivos da pólvora, mas a sua utilização em canhão, o seu primeiro aproveitamento para fins militares, deveu-se ao britânico Roger Bacon, nos meados de século XIII. A pólvora iria ser decisiva na transformação da guerra e na hegemonia mundial que a Europa conquistaria a partir do século XV, mas os primeiros utilizadores, que lhe ficaram a dever sucessos estratégicos assinaláveis, foram os turcos e à custa dos europeus. Quando Maomé II, em 1453, com o cerco a Constantinopla, pôs termo ao Império Romano do Oriente e estendeu o Império Otomano à Europa Balcânica, a sua vitória foi obra da artilharia com canhões de pólvora. Maomé II ficaria conhecido como o primeiro grande artilheiro da história.

Apesar de se atribuir ao século XIII, pela introdução da pólvora na técnica militar, o início do Período da Evolução Técnica Rápida, os seus resultados práticos nas inovações dos armamentos só começaram a ter uma aceleração significativa a partir do século XV. Anteriormente limitara-se, com as bombardas, a conferir um limitado aumento de alcance das armas de arremesso, mas os seus efeitos só começaram a ser assinaláveis quando alguém descobriu que, com a projeção de balas através de tubos metálicos alongados, se conseguia muito maior alcance e precisão. Tal terá acontecido nos finais do século XV com o canhão e o fuzil. A condução da guerra sofreria um enorme sobressalto, com a bravura a ceder lugar à técnica e o fogo a superar o choque como EEC predominante.

Entretanto o processo histórico entrava na Fase Urbana, com a burguesia mercantil a assumir um papel que, pouco a pouco, se ia sobrepondo à nobreza rural. Impunha-se a monarquia absoluta, nascia uma economia capitalista manufatureira que requeria matérias-primas, cuja aquisição exigia empresas militares longínquas e duradouras. A guerra, assumindo uma natureza mais complexa na diversidade das suas causas e motivações, também iria refletir esta mudança. Foi necessário intensificar o recurso a exércitos profissionais e mercenários e a marinha assumiria um papel militar decisivo. Foram guerras políticas internacionais, de conquista, para alastramento de fronteiras dos novos Estados nascentes. Mas foram também guerras económicas para domínio de espaços além-mar, fontes de matérias-primas e, consequentemente, guerras imperiais. E porque, nos destinos onde as potências europeias sentiram necessidade, ou condições, de se fixarem, fundaram sistemas de dominação coloniais, estas guerras foram, também, guerras coloniais. E foram ainda guerras religiosas, porque a expansão se fez em nome da fé, em confronto com civilizações e credos diferentes, já instalados.

Eram guerras dispendiosas, que a burguesia abastada ajudava a casa real a sustentar, cobrando as suas recompensas com os produtos das conquistas. E eram guerras verdadeiramente ofensivas, nas quais a mobilidade é sempre o trunfo decisivo. Nascia a época das potências marítimas. Se, nas ofensivas dos nómadas terrestres, a arma da mobilidade fora o cavalo, nas ofensivas dos novos nómadas marítimos, a arma da mobilidade foi o navio, armado com canhões de pólvora.

Foi o canhão de pólvora e o domínio das técnicas de navegação, o aproveitamento dos ventos e das correntes marítimas, o aperfeiçoamento da bússola, que já fora rudimentarmente inventada pelos chineses no século I, o conhecimento da cartografia e da astronomia que permitiram a expansão portuguesa até ao Extremo Oriente, dando origem àquilo a que Toynbee chamaria a era pós-gâmica, que conferiu aos europeus quatro séculos de ascendência mundial ([124]). Foi a pólvora que permitiu as conquistas de Cortés e Pizarro e as mudanças civilizacionais na América Central e Andina. E a pólvora foi decisiva para o poder naval inglês e para a vitória sobre a Invencível Armada, símbolo do poder imperial espanhol na Europa dos séculos XVI e XVII. Abriu as portas à colonização inglesa da América do Norte, com as repercussões, a prazo, que hoje conhecemos. Em África, por essa época, os europeus, nomeadamente os

([124]) KENNEDY, Paul, *Ascensão e queda das grandes potências*, vol. I, Mem Martins, Publicações Europa-América, 1990, p. 286.

portugueses, limitaram-se à construção de feitorias para apoio à navegação para o Oriente e a pequenas incursões guerreiras no interior, para busca do ouro e captura de escravos. O que também teve, como resultado, a sua participação em guerras internas entre reinos e tribos rivais, tomando partido e recebendo apoios para as suas campanhas de penetração.

O valor dos castelos medievais e das grandes muralhas desapareceu com o poder destrutivo da artilharia. A proteção ia exigir um novo papel à engenharia militar, o entrincheiramento para baixo substituía o amuralhamento para cima. A técnica ia tornar a guerra mais inventiva e imaginativa.

A pólvora também contribuiu para uma democratização relativa da guerra, que deixou de ser apenas assunto de nobres e cavaleiros. A burguesia precisava do povo que, concentrado nas urbes, se transformava em mão de obra disponível para as aventuras militares de exércitos e marinhas mais numerosos. E, contra a antiga nobreza feudal decadente, a monarquia absoluta, cujo caminho fora aberto pela arma de fogo, apoiava-se na burguesia urbana e no povo. Começava a esboçar-se a época dos exércitos e das guerras nacionais.

Esta foi também a fase em que as guerras religiosas assumiram enorme relevo no interior da própria Cristandade. Se, nas guerras de expansão europeia, o proselitismo religioso fora meramente instrumental ao serviço de objetivos mais materialistas, políticos e económicos, nas guerras europeias pós-feudais a religião foi causa determinante. Não guerras entre religiões, mas guerras entre igrejas da mesma religião. Tiveram origem com a cisão de Martinho Lutero em rebelião contra Roma, mas deram lugar a confrontos paradoxais em que, nas linhas divisórias, se confundiam motivações religiosas e interesses políticos e materiais. As guerras religiosas eram guerras por poder. Na Inglaterra, as lutas dinásticas opuseram casas católicas e protestantes e a fracassada expedição da Invencível Armada, tentada pelo rei católico de Espanha, teve por objetivo reintegrar a Inglaterra protestante na Igreja de Roma. As guerras religiosas em Inglaterra, até à vitória dos puritanos de Cromwell, foram devastadoras. Mas havia objetivos imperiais encobertos, e, nos vários países europeus, surgiram apelos antagónicos a intervenções estrangeiras, umas para favorecer católicos, outras em apoio de protestantes.

Ao contrário das guerras feudais, as guerras religiosas europeias foram guerras populares, que envolveram as diferentes classes sociais. A revolta de Lutero na Alemanha tivera por base o seu apoio a insurreições camponesas por causas socioeconómicas. Esteve aí a origem da Guerra dos Trinta Anos que, para além do confronto entre católicos e protestantes, teve contornos mais obscuros de apoios cruzados de quase todos os países europeus, denunciando interesses políticos e jogos de poder, porque a religião oficial de cada principado alemão era a do príncipe, muitas vezes oposta à da maioria do povo. Richelieu, cardeal católico e chefe do governo de sua majestade francesa, terá apoiado príncipes protestantes alemães em revolta contra a católica Casa dos Habsburgo. Em causa já estava a Alsácia-Lorena, que seria no futuro um *casus belli* permanente entre a França e a Alemanha.

A Guerra dos Trinta Anos foi ruinosa para a Europa. Só nos principados alemães, terá dizimado cerca de 40% da população. Terminou com o Tratado de Vestefália, de 1648, que mudaria o panorama da geografia política europeia e assinalaria a sua entrada na Era Moderna. Nascia a Europa estatocêntrica dos Estados-nação.

Entretanto, nesta mesma época, a Ásia Central também era palco de guerras permanentes. Civilizações já sedentárias, mas com ambições expansionistas e para difusão da fé islâmica, como os árabes, turcos e persas, viravam-se para oriente. Civilizações ainda nómadas, em guerras de razia, para sudeste e para ocidente. Os mongóis de Gengis Khan e seus sucessores atingiram o Pacífico, o golfo Pérsico, o Mediterrâneo e o Danúbio. Vieram a ser absorvidos por civilizações sedentárias culturalmente mais avançadas. Como várias vezes sucedeu na história, guerras de conquista prolongadas no tempo acabaram com os conquistadores aculturados pelos vencidos. Tamerlão, turco-mongol do coração da Ásia Central, um dos maiores generais asiáticos, comparável a Gengis Khan, símbolo do despotismo oriental da época, foi um conquistador nómada, enfrentou o Império Mongol e viria a construir o maior império muçulmano asiático. As guerras de Tamerlão não deixavam de ter também objetivos políticos e económicos, pois visavam controlar a zona por onde passava a Rota da Seda, grande e exclusivo eixo de ligação terrestre entre o Ocidente e o Oriente.

Miguel Urbano Rodrigues, no seu excelente livro sobre as civilizações e os conflitos que foram uma constante e, ainda hoje, permanecem no núcleo duro do *heartland*, como MacKinder viria a chamar ao centro da Eurásia, apelida Tamerlão, que conquistava, se fixava e deixava marca, de nómada/sedentário ([125]). A Ásia Central nunca mais deixaria de ser palco ou pretexto de guerras permanentes.

A Europa pós-Vestefália, com a formação do modelo do Estado-nação, conjugada com o progresso técnico e o renascimento cultural, tornar-se-ia o centro do mundo. E fá-lo-ia aproveitando a superioridade técnica proporcionada pela pólvora aplicada aos armamentos e, consequentemente, à guerra.

Na Europa entrou-se num sistema de relações internacionais de equilíbrio de poder, de alianças entre Estados, em que as instituições militares se profissionalizaram e mercenarizaram ao serviço de monarquias absolutas. Com a consciência nacional ainda não consolidada, não estavam em causa interesses nacionais, mas interesses das oligarquias dominantes. Os exércitos eram caros pelo que era preciso poupá-los e as guerras eram dispendiosas, pelo que eram limitadas nos seus objetivos, meios e duração, muitas vezes cingindo-se a meras exibições de força, jogos da corte, para justificarem compromissos e cedências negociadas por inimigos/aliados, pertencentes às mesmas famílias dominantes. Eram, no essencial, aquilo a que Ned Lebow chama guerras por prestígio ([126]).

Os interesses das potências europeias orientaram-se decididamente para os empreendimentos militares de além-mar, para satisfazer as necessidades do mercantilismo nascente, que precisava de matérias-primas e de mercados. Foi o início dos impérios europeus, com a Inglaterra e a Holanda a desalojarem Portugal no Extremo Oriente, com a expansão da Rússia na Ásia Central, com a Inglaterra e a França a instalarem-se e a disputarem espaço na América do Norte e com Portugal e Espanha a partilharem impérios na América do Sul. Como escreveu Fuller, entrara-se num círculo vicioso: o mercantilismo levava à guerra, para fazer a guerra eram necessárias manufaturas, e as manufaturas reforçavam o mercantilismo ([127]).

([125]) RODRIGUES, Miguel Urbano, *Nómadas e sedentários na Ásia Central*, Porto, Campo das Letras, 1999.

([126]) *Op. cit.*, p. 172.

([127]) *Op. cit.*, p. 123.

As guerras da era mercantilista foram, essencialmente, guerras por interesses económicos.

No final deste período, assistiu-se à primeira fase do recuo dos impérios coloniais europeus, com as independências no continente americano. Foi um efeito de dominó, de lutas de libertação ou guerras nacionalistas, que começou com a guerra da independência da América do Norte e depois prosseguiram, nos mesmos moldes, na América Central e América do Sul, por iniciativa das burguesias de origem europeia ou crioulas, descendentes dos colonos. Destas guerras estiveram ausentes os povos indígenas e os escravos de origem africana. Já foram animadas pelas motivações ideológicas do Iluminismo que estiveram presentes na Revolução Francesa e, depois, nas guerras napoleónicas. Na América Latina, ocorreram posteriormente às campanhas napoleónicas mas, em termos militares, de tecnologias, organizações, conduta operacional, ainda não se inscreviam na época clausewitziana. Foram guerras do ocaso do *Ancient Régime*, pequenas escaramuças em que os rebeldes, em inferioridade, recorriam a processos assimétricos. Ficaram célebres os *minutemen*, as milícias revolucionárias nas colónias da América do Norte, os homens prontos num minuto para acorrerem onde fossem chamados. Mas na América Latina as guerras das independências foram mais complexas, mistos de levantamentos populares, guerrilhas, guerras civis e mesmo interestatais, dada a divisão em diferentes colónias, que conforme iam conquistando as suas independências, se confrontavam com as que ainda permaneciam sob domínio colonial.

Entretanto, o mercantilismo também incentivara o progresso sistemático das armas da era da pólvora, mas as inovações ainda foram lentas. Verificou-se apenas algum aumento do poder destruidor das balas, mais pesadas, de ferro e chumbo, mas sem grandes avanços no alcance, na precisão, na cadência de tiro, no raio de ação e, por conseguinte, ainda sem provocarem mudanças significativas nos dispositivos táticos e na manobra operacional. O poder de choque das forças compactas da infantaria, ou a fluidez das guerrilhas, continuava a decidir as batalhas quando elas tinham lugar.

2.

Período Moderno da RAM clausewitziana

> «A Época do Vapor encontrou em Napoleão o seu profeta, o seu Corão foi redigido por um general prussiano, Karl Clausewitz.»
>
> (J. F. C. FULLER)

> «Como instituição, o exército só adquiriu importância depois da Revolução Francesa.»
>
> (EDUARDO LOURENÇO)

Em 1698, com a invenção da máquina a vapor por Thomas Savery, cujos efeitos na Revolução Industrial se iriam manifestar ao longo do século XVIII, entrava-se naquilo a que Fuller chamou a Época do Vapor. No processo histórico definido por Zamora era a Fase Urbana/Capitalista, com o Estado-nação e um poder centralizado a darem os primeiros passos nos Estados europeus, em marcha para uma era de supremacia mundial.

O que constituiu a grande inovação da Revolução Industrial foi o facto de, pela primeira vez, o homem ter passado a produzir máquinas destinadas a fabricar, não apenas instrumentos e produtos úteis para seu consumo, mas novas máquinas ([128]). Era um fenómeno

([128]) FULLER, *op. cit.*, p. 128.

multiplicador de progresso técnico. Os avanços técnicos acumulados, com a utilização da pólvora e da máquina a vapor na invenção e aperfeiçoamento dos armamentos e equipamentos com incidência militar, iriam introduzir uma fortíssima aceleração no Período da Evolução Técnica Rápida. A partir de então, a marcha seria vertiginosa e teria reflexos inevitáveis na organização, na conceptualização estratégica e tática, na doutrina e na filosofia da guerra.

2.1. RAM clausewitziana

A concluir o texto de abertura deste Capítulo III já expusemos o que entendemos por revolução nos assuntos militares, à qual passaremos sempre a referir-nos apenas pela sigla RAM. E não vamos aqui repeti-lo. Mas vamos desenvolver o conceito aplicado às transformações que a guerra conheceu com a influência dos pensadores do Século das Luzes, com a Revolução Industrial, com as inovações organizacionais, táticas e estratégicas concretizadas sob o comando de Napoleão Bonaparte e com a produção teórica e doutrinária de Carl Von Clausewitz. Designá-la-emos por RAM napoleónica/clausewitziana, mais abreviada ainda por RAM clausewitziana. E tentaremos justificar por que consideramos legítimo qualificá-las, por analogia com as transformações em curso na atualidade, como uma RAM, se bem que *avant la lettre*. Abordaremos separadamente, para melhor sistematização, as suas quatro componentes, tecnológica, organizacional, conceptual e doutrinária.

2.1.1. *Componente tecnológica*

Sem entrar em pormenores sobre o que significou a Revolução Industrial para a evolução técnica militar, porque não é objetivo deste trabalho, apenas vamos identificar os contributos mais significativos e que foram decisivos para as mudanças, organizacionais, conceptuais e doutrinárias, que atingiram o próprio conceito de guerra.

Em primeiro lugar, a espingarda de retrocarga, depois aperfeiçoada com a culatra manobrável, o cano estriado, a cápsula de percussão, a bala cilíndrico-cónica e o sabre-baioneta. Foi um enorme avanço no valor da arma individual, com o aumento da cadência de tiro, do alcance, da precisão, da eficácia e que, com a baioneta, dotaria o combatente individual dos dois EEC até então fundamentais, fogo e choque. Estava aberto o caminho para a fase seguinte, a automatização, que daria origem à metralhadora, representando o aumento da eficácia da artilharia com técnicas de tiro indireto e um maior raio de ação das granadas explosivas de fragmentação.

Todos estes avanços obrigariam a alterações radicais nos dispositivos de combate, maior dispersão, maior rapidez, melhor aproveitamento do terreno, alterações táticas que, por sua vez, impuseram novas organizações mais flexíveis. A maior dispersão arrastou exigências à valorização do EEC comando/ligação. E o aproveitamento do terreno arrastou a camuflagem e a dissimulação no meio ambiente, impondo profundas alterações nos fardamentos de campanha, que, até então, primavam pela visibilidade, que era uma forma de identificação e distinção, quer entre as próprias tropas quer em relação ao inimigo. As granadas de fragmentação levaram à reintrodução do capacete metálico para as tropas terrestres.

Mais tarde, já nos princípios do século XIX, os efeitos da Revolução Industrial vão repercutir-se nos transportes, com óbvia incidência na condução da guerra, nomeadamente ao nível da estratégia. Ao mesmo tempo que se verificava uma multiplicação na rede de estradas terrestres, aparecia o barco a vapor e o caminho de ferro, que ampliaram, em dimensões até aí impensáveis, os teatros de guerra, permitindo a projeção de forças a grandes distâncias e em tempos muito mais reduzidos. Acrescente-se o desenvolvimento da cartografia militar e estavam reunidos fatores fundamentais em que iria assentar a melhoria do planeamento e do comando/ligação, indispensável para a guerra de movimento. Foram instrumentos decisivos das guerras imperiais que marcariam este período.

O terceiro aspeto marcante na evolução técnico-militar com o impulso da Revolução Industrial verificou-se, já nos meados do século XIX, com o aparecimento da telegrafia sem fios (TSF), que se ficou a dever a Samuel Morse. Foi o complemento indispensável à ampliação do raio de ação que a modernização dos meios de transporte terrestres e marítimos possibilitara, porque permitiu manter ligação atualizada com os exércitos projetados a longas distâncias, assegurando ao poder político o contacto com os teatros de operações longínquos e em cima dos acontecimentos. Assegurou o comando centralizado e o controlo político da guerra o que, como veremos, seria uma marca decisiva na caracterização polemológica dessa época. Até então, os meios de comunicação ou eram morosos, mensageiros, ou eram de curto alcance, óticos e acústicos. A TSF seria responsável pela relevância que o EEC comando/ligação passou a ter.

Este conjunto de avanços tecnológicos fora decisivo na evolução das outras componentes, organizacional, conceptual e doutrinária que, associadas, configuram e consubstanciam a RAM clausewitziana.

2.1.2. *Componente organizacional*

Em termos de organização há que distinguir dois níveis, o institucional e o estrutural. Ao nível institucional, a grande inovação dos finais do século XVIII foi o exército de massas, de conscrição, produto da mentalidade do Século das Luzes. Foi o rompimento radical com os exércitos profissionais e de mercenários, que não cabiam na ideologia nacionalista, republicana e democrática, dos mentores da Revolução Francesa. Em 1792, o general francês Guibert, que ficou conhecido como o soldado-filósofo e que terá sido o inspirador da estratégia de movimento de Napoleão, escreveu, no seu *Éssai général de tactique* que, na Europa, a hegemonia caberia à nação que primeiro criasse um verdadeiro exército nacional ([129]). E seria Lazare Carnot, membro da Junta de Salvação Pública na França republicana e que viria a ser ministro da Guerra quem, em 1794, legislaria sobre a conscrição que, quatro anos mais tarde, o marechal Jourdan, seu grande apologista, implantaria. O nome de Napoleão está identificado com o exército de massas, com a nação em armas, porque foi ele, de facto, quem primeiro sistematizou e utilizou o novo exército nacional e porque, como refere Fuller citando o coronel inglês Maude, a política de conquistas de Napoleão só foi possível com o serviço militar obrigatório ([130]).

([129]) FULLER, *op. cit.*, p. 124.
([130]) *Idem*, p. 125.

De facto, o exército de massas seria decisivo para a mudança da filosofia da guerra, que estava em marcha. Mas o exército de massas também só foi possível porque a Revolução Industrial permitiu a produção massiva de armamentos, equipamentos, de toda a logística, da rede de estradas e do apoio de retaguarda, para sustentar exércitos dessas dimensões. Todo o esforço da nação era orientado para a guerra tornada empreendimento verdadeiramente nacional e, este modelo, estendeu-se a todo o mundo ocidental. Fuller salientou que o serviço militar obrigatório e a sociedade industrializada estavam intimamente associados ([131]).

Ao nível estrutural, as maiores inovações surgiram com as guerras napoleónicas, com a organização divisionária e a hierarquização funcional. Com os exércitos de enormes efetivos, atuando em várias frentes e em grandes espaços, houve necessidade de, por um lado, descentralizar comandos das grandes unidades e, por outro, concentrá-los em cada um dos teatros de operações, integrando as diversas armas combatentes e os trens de apoio logístico e conferindo capacidade para manobras independentes em teatros de operações distintos e longínquos. A grande unidade tática passou a ser a divisão, agrupando regimentos ou brigadas. E era a divisão o escalão mais baixo onde se verificava aquela integração, divisões por sua vez agrupadas em escalões mais elevados, mas de constituição eventual, corpos de exército e exércitos.

Esta hierarquização e descentralização de comandos nas grandes unidades, a complexidade das novas tarefas que se colocavam aos comandantes, a multiplicidade de fatores de decisão, a gestão e coordenação de grandes efetivos em espaços imensos e tempos prolongados, o conhecimento da geografia e do meio humano, o estudo do inimigo, a complementaridade das armas, da infantaria, da artilharia, da cavalaria, da engenharia, os abastecimentos, municiamentos, transportes, administração e serviço de saúde, suscitou a exigência de estados-maiores. Consistiu na constituição de grupos de oficiais, assessores junto dos comandantes que, com os seus estudos, planeamentos e avaliações, fornecessem aos comandantes dados fundamentados que lhes facilitassem a decisão. Os estados-maiores não comandam, não decidem, são equipas de especialistas, de conselheiros mas, como vivem e trabalham intimamente junto

---

([131]) *Idem*, p. 140.

do comandante, preparam e influenciam as suas decisões, rapidamente adquirem uma grande autoridade *de facto*, funcional. Quanto mais complexos se tornam os exércitos, mais sofisticados os seus meios e mais diversificadas as suas composições, mais se valorizam os estados-maiores.

2.1.3. *Componente conceptual*

A produção conceptual acompanhou esta evolução da componente tecnológica e da componente organizacional. A geração das Luzes foi também fértil em pensadores ilustres na área militar, além de ter recuperado o interesse por autores clássicos da Antiguidade, como Sun Tzu, Tucídides, Júlio César ou Vegécio. Maquiavel, já um antepassado recente, fora um precursor dessa geração. Guibert, Jomini, Vauban e outros deixaram interessantes tratados, manuais de campanha ao estilo da época e que, ainda hoje, despertam a curiosidade entre os estudiosos e justificam reedições comentadas.

Mas seriam Napoleão Bonaparte e Carl Von Clausewitz, o primeiro fazendo e o segundo interpretando, a dar origem a uma nova forma de pensar e conduzir a guerra, rompendo com o passado.

Antes deles, no *Ancien Régime*, já o dissemos, as guerras eram curtas e de tensão limitada, exibições teatrais seguidas de longos períodos de tréguas com as tropas confinadas aos estacionamentos ou suas imediações. Os desfechos dos confrontos decidiam-se por compromissos cavalheirescos e interesseiros, dos príncipes e generais opositores. Os exércitos eram constituídos com base em profissionais, mercenários estrangeiros ou marginais que permaneciam longos períodos nas fileiras segregados das respetivas sociedades. De efetivos limitados, experimentados e bem treinados, eram dispendiosos, os Estados tinham de os poupar, evitando sujeitá-los a riscos exagerados, mas mantendo-os sob controlo apertado para evitar deserções. Os profissionais trocavam de campo com facilidade, porque não combatiam por ideais ou patriotismo, mas por quem lhes pagava melhor.

Napoleão revolucionou toda esta situação, passando aos grandes exércitos de massas de conscrição, de cidadãos, a nação em armas, valorizando os fatores morais do combatente, o homem tornado elemento essencial da guerra. O seu génio de grande estratega tirou o máximo rendimento da maior eficácia dos novos armamentos e da flexibilidade das novas estruturas orgânicas das unidades, revolucionando as movimentações táticas e o ritmo de marcha. Recuperou a visão estratégica de Alexandre da Macedónia, os grandes espaços, as múltiplas frentes, os grandes movimentos, as grandes manobras, as enormes exigências logísticas com o máximo aproveitamento dos recursos locais. Soube aproveitar a técnica, então disponível, para combinar fogo e manobra, privilegiando princípios fundamentais da guerra ofensiva, objetivo, rapidez, flexibilidade, concentração de forças, fogo de artilharia. A estratégia orientava-se para os objetivos da política, acabou com a guerra pela guerra, com os compromissos. Recuperou o sentido da Antiguidade Clássica, em que as guerras se decidiam através da batalha e, por isso, ainda hoje são conhecidas por guerras clássicas. O fim era a vitória.

Foi Clausewitz, general prussiano, ironicamente do campo político oposto ao de Napoleão, quem melhor percebeu esta rutura. Mas na época em que Clausewitz escreveu, logo a seguir às guerras napoleónicas e mesmo durante elas, as repercussões da Revolução Industrial na técnica militar ainda davam os primeiros passos e as grandes inovações, como o barco a vapor, o caminho de ferro, o telégrafo, ainda demorariam algum tempo a chegar. Clausewitz teorizou para uma evolução técnica que não chegaria a conhecer e, o que é notável, é que esse progresso espetacular não tornou obsoletas as aplicações práticas de Napoleão e a teorização de Clausewitz, que haviam sido feitas para o futuro e, por isso, permaneceram como referências. Camille Rougeron, no Prefácio à edição francesa da obra de Clausewitz, *De la guerre*, publicada em 1955, notou que «Clausewitz não escreveu para a sua época, mas para a nossa» ([132]). E o próprio Clausewitz, na Nota I que deixou junta aos seus manuscritos e que já referimos, fez questão de registar que «[...] tinha a ambição de escrever um livro que não irá ser esquecido dois ou três anos depois [...]» ([133]). Não o foi, nem dois séculos depois.

([132]) ROUGERON, Camille, Preface, *De la guerre*, Paris, Éditions du Minuit, 1955, p. 18.

([133]) *Op. cit.*, p. 64.

As obras de Clausewitz, nomeadamente *Da guerra* e *Teoria do combate* ([134]), são também manuais de campanha, na linha de outros autores seus contemporâneos que referimos e, porque ficou inacabada na sua maior parte, neste particular até fica aquém de outros, nomeadamente de Jomini. Mas, na área da estratégia e da filosofia da guerra, vai muito além deles.

Na estratégia foi com Clausewitz, como escreveu Ferruccio Boltti, que se passou da estratégia instintiva à estratégia científica, isto é, da prática instintiva do guerreiro que, desde as origens da sociedade, se organizou para a luta entre conquista e preservação, entre domínio e resistência, entre extermínio e sobrevivência, a estratégia passou a ser objeto de estudo, avaliação e teorização ([135]). Clausewitz foi o pioneiro do moderno pensamento estratégico, salientando a supremacia da política sobre a instituição militar, porque a estratégia cumpre objetivos definidos pela política. E porque introduziu no planeamento a preocupação com o outro, isto é, a necessidade de conhecer o inimigo, a dialética entre meios e fins, entre ação destrutiva e ação decisiva, a combinação das várias armas, o imprevisto e o acaso, a que chamou fricção. E, ainda, porque fez a clara distinção entre estratégia e tática, entre plano e conduta, a primeira dirige a segunda executa. Por fim, mas não menos importante, foi pioneiro pelo papel que reconhece às milícias e à guerrilha, ou seja, ao povo.

2.1.4. *Componente doutrinária*

Escreveu Fuller que foi a pólvora que tirou à guerra o sentido de instrumento divino e lhe conferiu um sentido político ([136]). Permitimo-nos acrescentar que esse papel coube à conjugação da pólvora e da máquina a vapor, mas que, se houve alguém que bem interpretou essa viragem do sentido da guerra, que primeiro compreendeu que ela deixava de ser matéria do poder religioso e passava

---

([134]) Clausewitz, Carl Von, *Teoria do combate*, Lisboa, Edições Sílabo, 2008.

([135]) Botti, Ferruccio, «Le concept de géostratégie et son application à la nation italienne dans les théories du géneral Durando (1846)», in *Stratégie* n.º 58, Paris, Institut de Stratégie Comparée, 2.º Trimestre 1995.

([136]) *Op. cit.*, pp. 96 e 97.

a ser matéria do poder temporal, foi Clausewitz. A perceção que o general austríaco e filósofo da guerra teve do sentido político da guerra foi também produto da sua capacidade de entender que o sistema internacional europeu, saído de Vestefália, estava a mudar, passando do paradigma do equilíbrio do poder entre Estados-nação para o dos grandes impérios e das grandes alianças. Era um equilíbrio de poder de menos parceiros, mas de parceiros mais poderosos.

Já salientámos, quando no capítulo II.1. procurámos caracterizar o conceito da guerra, que o essencial da filosofia política da guerra, no pensamento de Clausewitz, pode ser sintetizado em quatro pilares, marcas decisivas da sua obra magna, *Da guerra*. Vamos aqui recuperá-los, pela sua importância decisiva para se compreender a rutura radical com o entendimento da guerra que vinha desde a Antiguidade, dando corpo doutrinário ao que viria a ficar conhecido como filosofia política da guerra.

O primeiro é aquele a que Anatole Rapoport, que prefacia a edição portuguesa do livro, chamou paradigma: «A guerra [...] instrumento racional de política nacional» ([137]). O segundo é a definição monista da guerra: «A guerra é um acto de violência destinado a forçar o adversário a submeter-se à nossa vontade» ([138]).

O terceiro é a definição trinitária da guerra:

> A guerra [...] é também [...] uma surpreendente trindade em que se encontra, primeiro que tudo, a violência original do seu elemento, o ódio e a animosidade, que é preciso considerar como um cego impulso natural, depois o jogo das probabilidades e do acaso, que fazem dela uma livre actividade da alma e, finalmente, a sua natureza subordinada de instrumento da política por via da qual ela pertence à razão pura. O primeiro destes três aspectos interessa particularmente ao povo, o segundo ao comandante e ao seu exército e o terceiro releva sobretudo ao governo ([139]).

E, por fim, o mais citado de todos e que é recorrente no seu pensamento e na sua elaboração teórica, a que Raymond Aron

---

([137]) *Op. cit.*, p. 8.
([138]) *Idem*, p. 73.
([139]) *Idem*, p. 89.

chamou a fórmula ([140]) e que, na Nota II que precede o livro, Clausewitz resume assim: «A guerra não é outra coisa senão a continuação da política de Estado por outros meios» ([141]).

É, de facto, este conjunto de conceitos inovadores, a sua deliberada rutura com as anteriores doutrinas sobre a guerra que, em conjugação com as inovações tecnológicas produto da Revolução Industrial, com as mudanças organizacionais que culminaram com Napoleão, com o novo quadro conceptual dos doutrinadores militares do Século das Luzes, justifica que se fale numa RAM e que a mesma seja titulada de RAM napoleónica/clausewitziana ou, mais simplificadamente, de RAM clausewitziana.

O que é considerado mais original na obra de Clausewitz é a combinação da filosofia com a experiência. É o sociólogo militar. Vai aos fundamentos da guerra, elaborando uma filosofia política da guerra, entendendo-a como instrumento racional da política nacional, que não segue leis próprias, autónomas, mas tem de ser considerada como parte de um todo, a política. Estabelece a relação entre a guerra e o sistema internacional vestefaliano, a importância do Estado como sujeito da guerra, mas também a importância do povo, porque a guerra é um fenómeno social.

Aqui reside um dos grandes paradoxos de Clausewitz que, apaixonado pela guerra e vivendo para a guerra, abre espaço ao estudo da paz pela positiva. Aliás, nem tão paradoxal como isso porque, para ele, o objetivo da guerra é a paz. Encarando a guerra, já não como resultado de desígnios transcendentes ou sobrenaturais, da vontade dos deuses ou da fatalidade humana, mas como produto de fatores sociais e políticos objetivos, então admite que é possível eliminar ou, no mínimo, reduzir as guerras, agindo sobre as suas causas. E é aqui que dá razão aos que valorizam que, para o general prussiano, o objetivo político da guerra é a paz. Na verdade, não reflete sobre a guerra com preocupações morais ou éticas, no sentido de saber se é boa ou má, mas com preocupações políticas e militares, sobre a forma como contribui para a vitória do Estado nas relações internacionais. Preocupa-se com o êxito da guerra enquanto objetivo estratégico, como contribui para a vitória dos exércitos nos conflitos

([140]) Aron, Raymond, *Penser la guerre; Clausewitz*, Paris, Gallimard, 1976.
([141]) *Op. cit.*, p. 65.

armados, mas também com o êxito na guerra enquanto objetivo tático.

É, aliás, notável, o sentido premonitório de Clausewitz que, na Nota II, a que já fizemos alusão, escreveu: «Creio que um leitor imparcial [...] nele (no seu livro) encontrará talvez as principais ideias que poderão implicar uma revolução desta teoria (da guerra)» ([142]). Não se enganava. Estava aí o essencial da primeira RAM. Fuller escreveu que *Da guerra* se tornou o credo de guerra de todas as nações e refere-se às mudanças introduzidas com uma frase curiosa, dizendo que Napoleão foi o seu profeta, e que o Corão foi redigido por um general prussiano, Carl Von Clausewitz ([143]).

Numa época em que vigorava um sistema internacional em que os atores eram, exclusivamente, os Estados-nação, a qualificação de guerra passou a estar reservada aos conflitos violentos de natureza político-militar, da responsabilidade de entidades políticas, opondo estruturas militares institucionais ao serviço de objetivos políticos nacionais. Raymon Aron, em *Paix et guerre entre les nations*, classificou estas guerras como guerras perfeitas porque, conformes com a noção política da guerra, são interestatais, pondo em confronto unidades políticas que se reconhecem mutuamente ([144]).

Clausewitz inspirou-se, na sua reflexão sobre a guerra, nas campanhas de Napoleão, o seu inimigo de estimação, que detestava enquanto líder político adversário, mas por quem tinha um imenso respeito enquanto chefe militar. O que terá constituído outro trágico paradoxo de Clausewitz. Militar integral, toda uma vida a pensar e servir a guerra, deixou-se fascinar pelo génio militar de Bonaparte, pela sua iniciativa inovadora, pelos seus êxitos, chamando-lhe deus da guerra, o maior general dos tempos modernos. Mas o seu antibonapartismo radical levou-o, quando o imperador Frederico Guilherme da Prússia, derrotado por Napoleão, aceitou um pacto com este para a invasão da Rússia, apesar de ser um indefetível patriota, a abandonar o exército prussiano e a alistar-se no exército russo para combater Napoleão.

Alguns anos depois, todas estas inovações de Napoleão e de Clausewitz teriam um largo aproveitamento, com as vantagens que

([142]) *Idem*, p. 66.

([143]) Fuller, *op. cit.*, pp. 126 e 127.

([144]) Aron, Raymond, *op. cit.*, p. 160.

o caminho de ferro e o barco a vapor conferiram à manobra estratégica, proporcionando um enorme aumento da rapidez, amplitude e capacidade de transporte. Bem como a TSF, que permitiu comunicações a grandes distâncias e deu, ao controlo da decisão política, uma dimensão e oportunidade até aí inimagináveis.

Como previu Clausewitz, foi para o futuro que ele trabalhou.

2.2. Guerras interestatais e imperiais

As guerras napoleónicas terão sido as primeiras guerras do Período Clausewitziano. Iniciaram o tipo de guerra a que Raymond Aron chamou guerras interestatais porque foram guerras entre Estados, entre entidades políticas que se reconheciam mutuamente como tal. Mas tinham tendência para se tornarem imperiais, como o clássico francês designa as guerras quando são desencadeadas por uma potência que, depois de ganhar supremacia, ambiciona um estatuto de hegemonia imperial ([145]). Opto, respeitando a terminologia aroniana, por lhes chamar guerras interestatais e imperiais, para não as confundir com as guerras de expansão ultramarina e para imposição de impérios coloniais, que se seguiriam à estabilização das soberanias europeias. Destas últimas trataremos a seguir, sendo essas também, sem dúvida, imperiais mas, além disso, supraestatais.

As guerras napoleónicas estenderam-se a toda a Europa, de Lisboa a Moscovo e mesmo para lá das fronteiras europeias, com a aventura no Egito. E envolveram todas as grandes potências europeias da época. Foram grandes campanhas de avanços e recuos que, depois do recuo final, acabaram com a derrota da França na batalha decisiva e bem localizada de Waterloo. Tiveram ainda uma componente identitária muito forte, já não religiosa como as anteriores a Vestefália, mas ideológica. Foram os ideais revolucionários republicanos, da Revolução Americana e da Revolução Francesa, liberdade, igualdade, fraternidade, contra os dogmas conservadores das monarquias absolutas do *l'État c'est moi*. A guerra funcionou como veículo de proclamação da democracia e dos direitos do homem e o exército como seu braço armado.

([145]) *Idem*, p. 160.

As guerras clausewitzianas inverteram radicalmente as práticas das guerras europeias das monarquias absolutistas, os jogos de guerra, os compromissos palacianos, as disputas limitadas nos objetivos, na duração, nos meios, nos custos. O objetivo da guerra passou a ser a vitória, que não significava obrigatoriamente a eliminação física do inimigo, mas a eliminação da sua vontade de combater. E, até à vitória final, o combate era conduzido de forma implacável. O objetivo estratégico da guerra era a paz, mas a paz imposta pelo vencedor e não a salvaguarda da vida dos combatentes.

Foi por esta altura que um avanço tecnológico-civilizacional, exterior à produção armamentista, teria uma incidência muito profunda na guerra e na sua dimensão social, um pilar do pensamento clausewitziano: a imprensa. Não o seu aparecimento enquanto técnica de impressão escrita, que já vinha desde a primeira metade do século XV, mas o seu desenvolvimento enquanto meio de difusão de informação de massas, com os primeiros correspondentes de guerra a aparecerem nas frentes de batalha. A opinião pública passou a ser um fator estratégico decisivo.

As guerras clausewitzianas posteriores às napoleónicas, da segunda metade do século XIX, mantiveram a característica das alternâncias de fluxos e refluxos das frentes de combate. Merecem destaque a Guerra da Crimeia (1853-1856), que teve como fulcro a área sempre sensível dos Balcãs, as disputas da Rússia com o Império Otomano e o controlo dos estreitos do mar de Marmara que asseguram o acesso do mar Negro ao Mediterrâneo. Eram posições decisivas quer para a Rússia e para a sua saída para os mares do Sul, quer para a importância geoestratégica da Turquia, que os controla. Continuam a ser objetivos vitais para ambas as potências e o valor geoestratégico do Bósforo e dos Dardanelos perdura até hoje.

A Guerra Civil Americana (1861-1865) foi uma guerra de secessão, episódio marcante deste período. Inscreve-se de forma algo atípica no paradigma clausewitziano uma vez que, conforme a designação de Aron, não foi interestatal, mas infraestatal, no seio da federação norte-americana, ainda em fase de expansão e consolidação. Opôs um Sul rural, semifeudal e esclavagista, a um Norte urbano, industrial, com base em novas fontes de energia e para o qual a mão de obra escrava era um obstáculo ao progresso. Na realidade, confrontaram-se duas entidades políticas, uma estatal, outra paraestatal e tinha, obviamente, causas políticas além das socioeconómicas. Aí se registou um amplo aproveitamento dos novos armamentos da Revolução Industrial e há mesmo quem a considere a primeira guerra industrial da história. Foi, sem dúvida, uma guerra clausewitziana.

Na Europa, a Guerra Franco-Prussiana (1870-1871) já se relacionava com a unificação e o crescimento da Alemanha, com a recolocação da questão alemã, que mudaria a correlação de forças na Europa e viria a ser decisiva nos conflitos mundiais do século XX.

As guerras que se seguiram, em permanência e em todos os continentes, na Europa, na Ásia, na América, em África, ao longo do século XIX e do século XX, com destaque para a dos *boers* (1899-1902), a russo-japonesa (1904-1905), as balcânicas (1912-1913), com claros objetivos políticos, por poder, por território, por prestígio, tiveram a chancela das guerras clausewitzianas. Perfilavam-se no quadro internacional as grandes potências que viriam a dominar a cena internacional, o Reino Unido, a França e a Alemanha na Europa, o Japão na Ásia, a Rússia transcontinental, os Estados Unidos na América, enquanto outras potências entravam em decadência, a China, o Império Austro-Húngaro, o Império Otomano, a Espanha.

As guerras interestatais caracterizaram-se pela simetria, aliás em coerência com o pensamento de Clausewitz que, de facto, foi elaborado numa perspetiva de confrontos bélicos rigorosamente simétricos.

2.3. Guerras supraestatais e expansionistas

Guerras atípicas, face ao modelo dominante que se vinha impondo com a Revolução Industrial, mas que não deixaram de se inscrever no quadro clausewitziano da filosofia política, foram as guerras expansionistas coloniais das potências europeias, nos continentes asiático e africano. Tiveram início nos finais do século XIX e prolongaram-se no início do século XX. Aron designa-as por guerras supraestatais ou imperiais ([146]).

([146]) *Op. cit.*, p. 160.

Depois de terem perdido os seus impérios coloniais na América, que deram lugar à emergência de novos Estados independentes, proclamados pelas burguesias de origens europeias ou crioulas descendentes dos antigos colonos, os Estados europeus reforçaram o investimento na Ásia, onde já se encontravam instalados desde o século XV e em África, onde apenas dominavam algumas feitorias costeiras que, passada a época do tráfico de escravos, serviam de apoio a algum comércio incipiente com os reinos africanos e, principalmente, à navegação para a América e Ásia. A Revolução Industrial impunha a sua lógica, necessitava de matérias-primas e de mercados para os produtos acabados. Nesse empreendimento, as potências europeias seriam acompanhadas de uma única potência asiática, o Japão.

As guerras imperiais e coloniais podem dividir-se em duas grandes categorias. À primeira categoria podemos chamar guerras de ocupação colonial, quando o objetivo era a instalação de regimes coloniais dependentes das metrópoles, onde até então tinham vigorado administrações políticas nativas, impérios, reinos, tribos. Foi o que se passou no Sudeste Asiático e na generalidade do continente africano a sul do Sara. À segunda categoria chamaremos guerras imperiais, porque o confronto se verificava entre potências coloniais que disputavam entre si poder, prestígio, fontes de matérias-primas, reserva de mercados, posições geoestratégicas. Ocorreram, principalmente, na região central do continente asiático e, no continente africano, apenas na África Austral.

As guerras de ocupação colonial no continente africano foram uma constante e tiveram especial incidência na África Ocidental, alvo privilegiado da colonização francesa, na África Oriental, no Sudão e na Etiópia, aqui com a ocupação italiana que, aliás, não tinha tradição colonial e era um Estado recém-unificado. E, ainda, nas colónias portuguesas da Guiné, Angola e Moçambique, onde foram permanentes, de grande intensidade e as quais o historiador francês, René Pélissier, retrata com grande pormenor nos seus livros sobre as campanhas coloniais portuguesas ([147]).

([147]) PÉLISSIER, René, *As campanhas coloniais de Portugal 1844-1941*, Lisboa, Editorial Estampa, 2006.

– *História das campanhas de Angola, resistência e revoltas 1845-1941*, vols. I e II, 2.ª Edição, Lisboa, Editorial Estampa, 1997.

No início da colonização do continente africano, em finais do século XIX, a África Mediterrânica, com exclusão de Marrocos e Argélia, estava ainda incluída no Império Otomano, sendo islamizada na sua grande maioria. O Islão estendera-se pela orla mediterrânica, penetrara no Sara e alongara-se pelas costas oriental e ocidental até ao canal de Moçambique e ao golfo da Guiné. Mas, se bem que o colonialismo europeu continuasse a empunhar, para se justificar, a bandeira religiosa, a dilatação da fé, e o Cristianismo aproveitasse a expansão colonial para o seu proselitismo junto de populações animistas ou islamizadas, na realidade as guerras de ocupação não tiveram, prioritariamente, causas religiosas. O Cristianismo e o Islamismo conviveram nas colónias da África Subsariana. As motivações das guerras coloniais foram, principalmente, por um lado, políticas: o poder no quadro internacional, o prestígio, o estatuto de potência. Por outro lado, foram económicas: assegurar matérias-primas e mercados. Só secundariamente foram religiosas. Richard Wright resumiu as motivações do colonialismo numa trilogia curiosa, nos três M do imperialismo, *missionary, military and mercenary*, ou seja, missionários, militares e mercadores ([148]). Há nesta trilogia, implícitas, motivações identitárias e económicas, mas, acima de tudo, políticas porque, como acentua o autor, eram os três pilares do imperialismo.

A colonização do Sul e Sudeste da Ásia precedeu a da África e os europeus também encontraram aí forte resistência, de sociedades herdeiras de civilizações milenares e em estado de desenvolvimento mais avançado. Os ingleses, no império indiano que então englobava a Índia, o Paquistão, o Bangladesh e o Ceilão, encontraram resistência fortíssima e continuada, tendo ficado célebre a Revolta dos Cipaios (1857-1858), como eram conhecidos os soldados indígenas do exército colonial britânico. Na Indochina, que incluía o Vietname, o Camboja e o Laos, os franceses enfrentaram uma resistência permanente, durante mais de trinta anos (1864-1895). Na Indonésia, foram os holandeses a enfrentar a resistência popular.

Inicialmente, a colonização holandesa e britânica no Extremo Oriente teve a particularidade de ter sido delegada pelas coroas nas Companhias das Índias Orientais, com as respetivas secções

([148]) WRIGHT, Richard, *Écoute, homme blanc*, Paris, Calmann-Lévy Editeurs, 1959, p. 191.

holandesa e britânica, que detinham o monopólio comercial e o próprio mandato colonial. Era ao seu serviço que estavam os militares. Assim, estas guerras imperiais tiveram a peculiaridade de serem guerras privadas, por motivações económicas, que só com o seu agravamento vieram a ser assumidas pelos Estados.

As possessões portuguesas no Oriente já eram apenas residuais desde o século XVII, mas em Goa e em Timor os governos coloniais não deixaram de enfrentar a resistência nativa persistente.

O litoral da China não escapou às tentativas coloniais, particularmente inglesas, às quais os chineses resistiram, com relativo êxito. Até que, nos meados do século XIX, as manobras inglesas para introdução do mercado do ópio levariam à sua intervenção militar, que se repetiria quase duas décadas depois, já com a participação da França. Foram as chamadas Guerras do Ópio e a paz, imposta aos chineses, acabaria com a fixação de zonas de influência das várias potências ocidentais, Reino Unido, EUA, França, Alemanha e ainda Japão, centradas em torno de centros portuários importantes, como Xangai, Amoy, Cantão e outros, para assim assegurarem o domínio das trocas comerciais. As populações e os chefes políticos destas zonas hostilizavam-se mutuamente e as potências ocupantes acabavam por se ver envolvidas em redes de interesses complexas, que minavam o relacionamento entre elas.

As cedências dos chefes políticos chineses, não apenas aos interesses económicos corruptos que eram alimentados pelos ocupantes estrangeiros, mas mesmo em questões de soberania, acabariam por, anos mais tarde, estar na origem da chamada revolta dos *boxers*, tipo de associação secreta que reunia figuras e grupos importantes e que se mobilizou contra os políticos, que colaboravam com os ocupantes. Estes acabaram por sair, mas datam desta época cisões no Império Chinês, algumas definitivas, como a península coreana, outras que se mantêm em situações instáveis, como a Manchúria e Taiwan.

As guerras de expansão colonial foram claramente dissimétricas, pois a evolução técnica militar da era do vapor não chegara ainda às civilizações africanas e asiáticas, mas não deixaram de ser muito duras. Confirmou-se a lógica tendencial e a dissimetria incentivou a assimetria, com a qual o mais forte teve dificuldade de adaptação. Foi uma guerra prolongada que só terminaria muitas décadas depois.

As disputas entre potências coloniais, na penetração para o interior de África e na demarcação de fronteiras, foram de pouca monta e não atingiram a dimensão de grandes guerras. As zonas mais sensíveis foram aquelas em que se cruzaram os três grandes projetos imperiais extensivos, o francês da África do Sahel desde a costa ocidental da chamada barriga de África até ao Corno de África, o da Inglaterra do Cabo ao Cairo e o português da costa à contracosta, materializado no Mapa Cor-de-Rosa. Os dois primeiros cruzavam-se no Sudão e aí franceses e ingleses entraram em conflito. Os dois últimos chocavam-se no *interland* rodesiano, conflito que esteve na origem do ultimato britânico a Portugal, em 1890. A supremacia britânica e a política da canhoneira, em plena era vitoriana, acabaram por se impor, com cedências da França e de Portugal. E isto, apesar de os Estados europeus já se terem entendido na Conferência de Berlim de 1885, retalhando a África Subsariana em seu proveito, entre o Reino Unido, França, Portugal, Bélgica, Alemanha e Espanha.

A exceção foi, como já referimos, a África do Sul. Já ocupada desde meados do século XVII pelos primeiros fazendeiros holandeses, os *boers*, estes viriam a ser empurrados pelos ingleses para o interior, a partir do início do século XIX. Na sua migração para o Orange e o Transvaal, o *great treak*, desalojaram os bantos e declararam uma independência branca. Os ingleses só vieram a reagir alguns anos mais tarde, quando os *boers*, já autodenominados *afrikanders*, para acentuarem a sua demarcação dos projetos coloniais, descobriram os grandes filões mineralógicos, nomeadamente de ouro, nas bacias dos rios Orange a Vaal. A Guerra Anglo-Boer, iniciada em 1899 e que duraria até 1902, foi duríssima, terminou com a vitória dos ingleses e, para além das causas políticas e sociais inerentes ao projeto imperial britânico e ao projeto do *apartheid* dos *afrikanders* e das causas geoestratégicas uma vez que estava em causa uma posição geográfica determinante na rota da Índia, a joia da coroa do império vitoriano, teve fundamentalmente motivações económicas.

A África do Sul não mais deixaria de estar no centro dos conflitos da África Austral, onde conquistaria o estatuto de potência regional.

As guerras imperiais entre potências europeias em expansão atingiram maior expressão na Ásia. No Afeganistão, foram as mais prolongadas e com a particularidade de se ter tratado de uma guerra entre duas potências coloniais em expansão, mas com perfis geopolíticos antagónicos. A Rússia, potência continental que, em processo de conquista da Ásia Central, pretendia estender-se até aos mares quentes do Índico. O Reino Unido, potência marítima que tentava garantir, a norte, a segurança do império na Índia e controlar a histórica Rota da Seda. Mas Rússia e Reino Unido nunca se confrontaram, aí, diretamente. A vítima foi o Afeganistão que, ora sofria as invasões e influência da Rússia vindas do Norte, ora as sofria do Reino Unido a partir do Sul. Foi o chamado Grande Jogo, que se prolongou por três campanhas, entre 1849 e 1917, que ficaram conhecidas, exatamente, por Guerras Afegãs.

Terão estado na origem da formulação teórica que Halford MacKinder elaborou sobre o poder terrestre euroasiático, assente no domínio do *heartland*, fonte do poder mundial.

Depois de, no século XVII, holandeses e ingleses terem retirado a Portugal o controlo da navegação no Índico e no Pacífico ocidental, e de terem desalojado Portugal de muitas das suas praças comerciais e de apoio à navegação naquela área, as duas novas potências marítimas mantiveram uma disputa permanente, nomeadamente na Malásia e na Indonésia. Acabaram por estabelecer acordos, ficando o Reino Unido a colonizar a Malásia, e a Holanda a Indonésia. Entretanto, os primeiros estendiam-se mais para sul, para a Oceânia, a Austrália e a Nova Zelândia.

A tecnologia do vapor fora decisiva para dar às potências marítimas o domínio dos oceanos e dos arquipélagos longínquos.

2.4. Guerras mundiais e industriais

A evolução técnica dos armamentos e equipamentos militares sofreria novo impulso com a chegada de uma nova fonte de energia, o petróleo, e com o impacto que está produziu na Revolução Industrial em marcha. Tinham passado menos de dois séculos desde a primeira máquina a vapor quando, em 1876, se fabricava o primeiro motor a gás e, em 1885, o primeiro motor a petróleo de combustão interna. Comparado com os milénios até à Época da Pólvora, em que o progresso se limitava ao lento aperfeiçoamento das armas de corte e estoque, vê-se como o Período da Evolução Técnica Rápida, mais do que rápido, era vertiginoso. E a aceleração iria acentuar-se, até hoje.

O petróleo teve, no desenvolvimento técnico-militar, um impacto muito mais direto do que o vapor. Enquanto a influência deste se verificara através do desenvolvimento de estruturas fabris que produziam armamentos e dos meios de transporte à distância, navios e caminho de ferro, o petróleo, com o motor de combustão interna, deu lugar ao aparecimento de veículos que eram, eles próprios, armas móveis e que, se bem que reforçando o papel do EEC movimento, reuniam em si os vários EEC. O tanque, também chamado carro de combate, com lagartas que lhe permitiam a circulação todo o terreno, com a blindagem, com armas potentes e rápidas, com equipamentos TSF, reunia os cinco EEC e tornar-se-ia uma arma terrestre decisiva nas batalhas do século XX. O avião não reunia todos os EEC, pois carecia de poder de choque ([149]) e de proteção, mas surgia como componente essencial do alargamento da guerra a novas dimensões espaciais e dava uma importância acrescida ao EEC movimento, não apenas pela rapidez e alcance que proporcionava à manobra, como ainda pela possibilidade de intervenção na retaguarda do inimigo. E, se bem que o avião, por si só, carecesse do EEC proteção, deu lugar a novas conceções de proteção, com o aparecimento do radar, os sistemas de defesa antiaérea e os abrigos subterrâneos. No mar, o progresso técnico equivalente verificou-se com o submarino, que reunia os EEC fogo, movimento, comando/ligação e proteção, este conferido através da opacidade dos oceanos e da sua capacidade para se furtar ao radar e, mesmo, ao sonar, se mantido em imobilidade.

A preocupação de estender a guerra a novas dimensões para lá da superfície, a submarina e a aérea, é inerente ao avanço tecnológico. Nos finais do século XVIII, assistira-se ao primeiro voo em balão a hidrogénio, em França e ao lançamento das primeiras minas submarinas, nos EUA, a que se haviam seguido os torpedos submarinos, nos primeiros anos do século XIX. Nos finais deste século, os alemães lançavam o primeiro submarino tripulado e, com a

([149]) Excecionalmente, adquiriu poder de choque, por exemplo, quando os *kamikazes* japoneses se despenhavam com os próprios aviões carregados de explosivos contra os alvos navais norte-americanos na Segunda Guerra Mundial. Foram ações que excediam aquelas para as quais a arma aérea fora concebida.

entrada no século XX, surgia o primeiro avião a motor. Se juntarmos as comunicações à distância com a TSF, a guerra entrava, literalmente, em todas as dimensões. E os armamentos eram, cada vez mais, concebidos com um poder destrutivo nunca antes imaginado.

Alguns autores gostam de salientar que, com o aperfeiçoamento tecnológico da civilização industrial, as guerras passaram a ser guerras de material, guerras entre fábricas. Fuller acusa os militares de, na viragem do século XIX para o século XX, serem pouco abertos às inovações, de não terem compreendido que a próxima guerra seria muito mais um choque entre fábricas e técnicos do que entre exércitos e generais ([150]). E insiste, citando Ely Culbertson, que escreveu que nos tempos mais recuados os homens se batiam uns contra os outros, tendo as armas sido meros acessórios desses combates mas, na Segunda Guerra Mundial, foram as máquinas que se bateram contra outras máquinas, não passando os homens de auxiliares. Fuller afirmava que assim seria no futuro ([151]).

O século XX assinalaria o apogeu das guerras clausewitzianas mas, no final, também o seu declínio. As guerras de 1914-1918 e de 1939-1945, que alguns pensam ter-se tratado de uma única guerra, com um interregno de vinte anos, guerras clausewitzianas na sua máxima expressão, foram exemplares naquilo que o general-filósofo identificou como a ascensão aos extremos, a escalada da violência sem limites e em todas as dimensões. Na dimensão tecnológica, com aplicação plena dos armamentos mais letais que o homem alguma vez produziu. Na dimensão geográfica, porque foram guerras planetárias e travadas na terra, no mar e no ar. Na dimensão económica, porque os Estados colocaram todas as suas estruturas produtivas ao serviço da guerra. Na dimensão cultural, porque a informação, a propaganda, a ação psicológica foram utilizadas como armas para agirem sobre as consciências, na diabolização do outro, na glorificação do nós, na mistificação dos factos e na divisão maniqueísta entre o bem e o mal. Mas na dimensão humana foi muito do cultural, porque a guerra atingiu, numa escala sem precedentes, indiscriminadamente, militares e civis, nivelados na barbárie, porque a humanidade levou a sua

([150]) *Op. cit.*, p. 153.
([151]) *Idem*, p. 194.

disponibilidade para a violência ao absurdo do genocídio e do extermínio. Chegou-se, finalmente, à guerra total na sua aceção literal porque, como refere Kaldor, incorporou toda a sociedade, sem distinção entre público e privado, entre militar e civil, entre combatente e não combatente e impôs conceitos, como os de necessidade militar e de interesse de Estado, que justificavam todos os excessos e todos os sacrifícios ([152]).

Da Guerra de 1914-1918 conhece-se objetivamente qual foi o pretexto, o atentado com assassinato do herdeiro dos Habsburgo ao trono austro-húngaro, arquiduque Francisco Fernando, em Sarajevo e o ultimato austro-húngaro e posterior declaração de guerra à Sérvia. Mas as opiniões dividem-se sobre as causas profundas. Na verdade, foi uma acumulação de causas, na maioria políticas. O sistema internacional baseado num equilíbrio de poder foi posto em causa por compromissos em alianças hostis, a Tripla Aliança (Alemanha, Áustria-Hungria e Itália) e a *Triple Entente* (França, Reino Unido e Rússia), além de outras alianças bilaterais por vezes cruzadas, Alemanha com a Turquia e com a Rússia, França com a Rússia e uma e outra com a Sérvia, Japão com a França e com o Reino Unido. Este, pouco interessado em envolver-se nos problemas do continente e no clima de tensão crescente que se incendiaria com a primeira faísca, praticou a diplomacia da ambiguidade, que David Martelo retrata bem no seu livro *Origens da Grande Guerra* ([153]). Como escreveu Henry Kissinger, as preocupações de segurança e a preparação para a guerra, levadas ao limite, acabam por tornar a guerra uma realidade ([154]). Os Impérios Centrais estavam em curva descendente, confrontados com nacionalismos emergentes, nomeadamente na Sérvia que, vitoriosa nas guerras balcânicas, vira a sua ambição irredentista ameaçada pela anexação da Bósnia-Herzegovina pela Áustria e encontrava apoios nos países da *Triple Entente*. A Rússia, ávida de desforra da humilhação da Guerra da Crimeia, procurava assegurar o controlo dos estreitos do mar de Marmara e apostava em liderar um pan-eslavismo. O Reino Unido suspeitava das ambições imperiais da Alemanha,

---

([152]) *Op. cit.*, p. 25

([153]) Martelo, David, *Origens da Grande Guerra*, Lisboa, Edições Sílabo, 2013.

([154]) Kisinger, Henry, *Diplomacia*, Lisboa, Gradiva, 1996, p. 144.

que desafiavam o seu estatuto de potência marítima mundial. A França empenhava-se em recuperar a Alsácia-Lorena e em vingar-se dos termos desfavoráveis do acordo de paz na sequência da derrota na Guerra Franco-Prussiana. A Alemanha, pujante, em processo de afirmação como potência europeia e em busca de um pretenso espaço vital barrado a leste e a oeste, acreditava na sua força para derrotar qualquer potência ou aliança na Europa e reclamava maior fatia no bolo colonial africano, para o que investia decididamente no reforço da sua marinha de guerra, com óbvia desconfiança britânica. Houve também causas económicas, as indústrias de armamento numa corrida desenfreada, a competição industrial e comercial entre o Reino Unido e a Alemanha. Verificaram-se ainda causas identitárias, numa época de nacionalismos exacerbados, de exaltações patrióticas e de predominância militarista e belicista no pensamento militar, que fizeram implodir os internacionalismos pacifistas de tendência socialista que pareciam vingar na Europa. E houve, de parte a parte, deficiente gestão da crise e erros de avaliação, com os líderes, os gabinetes e os estados-maiores convencidos de que seria uma guerra de curta duração em que chegariam a uma vitória rápida e decisiva. Tem razão David Martelo quando, a encerrar o seu livro, regista que:

> [...] as decisões tresloucadas do verão de 1914 viriam a saldar-se por uma interminável lista de sofrimentos e destruições, cuja contabilidade em perdas humanas atingiria valores acima de 8 milhões de mortos, 21 milhões de feridos e 7 milhões de prisioneiros e desaparecidos. Os dirigentes políticos europeus, na luta pela manutenção de um prestígio de grande potência, que sobrevalorizaram em prejuízo de tudo o mais, falharam rotundamente no julgamento das situações que poderiam implicar a perda de vidas humanas [...]. ([155])

Os novos armamentos e equipamentos da Época do Petróleo, com o aparecimento no campo de batalha dos primeiros tanques, aviões e submarinos, faziam prever a prevalência de estratégias militares ofensivas, rápidas, fulminantes. No final, aproveitando e procurando combinar o progresso ainda tímido do avião, do tanque e da artilharia rebocada, na frente europeia os aliados esboçaram

([155]) *Op. cit.*, p. 324.

uma primeira tentativa do que viria a ser a *blitzkrieg*, um quarto de século mais tarde, em 1939. O que não alterou o carácter eminentemente defensivo da guerra, de posições, de usura, de desgaste, com um papel de relevo para a artilharia pesada. E prolongou-se por quatro longos anos. Regressaram as grandes linhas defensivas contínuas, os campos fortificados envolvendo centros urbanos considerados vitais, combinação de barreiras, trincheiras, redes de arame farpado, campos de minas.

A nação em guerra e já não apenas a nação em armas, exigia a convergência de todo o esforço da sociedade para a guerra, nas fileiras e nas retaguardas. O grande incremento das redes de estradas e de caminhos de ferro, que a época do motor exigia, obedecia, no seu planeamento, em grande medida, às necessidades militares.

Como grande novidade, surgiu o gás asfixiante, que deu origem a uma nova forma de guerra que iria desenvolver-se, a Guerra ABQ (Atómica, Bacteriológica e Química), resumida pela designação geral de armas de destruição maciça (ADM).

Na frente europeia, tratou-se de uma guerra rigidamente simétrica, bem inserida no pensamento clausewitziano.

Mas a guerra transbordaria as fronteiras da Europa e tornou-se mundial, a primeira guerra mundial da história. Envolveu os EUA sem atingir o seu espaço territorial, mas porque os EUA, inicialmente neutrais mas apoiando logisticamente a Inglaterra, viram a sua liberdade de navegação várias vezes atacada por submarinos alemães e tiveram de declarar guerra à Alemanha. Acabaram por enviar tropas para combater no espaço europeu, em apoio de ingleses e franceses. O Japão, sem entrar diretamente nos combates, tomou o partido dos aliados, nomeadamente da Rússia, a quem forneceu apoio logístico. Isto apesar de, apenas uma década antes, ter acabado uma guerra entre ambos, com a vitória nipónica, que iniciava a sua ascensão como potência marítima no Pacífico Ocidental.

Da Ásia, da América e da Oceânia, das vastas colónias britânicas, foram mobilizados para combaterem na Europa e em África fortes contingentes da Índia, do Canadá, da Austrália e da Nova Zelândia. Na África Subsariana a guerra estendeu-se às zonas onde as colónias alemãs faziam fronteira com colónias de países da aliança inimiga. Era, aliás, como nota Elikia M'Bokolo, a zona do mundo onde existia a maior extensão de fronteiras entre os beligerantes ([156]). Os alemães confrontaram-se no Togo com ingleses e franceses, nos Camarões com os mesmos mais os belgas, no Tanganica com portugueses, belgas, ingleses e sul-africanos e no Sudoeste Africano com portugueses, ingleses e sul-africanos. Portugal, empenhado na frente europeia da Flandres, sentiu duramente a extensão da guerra ao Norte de Moçambique e ao Sul de Angola, onde ainda mal consolidara a sua presença no interior, na sequência das guerras de penetração colonial dos finais do século XIX e princípios do século XX, atrasando este processo, que viria a prolongar-se depois da guerra. Os nacionais africanos, que forneceram compulsivamente a grande maioria dos contingentes dos exércitos das potências coloniais no continente negro, viram-se, assim, envolvidos em guerras que lhes eram estranhas, que não lhes diziam respeito, por vezes até mudando de campo conforme o território mudava de mão com a flutuação da frente de batalha, o que contribuiu para o seu processo de resistência, que estava num período de expectativa. E, em colónias africanas onde não se fez sentir o conflito entre as potências coloniais, estas foram recrutar contingentes para combaterem na Europa.

Outra região fora da Europa que foi palco da guerra foi o Médio Oriente, com o desmoronamento do Império Otomano, que se aliara à Alemanha e ao Império Austro-Húngaro. Vários emirados da Península Arábica e do Norte de África, integrados no Império Otomano, revoltaram-se contra o domínio turco, apoiados pelo Reino Unido e pela França, aos quais vieram a ficar submetidos depois da guerra.

Os efeitos da Primeira Guerra Mundial foram devastadores, em termos humanos, em termos económicos, em termos políticos internos e no sistema político internacional. Terão morrido, por efeitos diretos da guerra, 8,5 milhões de pessoas (na anterior guerra franco-alemã, os mortos não ultrapassaram 150 000). Os Estados saíram economicamente arrasados com exceção dos EUA e, dez anos depois, o mundo atravessaria a calamidade da crise mundial de 1929, com milhões de desempregados e fome generalizada. Dissolveram-se quatro impérios, alemão, austro-húngaro, otomano e russo e nasceu o primeiro Estado socialista, no país mais extenso do planeta, onde

---

([156]) M'BOKOLO, Elikia, *África negra, história e civilizações, do século XIX aos nossos dias*, Tomo II, Lisboa, Edições Colibri, 2007, p. 378.

se iria desencadear uma revolução que abalou o mundo. Estilhaçou-se o sistema internacional do equilíbrio do poder, que cedeu lugar ao modelo de segurança coletiva, com o nascimento da Sociedade das Nações (SDN). Os Estados coloniais europeus lançaram, nessa guerra, as sementes das suas destruições, ao integrarem os jovens das colónias nas fileiras que se batiam em nome da liberdade e contra a opressão, o que os levava a interrogarem-se, quando regressavam a casa: Lutámos pela liberdade dos outros, quando chegará a hora de lutarmos pela nossa própria liberdade? Nasciam os movimentos asiáticos e africanos de libertação anticolonial, que se reforçariam, de forma definitiva, depois da Segunda Guerra Mundial, com a repetição das mesmas contradições.

Mas a paz de Versalhes, que pôs fim à guerra, assentou em inúmeras contradições e fragilidades e acabaria por estar na base do ressurgimento da Segunda Guerra Mundial, vinte anos depois.

As causas da Segunda Guerra Mundial são mais objetivamente detetáveis. Em primeiro lugar, as fragilidades e contradições do Tratado de Versalhes que foi, de facto, humilhante e oneroso para a Alemanha e que não conferiu à entidade reguladora da nova ordem internacional capacidade para garantir as suas prescrições. Porém, como salientam muitas opiniões respeitáveis, o fracasso de Versalhes residiu mais na demissão das potências que deviam velar pelo seu cumprimento do que na letra do tratado. Aron aponta o dedo ao isolacionismo norte-americano e às hesitações inglesas ([157]). As provocações da Alemanha e da Itália foram sucessivas e cada vez mais ousadas consoante sentiam dispor de espaço de manobra. As causas foram, assim, predominantemente políticas. Neste sentido, até se poderia considerar que as causas primeiras da guerra, iniciada em 1939, residem nas condições que estiveram na base da chegada de Hitler ao poder, na Alemanha. E Versalhes tem aí papel de relevo.

Políticas foram também as causas relacionadas com razões de ordem geoestratégica: um país jovem, de grande pujança intelectual e capacidade criadora, que se sentia espartilhado e queria vingar a humilhação de Versalhes e recuperar o estatuto de grande potência europeia. Em Versalhes, a Alemanha perdera território, perdera estatuto, perdera as colónias, ficava sujeita a imposições da SDN.

([157]) *Op. cit.*, p. 201.

Entretanto, o país fervilhava de nacionalismo, a Escola de Munique cultivava doutrinas geopolíticas que alimentavam a ambição expansionista baseada no espaço vital ou seja, o alargamento das fronteiras à custa dos vizinhos mais fracos, da *Mitteleuropa*, um espaço de influência alemã no centro da Europa, do mar Báltico ao mar Adriático. E que propunha um projeto de pan-regiões mundiais em que uma Alemanha imperial lideraria a pan-região euro-africana, partilhando o poder mundial com os EUA, líder da pan-região americana, com a Rússia, líder da pan-região asiática e com o Japão, líder da pan-região oriental.

Houve também causas económicas, obviamente. Num mundo a sair da crise económica a Alemanha via-se impedida de crescer pelos compromissos impostos por Versalhes, que lhe limitavam a exploração dos seus próprios recursos. Foram fundamentalmente económicas as causas que levaram Hitler ao poder e o III Reich montou uma economia de guerra. Os projetos da autarquia económica, do espaço vital e da *Mitteleuropa*, cultivados na Escola de Munique, prejudicavam o comércio externo do Reino Unido e dos EUA.

E houve causas identitárias, o nacionalismo chauvinista e xenófobo, mistura explosiva com ideologias racistas do culto da superioridade germânica face aos eslavos e aos latinos, para além de minorias como os judeus e os ciganos. Bem como fatores ideológicos do nazismo alemão e do fascismo italiano, que ambicionava arvorar-se em herdeiro da Roma Imperial. Alimentaram instintos belicistas e entraram em disputa com outras ideologias, a democracia liberal europeia e norte-americana e o socialismo marxista em implantação na URSS. A guerra foi, aliás, precedida de um ensaio geral na Guerra Civil de Espanha (1936-1939), que começou com o governo republicano confrontado por um levantamento militar de inspiração fascista. As forças governamentais foram timidamente apoiadas por governos de democracias liberais e por brigadas internacionais de simpatia marxista, enquanto as forças franquistas foram abertamente secundadas pela Alemanha nazi e pela Itália fascista. Este ensaio geral acabou favorável ao eixo nazi-fascista e foi encorajador para aventuras mais vastas.

O Japão, parceiro do eixo e potência imperial no Extremo Oriente e no Pacífico, encontrava-se em plena euforia expansionista do projeto da Coprosperidade Oriental, visando e consumando a ocupação da costa asiática do Pacífico e de todos os imensos arquipélagos do Sudeste Asiático e do Pacífico Sul.

Entre o final da Primeira Guerra Mundial e o início da segunda e, depois, durante esta, o progresso tecnológico dos armamentos prosseguiu em ritmo cada vez mais acelerado, na lógica do Período da Evolução Técnica Rápida, incidindo em todos os domínios, na automatização do armamento individual, no alcance da artilharia, na granada-foguete dispensando cápsula propulsora e com capacidade de penetração em blindagens e defesas reforçadas, nas bombas voadoras não tripuladas, nas comunicações TSF com os rádios portáteis levados até aos mais baixos escalões táticos, na motorização da infantaria, na logística e nos serviços levados à frente de combate. Era um avanço que envolvia todos os EEC. Não foram utilizados os gases asfixiantes da Primeira Guerra Mundial nos campos de batalha, mas o gás foi o instrumento de genocídio e extermínio nos campos de concentração nazis.

Os progressos mais significativos registaram-se nos tanques e nos aviões, nomeadamente na sua combinação, que permitiu as grandes operações ofensivas, a chamada guerra-relâmpago, a *blitzkrieg*. A aviação desenvolveu-se como ramo militar autónomo, a força aérea, com capacidade estratégica própria, de transporte, de reconhecimento, escolta, caça e interceção, bombardeamento com bombas cada vez mais destrutivas, mas o seu rendimento máximo continuava a ser o apoio tático às forças de superfície. E surgem as primeiras tropas para-quedistas, permitindo aquilo a que passou a chamar-se envolvimento vertical isto é, o lançamento de tropas nas retaguardas inimigas, fundamentais em ações de comandos. No mar, foram os grandes porta-aviões, com capacidade para levar os meios aéreos para além da autonomia destes.

Todo este progresso configurava a prevalência de uma guerra eminentemente ofensiva e foi exatamente o que, acima de tudo, distinguiu a Segunda Guerra Mundial da anterior. Os avanços e recuos das frentes de combate atingiram enormes dimensões, primeiro com as ofensivas das tropas do eixo até aos Pirenéus, para ocidente, até Moscovo e Leninegrado, para leste, até à Líbia, no Norte de África, até ao Sudeste Asiático, no Extremo Oriente. Depois, foi o refluxo da contraofensiva aliada, a tenaz sobre a Alemanha das frentes ocidental e leste, a reconquista do Norte de África, a frente sul-europeia a partir da Sicília e, no Extremo Oriente, o assalto, ilha a ilha, pela esquadra dos EUA no Pacífico. No Japão, seriam lançadas as primeiras bombas atómicas, que introduziriam um novo tipo de guerra e um novo sistema internacional.

Os efeitos da guerra foram catastróficos: cidades arrasadas, países destroçados, a Europa exausta, o Japão esmagado, a economia mundial em crise, 50 a 60 milhões de mortos, deixando a perder de vista a calamidade dos 8,5 milhões de mortos da Primeira Guerra Mundial. Os EUA, mais uma vez, foram a única potência que saiu reforçada da guerra e atingiram o estatuto de maior potência mundial.

2.5. Guerras atípicas

Como salientámos no Capítulo I, há três aspetos que importa salientar, fulcrais na evolução da guerra decorrente do desfecho da Segunda Guerra Mundial. São tipos de guerra não convencionais, estão todos associados e, apesar de indiciarem o fim do monopólio do pensamento clausewitziano e da filosofia política da guerra que dominou a reflexão militar nos séculos XIX e XX, a verdade é que ainda se inscreveram nesse quadro, porque a guerra continuava a ser um instrumento da política, a visar objetivos políticos, a opor entidades políticas reconhecidas e a ser travada por forças militares institucionais. Referimo-nos à guerra nuclear, à guerra fria e à guerra irregular.

De cada uma delas trataremos a seguir, separadamente.

2.5.1. *Guerra nuclear*

Na Cimeira de Potsdam, a 17 de julho de 1945, dois meses depois da rendição da Alemanha e do fim da guerra na Europa, Harry Truman, que em abril herdara a Presidência dos EUA por falecimento de Franklin Roosevelt, informava Estaline de que os EUA dispunham da bomba atómica. Na véspera, tivera lugar a primeira explosão experimental, com êxito, no deserto de Los Álamos, Novo México. Três semanas depois, a 6 de agosto, efetuavam o lançamento da primeira bomba atómica sobre Hiroxima, e, três dias mais tarde, explodia a segunda em Nagasáqui, abreviando a rendição do Japão e o termo da guerra no Extremo Oriente. Punha-se fim à Segunda Guerra Mundial, a maior catástrofe bélica da história da humanidade.

Significa isto que a bomba atómica não teve qualquer influência na rendição da Alemanha, e na do Japão teve, mas apenas porque a abreviou, pois a derrota do Império do Sol Nascente já era iminente. A bomba atómica iria, acima de tudo, ter importância para a nova guerra que, entretanto, começava, a Guerra Fria.

A arma atómica foi o ponto culminante da escalada armamentista ocorrida com a Segunda Guerra Mundial. Com o seu poder destrutivo, que multiplicava por milhares o da mais potente bomba de avião até então fabricada e com efeitos de radiação que prolongavam, no espaço e no tempo, os do impacto inicial, foi a nova arma absoluta que daria, inexoravelmente, a vitória a quem primeiro dela dispusesse em monopólio e estivesse disposto a usá-la. Mas os EUA e seus aliados chegaram à vitória sem a arma atómica, por esgotamento dos parceiros do eixo. A bomba atómica nasceu com a Segunda Guerra Mundial, mas seria a arma da guerra que se seguiu, já não como arma absoluta, mas como fator determinante.

As bombas atómicas de Hiroxima e Nagasáqui introduziriam uma abissal superioridade de poder de fogo e de choque numa nova guerra convencional, se esta viesse a ter lugar. Mas a verdade é que, das cinzas da Segunda Guerra Mundial, nascia um novo tipo de guerra e a sua génese não resultou da sua detenção por um único possuidor. A nova guerra, a Guerra Fria, nasceria da partilha da posse da bomba por potências rivais, situadas em campos opostos, inimigos potenciais num eventual novo conflito mundial e assentaria no terror nuclear. A introdução da arma nuclear no cenário da guerra e a sua partilha por campos adversos não constituiriam apenas uma evolução, ainda que alucinante, na técnica dos armamentos, mas uma rutura com as formas, até aí convencionais, de fazer a guerra. Mas, insisto, não punham ainda em causa a filosofia da guerra dominante, clausewitziana.

O general Rupert Smith, cujo livro já citámos e que nos acompanhará no subcapítulo seguinte, autor de merecido destaque, refere-se à guerra clausewitziana como guerra industrial e considera que ela deixou de existir, que mudou para um novo paradigma, a que chamou a guerra no seio do povo, que começou com o aparecimento da arma nuclear ([158]). E acrescenta, categoricamente: «O paradigma da guerra industrial entre Estados foi literalmente pelos ares no dia 6 de agosto de 1945» ([159]). Neste pormenor discordamos de Smith, uma vez que consideramos que a guerra nuclear, apesar de configurar um novo tipo de guerra, continua a inscrever-se no paradigma clausewitziano.

O general Fuller ainda introduziu, no seu livro, considerações sobre a bomba atómica, mas sem a perspetiva do que seria o conflito nuclear pois, ao terminar o livro, em 1945, só teve tempo de conhecer o monopólio nuclear por parte dos EUA. E, como ele próprio fez questão de alertar na Advertência ao Leitor, o aparecimento da bomba não o fez mudar toda a sua argumentação na obra que estava a concluir. Afinal, era mais uma arma absoluta que não era a primeira da história e só o futuro decidiria o seu significado. Por isso limitou-se a acrescentar um Capítulo VIII sobre a Época da Energia Atómica mas que, como sugere, apenas devia ser considerado como um anexo provisório ([160]).

A verdade é que Fuller percebeu, com notável lucidez, que a guerra atómica apenas estava no seu início e faz algumas previsões que o futuro não deixou de acolher. Previu os mísseis de lançamento, a que chamou foguetes atómicos, previu a inevitabilidade da proliferação, a começar com a URSS, previu sistemas defensivos antimísseis do tipo guerra das estrelas, a que chamou um cenário de «Marte louco», e previu a arma nuclear como equilibrador estratégico porque, desde que sejam possuidoras, as pequenas potências serão tão poderosas como as grandes. Elaborou ainda uma reflexão curiosa sobre o enquadramento da bomba atómica no paradigma clausewitziano: considerou que sim, que devia ser encarada como tal, caso se encontrasse forma de a tornar uma arma de não emprego, em que prevalecesse a racionalidade e a guerra se mantivesse como instrumento da política; mas, pelo contrário, considerou que não, se a arma nuclear, na posse de potências antagónicas, viesse a ser empregue, porque a guerra perderia sentido político, uma vez que o espólio de vitória seria um monte de cinzas e não haveria racionalidade em tal guerra. Estas considerações levaram Fuller a um

([158]) *Op. cit.*, p. 20.
([159]) *Idem*, p. 186.
([160]) *Op. cit.*, pp. 15 e 16.

esboço da previsão da dissuasão, se bem que com reservas, admitindo ser razoável supor que as nações possam achar conveniente não usar a bomba, apesar de terem condições para o fazer ([161]).

Desde que, em 1939, Albert Einstein propôs ao presidente norte-americano a produção da arma atómica, que Roosevelt decidiu concretizar em 1942 com o Projeto Manhattan, a iniciativa nesta área foi sempre dos EUA. A sua utilização em combate em Hiroxima e Nagasáqui, quando o Japão estava prestes a render-se foi, e é ainda, por muitos entendida como um aviso dissuasor à URSS e uma forma de evitar a entrada desta na guerra contra o Japão, que estava iminente, como fora acordado em Ialta. Truman não quis partilhar no Pacífico os despojos da vitória, cujo preço na Europa estava a ser considerado muito elevado.

O problema foi que, apesar de todos os esforços de Washington para assegurar o monopólio da bomba e manter-se como única potência nuclear, a inevitável proliferação verificou-se e a URSS fazia detonar a sua primeira bomba atómica em agosto de 1949. É então que se entra numa nova era, a era em que a guerra nuclear se tornou uma possibilidade e enveredou por uma escalada armamentista levada às raias do absurdo, pois atingiu-se um patamar destrutivo tal que já não se tratava de uma arma para assegurar a vitória no campo de batalha, mas de uma arma que ameaçava destruir a própria vida na Terra.

Os efeitos dos bombardeamentos de Hiroxima e Nagasáqui foram paroxísmicos, cerca de 160 000 mortos e feridos no primeiro, cerca de 120 000 no segundo, duas cidades tornadas inabitáveis por longo período e em que cerca de dois terços foram evaporadas com apenas uma bomba lançada em cada uma delas, de 12 quilotoneladas (KT) na primeira, de 15 KT na segunda ([162]). A bomba de Nagasáqui, de plutónio, era 15% mais potente do que a de Hiroxima, de urânio, mas os seus efeitos foram inferiores porque a cidade era mais acidentada e de menor densidade populacional. Era a multiplicação por 2000 do poder destrutivo da bomba de avião mais potente até então fabricada. Os bombardeamentos de Dresden, durante os dias 13 a 15 de fevereiro de 1945,

---

([161]) *Idem*, pp. 213 a 225.

([162]) Quilotonelada, efeito explosivo correspondente a 1000 toneladas de trinitrotolueno (TNT).

com 13 000 bombardeiros pesados das forças aéreas britânica e norte-americana a lançarem 3900 toneladas de bombas, considerados dos mais destruidores de toda a guerra, haviam causado cerca de 35 000 mortos e arruinado parte da cidade, mas não a apagaram do mapa. A população mundial ficou, primeiro, aliviada com o fim da guerra, depois, atónita com os efeitos das explosões, até aí inconcebíveis, mais tarde, aterrorizada, quando se apercebeu de que a escalada prosseguia, de que os efeitos destrutivos das novas bombas multiplicariam por vários milhares os das primeiras e tomou consciência da ameaça que passava a pairar sobre toda a humanidade.

Em novembro de 1952, os EUA experimentavam a primeira bomba de hidrogénio, cujos efeitos destrutivos passam a medir-se em megatoneladas (MT) ([163]), milhares de vezes mais potente que as atómicas lançadas no Japão e, em agosto de 1953, nove meses depois, a URSS já possuía a bomba de hidrogénio. Dez anos depois da primeira bomba atómica a potência explosiva de uma arma nuclear fora multiplicada por dois milhões. Entretanto, de parte a parte, prosseguia o investimento quase paranoico no aumento da potência, do alcance dos mísseis, da precisão das trajetórias, das ogivas múltiplas, isto é, da capacidade de cada míssil transportar vários engenhos explosivos que pudessem ser disparados autonomamente e para alvos diferentes, os chamados mísseis com ogivas múltiplas independentes (MIRV). Paralelamente, prosseguia o aperfeiçoamento dos vetores de lançamento, porque o dispositivo nuclear resulta, exatamente, da associação engenho/míssil. De uma arma inicialmente concebida para ser lançada de avião chegou-se ao que se designa por tríade nuclear, ou seja, capacidade de lançamento através de mísseis a partir da superfície terrestre ou marítima, os chamados mísseis balísticos intercontinentais (ICBM), a partir do ar, mísseis balísticos lançados do ar (ALBM) e mísseis balísticos lançados de submarinos (SLBM).

Esta proliferação designada por vertical, com crescimento e aperfeiçoamento dos arsenais nucleares das potências possuidoras, foi acompanhada pelo que se entende por proliferação horizontal, aumentando os Estados possuidores, ansiosos por integrarem o

---

([163]) Megatonelada, efeito explosivo correspondente a 1 000 000 de toneladas de TNT, logo, 1000 KT.

clube nuclear. A posse da bomba, para além do potencial militar, confere estatuto de potência, entrada no clube dos decisores mundiais, capacidade dissuasora e, até, alguma autonomia junto dos aliados mais fortes nas relações patrão/cliente. Primeiro foram os outros Estados-membros permanentes do CS da ONU, Reino Unido, França e China ([164]), depois Israel, África do Sul do *apartheid* (efemeramente), Índia, Paquistão, Coreia do Norte. A corrida prossegue.

A arma nuclear tornou-se, assim, uma arma de não emprego porque, por um lado, os efeitos de uma eventual resposta anulavam as vantagens de um primeiro golpe contra um inimigo possuidor e, por outro, a enormidade dos seus efeitos destruidores em vidas humanas e em catástrofes ambientais inibe o emprego contra não possuidores. Nasceu assim mais um paradoxo, fase à tese clausewitziana da ascensão aos extremos, segundo a qual os meios existem para serem usados e assegurarem a vitória. É um facto que a arma nuclear nunca mais foi empregue no campo de batalha e nunca se verificou um combate em que se cruzassem armas nucleares.

Por isso, até hoje, só se pode falar em guerra nuclear no sentido amplo que usámos no Capítulo I, quando dissemos que a guerra pressupõe sempre o recurso a meios de coação violentos, ainda que possa limitar-se ao patamar da ameaça sem chegar à sua efetiva utilização. É meramente nesse sentido, o da guerra no patamar da ameaça de emprego que, depois de Nagasáqui, a arma nuclear tem desempenhado um papel. Fora desse sentido, o nuclear tem sido uma não guerra.

Mas alguma coisa pode, porém, estar a mudar.

Atualmente, as potências nucleares apostam na tecnologia da miniaturização, armas táticas ou de teatro, menos potentes, mais baratas, mais portáteis, cujos efeitos destruidores poderão ser considerados aceitáveis. Será uma granada de artilharia ou de avião mais potente. É um equívoco perverso, que não resiste ao efeito da escalada. Começa-se pelo engenho menos potente, mas as sucessivas respostas e contrarrespostas serão cada vez mais potentes, desembocando sempre no recurso a todo o arsenal disponível. Se a necessidade

---

([164]) A República Popular da China (RPC), quando se tornou potência nuclear, em 1964, ainda não era membro permanente do CS, lugar que só ocupou em 1971, substituindo a República da China (Taiwan).

impõe o recurso ao patamar nuclear, então a mesma necessidade imporá a escalada aos vários patamares do nuclear. Não há guerras nucleares limitadas. A verdade é que a lógica da miniaturização vai no sentido de recuperar a arma nuclear como arma de emprego.

Entretanto, a potência das armas nucleares tornara ineficazes, contra as mesmas, todos os sistemas de proteção contra armas clássicas. Mas o permanente duelo entre o gládio e o escudo, que vem desde a mais remota Antiguidade, nunca se esgota. É neste sentido que se tem desenvolvido o atual sistema de defesa antimísseis, destinado a destruir os engenhos de lançamento nas suas trajetórias e tão longe quanto possível do alvo. Visa tornar determinados países, que adiram ao sistema, imunes a uma ameaça nuclear.

Até hoje, a prevenção de uma guerra nuclear tem residido num paradoxo, a estratégia da dissuasão. A dissuasão, em termos muito simplificados, consiste em convencer o outro, potencial agressor, de que os benefícios, ou vantagens, que pretende obter com a iniciativa de um primeiro golpe não compensam os custos e danos que sofreria com a resposta à agressão. Portanto, a dissuasão depende da eficácia da represália.

Para que a dissuasão funcione, de parte a parte, é indispensável que os possuidores mantenham um grau de vulnerabilidade. Um sistema de defesa antimíssil confere a quem dele dispuser, ou por ele for coberto, a convicção de imunidade contra respostas nucleares, um estatuto semelhante ao do monopólio da bomba, ou seja, poder desencadear um ataque sem risco de represália. É a negação da dissuasão, que pode, também, recuperar a arma nuclear como arma de emprego e, assim, abrir caminho à primeira guerra nuclear. Não seria a primeira vez que uma guerra começaria por uma deficiente avaliação dos riscos e dos fatores em presença.

Por último, a guerra nuclear é ambígua em termos de simetria. Começou por ser precedida por uma situação rigidamente dissimétrica, enquanto prevaleceu o regime de monopólio da bomba de uma única potência. Mas passou a simétrica entre as potências nucleares quando, com a proliferação de potências possuidoras, a arma passou a ser partilhada, independentemente dos arsenais em presença, consequência do carácter de equilibrador estratégico da arma nuclear, pela capacidade dissuasora que confere. É, no entanto, assunto que deve ser encarado com reserva, na medida em que só o domínio das três componentes da tríade confere capacidade de dissuasão absoluta, nomeadamente a SLBM (submarina) que, pelo efeito da opacidade dos oceanos, pode furtar-se a um ataque preventivo e assegurar capacidade de resposta. Outro aspeto que pode contrariar a simetria é o sistema de defesa antimíssil, até porque, como referimos, pode proporcionar, a quem esteja por ele coberto, um estatuto de monopólio por estar imune à represália. Entretanto, mesmo com a proliferação de possuidores, a guerra nuclear continua rigidamente dissimétrica entre possuidores e não possuidores e, por isso, potencialmente geradora de formas de guerra assimétricas por parte dos mais fracos, os não possuidores.

2.5.2. *Guerra Fria*

A Guerra Fria que opôs EUA e URSS, OTAN e PV, desde 1945 até finais do século XX, traduziu-se num conflito em que as partes em confronto dispunham de meios de coação violentos para entrarem em guerra uma contra a outra, utilizaram publicamente uma retórica discursiva em que manifestavam a intenção, preparação e prontidão para, se necessário, recorrerem a esses meios, mas nunca chegaram ao seu efetivo acionamento. Esta contenção funcionou, não apenas ao nível dos meios nucleares, mas ao nível dos meios convencionais, porque havia a consciência de que, com a lógica da escalada, uma guerra convencional tenderia a tornar inevitável a ascensão do confronto ao patamar nuclear.

A dissuasão foi a determinante estratégica da Guerra Fria, mesmo para além da dissuasão nuclear. Foi um estado de guerra latente entre as duas maiores superpotências mundiais, cada uma liderando um bloco ideológico e uma aliança militar, que recorreram em permanência a estratégias indiretas, diplomática, económica, cultural e psicológica, ou a conflitos por procuração através de países terceiros ou de atores não estatais. Mas evitaram a estratégia militar direta porque a capacidade de dissuasão recíproca era suficiente para se temerem mutuamente. No entanto, foi o quadro à sombra do qual proliferaram guerras de menor intensidade na periferia do sistema internacional, com apoio das superpotências ou mesmo com a sua intervenção ativa. A ameaça nuclear dissuadiu o confronto direto entre as potências nucleares, mas não impediu os conflitos locais ou regionais, pelo contrário, até os incentivou.

Outro aspeto em que a Guerra Fria introduziu perturbações na tipologia clausewitziana foi a simetria. No pensamento de Clausewitz, a guerra é, como vimos, simétrica entre Estados e exércitos institucionais. Já a Guerra Fria constituiu um caso singular em que, pela sua própria natureza, se desenvolveu num ciclo complexo de simetria, dissimetria e assimetria. Foi rigidamente simétrica entre os blocos e as respetivas potências liderantes, mas, fora desse contexto, fomentou conflitos dissimétricos e, consequentemente assimétricos, entre centros e periferias nas guerras por procuração, levando os mais fracos a recorrerem a outros meios e outros tipos de guerra, não nucleares e até não convencionais. Neste particular, como noutros, a problemática da Guerra Fria tem muitos pontos de contacto com a guerra nuclear, à qual, como dissemos, está associada desde a sua génese.

Quando começou a Guerra Fria? É pergunta que não tem resposta fácil, porque não houve uma declaração de guerra formal que definisse o seu início. Declarações de guerra, como ato das relações internacionais legitimando uma agressão militar, eram passado que ficara enterrado com a Segunda Guerra Mundial. Há quem situe esse início no discurso de Winston Churchill, em março de 1946, em Fulton, nos EUA, quando já não era primeiro-ministro britânico e afirmou que uma cortina de ferro descera sobre a Europa, do Báltico ao Adriático. De facto, a cortina de ferro tornou-se um ícone inseparável da Guerra Fria. Outros preferem março de 1947, quando o presidente Truman, dos EUA, aprovou a sua doutrina da contenção. Outros ainda apontam junho do mesmo ano, quando os EUA lançaram o Plano Marshall para apoio à Europa Ocidental, porque foi a partir desta data que a expressão «guerra fria» entrou no léxico da política internacional.

A verdade é que a Guerra Fria tem um ambiente genético, um clima de tensão que a precede, que está na sua origem e que a terá tornado inevitável. Os dois inimigos potenciais ou, para usar um termo mais suave, as duas partes eram aliadas na Segunda Guerra Mundial contra o eixo, mas só essa condição de enfrentarem um inimigo comum os mantinha do mesmo lado. Tudo o resto os separava, a desconfiança mútua era óbvia e as preocupações de, ainda em plena guerra, capitalizarem trunfos para o pós-guerra eram manifestas. O avanço decidido da URSS na Europa Central e os bombardeamentos atómicos dos EUA no Japão são expressões mais visíveis dessa desconfiança. Por isso é razoável dizer que as primeiras causas da Guerra Fria devem ser procuradas na Segunda Guerra Mundial.

Alguns factos foram decisivos na criação do ambiente de antagonismo bipolar que desembocou na Guerra Fria. A Cimeira de Ialta, de 4 a 12 de fevereiro de 1945, três meses antes da rendição da Alemanha mas quando a vitória aliada já estava assegurada, que estabelecia as bases da divisão da Europa, da Alemanha e de Berlim, definia o palco em que se iria desenrolar o ato central da Guerra Fria, a *Mitteleuropa* e a Alemanha. Por aí passaria a cortina de ferro, linha imaginária que constituiria a linha da frente dos pactos militares antagónicos que viriam a formar-se, a OTAN e o PV. Foi também em Ialta que Estaline manifestou a intenção de entrar na guerra contra o Japão, o que acelerou o emprego da bomba atómica pelos EUA. De facto, em Ialta ficou assente que a URSS declararia guerra ao Japão três meses depois da rendição da Alemanha e fê-lo, no respeito por esse prazo, a 8 de agosto. Só que, dois dias antes, os EUA lançaram a primeira bomba atómica em Hiroxima. E foi em Ialta que se definiram os contornos da criação da ONU, reposição de um sistema de segurança coletiva onde as fragilidades da SDN fossem corrigidas, com a criação de um CS e a atribuição do estatuto de membros permanentes às potências vencedoras da guerra, que disporiam de direito de veto. O poder de veto seria um dos instrumentos fulcrais da Guerra Fria porque, em momentos decisivos, paralisou o CS e colocou a resolução dos problemas na dependência da confrontação dissuasora dos EUA e URSS.

A Guerra Fria foi, assim, um conflito com contornos políticos, com saliência para preocupações de segurança e de controlo espacial, logo, geoestratégicas. Richard Ned Lebow, que encontra na maioria dos conflitos causas relacionadas com prestígio, estatuto, considera que também a Guerra Fria começou por ser uma questão de segurança, mas depressa se tornou uma questão de prestígio ([165]). Mas foi também uma guerra imperial, porque ambas as superpotências liderantes dos blocos em confronto tinham como motivação primária a convicção de que o outro pretendia expandir-se, não apenas conquistando zonas de influência nos espaços neutrais, os chamados países não-alinhados, mas mesmo alimentando dissidências no

---

([165]) *Op. cit.*, p. 168.

interior do bloco oposto. Foi assim que nasceram duas doutrinas que tinham fundamentos semelhantes, a doutrina da soberania limitada, na URSS, também conhecida por doutrina Brejnev e a doutrina dos interesses vitais, nos EUA. Em síntese, cada uma destas doutrinas assegurava o direito de intervenção militar em países amigos se estivesse em causa a segurança do respetivo bloco.

Foi ainda uma guerra económica, não apenas porque se conflituavam sistemas económicos inconciliáveis, mas também porque as zonas de influência eram muitas vezes determinadas pelas reservas de matérias-primas, entre as quais sobressaíam as regiões petrolíferas e de gás natural, que começavam a ser consideradas zonas de interesse vital.

Mas a Guerra Fria foi também produto de causas identitárias, ideológicas. Opunham-se duas formas de encarar o mundo: o bloco ocidental liberal, individualista, capitalista, da economia de mercado, e o bloco de leste coletivista, centralizado, comunista, de economia planificada. A dinâmica de blocos e de zonas de influência promoveu o proselitismo doutrinário, mas também o apoio a parceiros pouco recomendáveis, desde que dessem garantias clientelares.

Raymond Aron pensa que as três causas principais que estão na origem da Guerra Fria ou, melhor dizendo, que a foram alimentando desde o fim da Segunda Guerra Mundial foram a partilha da Europa, a corrida aos armamentos e o destino do Terceiro Mundo ([166]).

Analistas tão díspares como Henry Kissinger ([167]), Eric Hobsbawm ([168]) ou Joseph Nye ([169]), apesar de exporem opiniões não coincidentes sobre as responsabilidades na génese da Guerra Fria, concordam que situações de crise, como essa, resultam de uma acumulação de fatores e, muitas vezes, de deficientes avaliações dos seus desenvolvimentos pelos responsáveis, o que parece aceitável.

A Guerra Fria foi uma guerra prolongada que demorou 46 anos e, obviamente, não permaneceu estática, teve desenvolvimentos e,

---

([166]) *Op. cit.*, p. 557.

([167]) *Op. cit.*, p. 382.

([168]) HOBSBAWM, Eric, *A era dos extremos – história breve do século XX (1914-1991)*, Lisboa, Editorial Presença, 1998, p. 232.

([169]) NYE Jr, Joseph S., *Compreender os conflitos internacionais – uma introdução à teoria e à história*, Lisboa, Gradiva, 2002, p. 139.

num ambiente de crise permanente, períodos de desanuviamento alternando com picos de tensão que estiveram nos limiares da guerra quente. O seu desenvolvimento não foi uniforme ou linear.

Joseph Nye distingue cinco fases da Guerra Fria. A primeira, de 1945 a 1947, é a dos desentendimentos mútuos que a tornaram inevitável. A segunda, de 1947 a 1949, é a da adoção pelos EUA da doutrina Truman, uma distorção da estratégia da contenção proposta por George Kennan e que alimentou na URSS a síndrome do cerco [170]. A terceira é a de 1950 a 1962, o auge da Guerra Fria, com a paridade nuclear. A quarta, de 1963 a 1978, de desanuviamento, mas em que proliferaram guerras por delegação. A quinta, de 1979 até ao final, em que se regressou à retórica da Guerra Fria mas, ao contrário das três primeiras, se manteve contacto entre as partes ([171]).

Ao longo destas fases houve grandes questões que percorreram todo o seu desenvolvimento, como o proselitismo ideológico e algumas cisões no interior de cada um dos blocos, a questão alemã e a partilha da Europa, a que já nos referimos. Mas há também o problema da escalada armamentista ou, como ficou conhecida, a corrida aos armamentos.

A corrida aos armamentos incidiu, fundamentalmente, nos engenhos nucleares, qualitativa e quantitativa, e atingiu as fronteiras do absurdo pois, pela sua natureza, recaiu na maior parte em armas de não emprego. Mas a escalada atingiu também tecnologias de outros domínios relacionados com o nuclear, mas que o ultrapassavam, como o da eletrónica, da informática e do espacial, além de armas e equipamentos convencionais.

Os momentos críticos chamados picos de crise ou de tensão foram vários e frequentes. Os bloqueios soviéticos a Berlim, de 1948 e 1958, este último prolongado até 1961 quando se começou a construir o Muro de Berlim, que viria a constituir mais um símbolo

---

([170]) George Kennan, diplomata norte-americano na embaixada em Moscovo e reputado sovietólogo, enviou em 1946 um telegrama para o Departamento de Estado em que abordava esta matéria, recomendando uma estratégia de contenção que devia ser eminentemente diplomática para retirar à URSS espaços de expansão, mas que o presidente aplicou em termos de contenção militar, dando origem a uma série de pactos e tratados de segurança que asseguravam o controlo do *rimland* e que agravaram a síndrome do cerco na URSS.

([171]) *Op. cit.*, pp. 142 a 158.

emblemático da Guerra Fria. A constituição da OTAN em 1949 e do PV em 1955. À OTAN seguir-se-ia a constituição, pelos EUA e seus aliados, de uma série de Tratados e Pactos de Assistência Mútua, com a Austrália e a Nova Zelândia (ANZUS 1951), com as Filipinas (1951), com o Japão (1952), com a Coreia do Sul (1953), com Taiwan (1954), a Organização do Tratado do Sudeste Asiático (SEATO 1954) e a Organização do Tratado do Médio Oriente (METO) ou Pacto de Bagdade (1955). Com estes tratados e a presença da VI Esquadra US no Mediterrâneo e da VII Esquadra US no Índico e Pacífico, materializava-se a Doutrina da Contenção de Truman, inspirada na teoria do *rimland* de Nicholas Spykman, cercando o *heartland* euro-asiático dominado pela URSS. Henry Kissinger, com toda a crueza do seu pensamento realista, não tem dúvidas em afirmar «[...] o que era, afinal, a contenção militar senão a tentativa de cercar a União Soviética de forças capazes de resistirem ao seu expansionismo?» ([172]). A conquista do poder na China pelo Partido Comunista, em 1949, mas que iria mostrar-se um aliado cada vez mais incómodo para a URSS. A Guerra da Coreia, iniciada em 1950. A crise do Suez, em 1956, que denunciou algumas fragilidades no seio da OTAN. As crises da Hungria, em 1956, e da Checoslováquia, em 1968, que abririam brechas no outro bloco, o PV e que, principalmente, dariam lugar a dissidências em partidos comunistas de países ocidentais. A crise dos mísseis de Cuba, em 1962, que terá constituído, porventura, o momento em que a estratégia da dissuasão nuclear foi mais duramente posta à prova. Os fracassos militares dos EUA, no Vietname e da URSS, no Afeganistão, que puseram a claro os reflexos negativos da sobre-extensão estratégica, mesmo para as superpotências.

Mas se a Guerra Fria foi, como dissemos, o quadro de não confronto direto entre as duas superpotências, foi também o quadro à sombra do qual proliferaram guerras por todo o mundo, muitas por delegação ou procuração das superpotências, ou mesmo com a sua participação direta. Referiremos apenas algumas das mais influentes no desenrolar da Guerra Fria.

A Guerra da Coreia (1950-1953) de que já falámos e que seria, talvez, a última guerra clássica do século XX, começando por uma guerra civil interna de raiz ideológica, arrastou a intervenção direta

---

([172]) *Op. cit.*, p. 490.

dos EUA com alguns aliados, com mandato da ONU ([173]), em apoio da Coreia do Sul e a da República Popular da China (RPC), suportada pela URSS em apoio da Coreia do Norte. O general MacArthur, que comandava as forças norte-americanas e da ONU, chegou a pedir autorização para empregar a bomba atómica contra a RPC, o que Washington recusou, levando à sua demissão. Entretanto, a URSS já tinha construído a bomba e a estratégia da dissuasão ensaiava os primeiros passos. A guerra terminou, como vários outros conflitos maiores da Guerra Fria, com um impasse de compromisso e a divisão do país em dois Estados, um alinhado com o bloco de leste, outro com o bloco ocidental. Foi uma guerra liminarmente inserida na lógica da Guerra Fria.

A Guerra do Suez (1956), com a invasão do Sinai por forças do Reino Unido, França e Israel, aquando da nacionalização do canal do Suez pelo presidente egípcio Nasser, inscreveu-se no quadro da Guerra Fria, apesar de os EUA não a terem apoiado e até se terem juntado à URSS, na ONU, exigindo o seu termo. Mas verificou-se quando houve uma rutura do Egito com o Ocidente e uma aproximação à URSS. Foi uma guerra que teve causas e consequências económicas porque a França e o Reino Unido perdiam a concessão da exploração do canal e este ficaria fechado à navegação durante largo período.

O envolvimento dos EUA no Vietname (1965-1975), depois da saída da França, que deixara o Vietname dividido entre o Norte comunista e o Sul alinhado com as potências ocidentais, teve contornos semelhantes aos da Coreia, mas algumas diferenças assinaláveis, pois os EUA não contaram com o mandato da ONU, não se confrontaram diretamente com a RPC e saíram com uma derrota humilhante que pôs termo à divisão do país. Inscreveu-se também linearmente no quadro da Guerra Fria, com a disputa pelo controlo de áreas de influência com importância geoestratégica e com solidariedades ideologicamente alinhadas. Foi uma marca decisiva no recuo estratégico dos EUA.

O envolvimento da URSS no Afeganistão (1979-1989) assinalaria, por sua vez, o recuo estratégico desta superpotência, mas

---

([173]) A URSS não esteve presente na reunião do CS da qual saiu a resolução, e a RPC ainda não era membro da ONU.

sem oportunidade de recuperar, pois seria o princípio do seu fim. Os EUA apoiaram, sem se envolverem diretamente, as várias fações rebeldes contra o governo de Cabul e os soviéticos deixaram-se mergulhar numa nova versão do grande jogo adaptado ao quadro da Guerra Fria em que o confronto, opondo mais uma vez, indiretamente, a potência continental e a potência marítima, era também entre as duas superpotências do mundo bipolar.

Algo paradoxalmente, a Guerra Fria, que teve uma marca identitária muito forte, mas de natureza ideológica, deu também lugar ao renascimento de guerras locais de fundamentos religiosos, que, como sempre, não deixavam de estar associadas a reivindicações políticas, a disputas pelo poder. Houve conflitos religiosos que assumiram características interestatais, Índia-Paquistão, centrado em Caxemira, Greco-Turco, reflexo do conflito intraestatal em Chipre, Irão-Iraque (1980-1988), Etiópia-Eritreia (2000). O conflito israelo-árabe e o seu foco central na Palestina tem motivações religiosas e, se bem que havendo fortes razões geoestratégicas de segurança, de fronteiras, de refugiados, de recursos (água), é de facto o fator identitário-religioso o único que consegue alguma unidade, sempre precária, entre os árabes e que, por outro lado, alarga a solidariedade a países islâmicos não árabes, como o Irão e a Turquia. Outros conflitos religiosos intraestatais, independentemente de algumas solidariedades externas, ocorreram na Irlanda do Norte, no Sudão e na Nigéria. Não deixa, ainda, de ser significativo que um número impressionante destes conflitos religiosos tenha posto frente a frente tendências rivais dentro da mesma confissão religiosa, como o da Irlanda do Norte e o Irão-Iraque.

Conflitos na periferia da Guerra Fria foram também as inúmeras guerras internas que proliferaram um pouco por todo o lado, de um modo geral guerras subversivas porque eram contra poderes de facto, ainda que muitas vezes de legitimidade duvidosa, tendo como causa primária motivações identitárias, algumas mais marcadamente ideológicas, outras de raiz mais nacionalista. Muitas foram fomentadas por movimentos de cariz marxista, nem sempre alinhados com Moscovo e que, por isso, eram classificadas como guerras revolucionárias. Ocorreram principalmente em países do Terceiro Mundo, do Grupo de Países Não-Alinhados, mas não só, pois a própria Europa Ocidental não passou incólume. Foram os casos da Pátria Basca e Liberdade, em basco *Euskadi Ta Askatasuna* (ETA), no País Basco, em Espanha, da Frente de Libertação Nacional Corsa (FLNC), em França, e das Brigadas Vermelhas, em Itália.

A região mais atingida por este tipo de guerras foi a América Latina, particularmente a América Andina e a América Central, em que os governos, geralmente apoiados pelos EUA e quase sempre ditaduras corruptas, foram alvo de contestações armadas, algumas delas guerras civis prolongadas, outras meras guerrilhas urbanas. A experiência cubana, que levou ao poder um movimento revolucionário que se aproximou progressivamente de Moscovo, deu o sinal de que a Guerra Fria chegava às portas dos EUA. Washington decidiu, então, investir na chamada Operação Condor, apoio coordenado a ditaduras militares na América do Sul para liquidar todas as tentativas de movimentos populares mais ou menos apoiadas por Cuba, ponta de lança do bloco de leste nas Américas. Os longos períodos de cruel repressão no Brasil, na Argentina, no Chile, na Bolívia, no Uruguai, no Paraguai e noutros países andinos, bem como as guerras civis na Nicarágua e em São Salvador, na América Central, inscreveram-se, ainda que perifericamente, no quadro da Guerra Fria. Com a administração Reagan, apoiado por uma escola realista que se intitulava neoclausewitziana, Washington assumiu, abertamente, que todas as revoluções sociais no Terceiro Mundo eram hostis aos interesses dos EUA e deviam ser combatidas. Eram conflitos neoclausewitzianos porque recuperavam o princípio da guerra como continuação da política, guerra a que chamavam contrarrevolucionária por oposição à guerra revolucionária marxista ([174]).

As guerras da descolonização na Ásia e em África, depois do interregno entre a Primeira e a Segunda Guerras Mundiais, que foi o período áureo do colonialismo do século XX, foram o prosseguimento das resistências dos finais do século XIX e princípios do século XX, mas não podem deixar de ser analisadas no contexto da Guerra Fria e, consequentemente, do desfecho da Segunda Guerra Mundial.

A própria Segunda Guerra Mundial gerou contradições que muito contribuíram para a posterior aceleração da descolonização das colónias europeias e para a guerra entre os movimentos nacionalistas e as potências coloniais, quando estas recusaram as negociações que lhes foram propostas. Seriam as guerras coloniais

([174]) RAPOPORT, *op. cit.*, pp. 45, 46 e 48.

para o colonizador, que procuravam manter o *statu quo*, guerras de libertação ou de descolonização para os nacionalistas. Como já acontecera na Primeira Guerra Mundial, as potências coloniais incorporaram, nas suas forças armadas, importantes contingentes recrutados entre os naturais das colónias, chamados a combater nos vários teatros de operações pela liberdade contra a tirania, e contribuíram, com o seu sacrifício, para a vitória dos aliados contra o eixo. Terminada a guerra tomaram consciência de que haviam combatido em nome da liberdade, mas não da sua, pelo que chegara a hora de combaterem pela sua própria liberdade. Por outro lado, teve forte impacto psicológico o facto de, no Extremo Oriente, os povos colonizados terem assistido à derrocada das potências coloniais face às invasões japonesas, na Indonésia, na Malásia, na Birmânia (hoje Myanmar), no Sião (hoje Tailândia), em Singapura, nas Filipinas, apercebendo-se de que, afinal, se os colonialistas europeus não eram invencíveis, os colonizados também poderiam vencê-los.

Quando, em agosto de 1941, em pleno oceano Atlântico, o primeiro-ministro britânico Winston Churchill e o presidente norte-americano Franklin Roosevelt negociavam a Carta do Atlântico, esta consagrou o princípio da descolonização assente no direito dos povos de disporem de si próprios, que a Carta da ONU viria a acolher. Não foi fácil a Churchill ceder a esta exigência de Roosevelt, porque, como dizia, o Reino Unido não entrara na guerra para perder o império. À partida o bloco ocidental estaria sempre em desvantagem face à descolonização, até porque grande parte dos países fundadores da OTAN haviam sido as mais ativas potências coloniais do século XX e algumas continuavam a recusar que a era colonial tivesse atingido o seu termo. A verdade é que a descolonização atravessaria toda a Guerra Fria e, se bem que as duas superpotências apoiassem a tese, em princípio, faziam-no com base em ideologias antagónicas e interesses divergentes. Apoiaram, na mesma colónia, movimentos de libertação distintos, rivais que se combatiam com o objetivo de atraírem os futuros países independentes para as suas esferas de influência. A descolonização, que podia ter sido um fator de convergência no mundo bipolar, tornou-se matéria que alimentou a Guerra Fria e agravou as tensões que a caracterizavam. Mas introduziu também cisões no seio dos próprios blocos. No bloco de leste acentuou fraturas entre a URSS e a RPC, que divergiam nos apoios a movimentos de libertação distintos dentro da mesma colónia. E, no bloco ocidental, divergiram países favoráveis às independências e os que resistiam à sua inevitabilidade.

Quase todas as potências coloniais começaram por encarar de forma negativa as reivindicações nacionalistas e responderam repressivamente, mesmo com recurso à força militar, na Nigéria, nos Camarões, no Sudão, no Quénia, em Madagáscar, na Indonésia, na Malásia, entre outros. E, nos casos em que os países coloniais, pela sua intransigência, deram lugar a guerras de libertação prolongadas, como a França na Indochina e na Argélia e Portugal em Angola, Guiné e Moçambique, transportaram cisões para o interior da OTAN, gerando situações incómodas para os EUA face à potência rival e face ao Terceiro Mundo. Mas os próprios EUA acabariam por alterar o seu posicionamento em regiões de interesse geoestratégico global, como o Sudeste Asiático e a África Austral, tornando-se mais tolerantes para com as potências coloniais seus parceiros na OTAN. A lógica da Guerra Fria impunha as suas regras. Na África Austral, a Guerra Fria esteve presente nas guerras coloniais e, por deficiente avaliação, os EUA não previram que as independências chegassem tão cedo. Os novos países contaram, principalmente, com o apoio do bloco de leste, um revés para a estratégia de Washington na Guerra Fria em relação ao Terceiro Mundo, de que só viria a recuperar quando esta acabou.

As guerras coloniais, essencialmente guerras de libertação dos povos colonizados, para as quais foram lançados pela intransigência dos governos coloniais que se recusaram a aceitar uma negociação política, também foram, em parte, guerras por delegação das superpotências no quadro da competição da Guerra Fria. E, por isso, as guerras coloniais, se tiveram, acima de todas, motivações políticas, acabaram também por ser marcadas por motivações identitárias, ideológicas, nacionalistas e étnicas.

Em termos de conduta operacional, na sua caracterização militar, as guerras de descolonização inscreveram-se no tipo de guerra irregular e, disso, trataremos já a seguir.

Entretanto, para encerrar esta abordagem sobre a Guerra Fria, uma nota sobre o seu desfecho que foi, também, atípico, como atípica foi toda a conjuntura com ela relacionada. A Guerra Fria não terminou com uma rendição formal, com o esmagamento do outro, com um acordo de paz assente em condições impostas pelo vencedor sobre o vencido.

Está generalizada a ideia de que a Guerra Fria terá terminado em novembro de 1989, com a queda do Muro de Berlim. O muro era um dos ícones da Guerra Fria, e a sua queda pôs termo à circunstância. Para alguns terá acabado, porém, com a reunificação da Alemanha, em outubro de 1990, para outros em fevereiro de 1991, com a dissolução do PV, para outros ainda em agosto de 1991, com o falhado pronunciamento de Moscovo que ditou o fim da URSS, que já se esboçava desde março de 1990 com a cisão da Lituânia. Mais correto será considerar que o fim da Guerra Fria, tal como o seu início, foi um processo cumulativo, que se terá iniciado com a viragem estratégica da Mikhail Gorbatchev, quando anunciou a *glasnot* (transparência) e a *perestroika* (reestruturação) e que culminou com a implosão da URSS.

O fim da Guerra Fria definiu um vencedor, os EUA. Foi a vitória de um sistema capitalista de democracia liberal e economia de mercado sobre um sistema comunista centralizado de economia planificada, de um bloco centrado na potência marítima sobre o bloco centrado na potência terrestre. Os EUA, depois de, com a Guerra Civil Norte-Americana e a entrada no século XX se terem afirmado como a potência hegemónica no continente americano, depois de, com a Primeira Guerra Mundial terem visto reconhecida a posição entre as potências mundiais, depois de, com a Segunda Guerra Mundial terem conquistado o estatuto de superpotência líder do mundo ocidental, saíam da Guerra Fria como única hiperpotência mundial, como líderes num mundo global. O fim da Guerra Fria confirmou os EUA como a única potência que beneficiou com todas as guerras do século XX e que, com o desfecho de cada uma delas, reforçou sempre o seu estatuto no contexto internacional.

Sem que tenha havido uma vitória no campo de batalha, porque a Guerra Fria não se travou num campo de batalha, não nos parece haver lugar para dúvidas de que houve uma vitória estratégica. Houve, na Guerra Fria, dois grandes objetivos comuns a ambas as superpotências, não se deixarem ultrapassar pela outra na corrida armamentista e impedirem que qualquer região considerada importante passasse para o controlo da outra. Ora, a partir dos anos oitenta, a URSS deixou de acompanhar o esforço dos EUA nas novas tecnologias militares e, depois da retirada do Afeganistão, o recuo geoestratégico da URSS prosseguiu com o fim do PV e a progressiva aproximação dos antigos Estados-membros ao Ocidente.

Seguiu-se a própria implosão da URSS e alguns dos países que a constituíam iniciaram um processo de afastamento da Rússia e aproximação aos EUA. Moscovo perdera capacidade de manter a sua influência nos espaços tradicionais. E, se quisermos interpretar a Guerra Fria à luz da filosofia clausewitziana, segundo a qual a guerra é uma luta de vontades e o seu objetivo é forçar o outro a submeter-se à nossa vontade, parece ter de se concluir que foi a URSS que perdeu a vontade de prosseguir a luta e se submeteu à vontade do outro.

O que apenas veio confirmar que a análise da Guerra Fria cabe nos parâmetros da guerra clausewitziana.

2.5.3. *Guerra irregular*

A terceira *nuance* atípica das guerras clausewitzianas, decorrentes da Segunda Guerra Mundial, foi a guerra irregular. Já vimos, quando desenvolvemos o conceito de guerra, o que entendemos por guerra irregular. Até aos finais da Segunda Guerra Mundial era mais apropriado falar de ações irregulares, isto é, de formas de guerra conduzidas por grupos irregulares, mas no quadro de guerras de tipo convencional. O conceito de guerra irregular, enquanto tipo de guerra autónomo, é recente. E, das ações de guerra irregulares em geral, que podem compreender diferentes modalidades ou diferentes terminologias, como guerrilha, terrorismo, sabotagem, resistência popular, insurreição, ocorrendo em guerras internas ou internacionais, vamos centrar-nos na guerrilha, que foi a que se destacou, depois da Segunda Guerra Mundial, como tipo de guerra diferenciado.

As ações irregulares e, particularmente, a guerrilha, mesmo antes de o termo se ter imposto no léxico militar, sempre existiram e são mencionadas em toda a história da guerra. Na sua fase primitiva e artesanal a guerra não passava, afinal, de meras ações de guerrilha. Já citámos Max Boot que diz que a guerra de guerrilhas se perde nas brumas da história. Era o tipo de combate normal, simétrico, entre grupos rivais, e não tinha o sentido assimétrico da moderna guerra de guerrilhas ([175]). Mas, posteriormente, quando os exércitos se institucionalizaram, a guerrilha passou a estar particularmente

([175]) *Op. cit.*, p. 101.

associada à resistência popular contra a ocupação militar estrangeira e duradoura, como a luta do fraco contra o forte.

Alexandre, o *Grande*, confrontou-se com a guerrilha nas suas campanhas de expansão pela Ásia do Sudoeste, os romanos enfrentaram a guerrilha na sua ocupação da Europa Ocidental.

O general Beaufre diz que a guerrilha foi uma constante durante a Idade Média europeia ([176]) e, aí, as condições eram diferentes, pois não resultavam da luta contra um ocupante, mas de um sistema fragmentado, em que as guerras eram pequenos recontros de grupos reduzidos, as próprias campanhas tinham semelhanças com disputas entre forças irregulares.

A Guerra da Independência Norte-Americana foi uma guerra de guerrilhas e há quem veja nos *minutemen* os precursores dos *partisans* franceses e jugoslavos da Segunda Guerra Mundial. Como, na sua sequência, o foram os guerrilheiros crioulos de Bolívar que lutaram pelas independências na América Latina.

Clausewitz, se bem que não tenha usado o neologismo ainda por inventar, não deixou de incluir a guerra irregular, a guerrilha, no seu tratado sobre a guerra. Na sua definição trinitária, o povo é, além do político e do militar, uma das componentes da surpreendente trindade. É tema que trata em *Da guerra*, na Segunda Parte, Livro VI, Capítulo XXVI, «O armamento do povo», referindo-se à guerra conduzida pelo próprio povo, por pequenos destacamentos, como meio particular de defesa. A sua atenção foi para ela atraída pela resistência popular que as forças napoleónicas encontraram na Península Ibérica e na Rússia. Foi dessas campanhas na Península Ibérica que nasceu o termo *guerrilla*, pequena guerra, em terminologia castelhana. Raymond Aron considera mesmo Clausewitz um dos teóricos da guerrilha ([177]), mas a verdade é que esta constitui, da obra do general prussiano, a parte que menos atenção e simpatia tem suscitado aos estudiosos militares mais tradicionalistas.

Na Primeira Guerra Mundial tornou-se mítica a guerra irregular no seio dos países árabes contra o Império Otomano, na qual surgiu como mentor e coordenador a figura lendária do coronel britânico Thomas Lawrence, celebrizado como Lawrence da Arábia. Mas a guerrilha também ocorreu noutras paragens com resultados muito

---

([176]) *Op. cit.*, p. 87.

([177]) Aron, Raymond, *Clausewitz*, Lisboa, Esfera do Caos, 2009, p. 20.

significativos, na Rússia e na Irlanda. Na Segunda Guerra Mundial, as ações de guerrilha, inseridas na mais abrangente resistência contra as forças ocupantes, nazis na Europa e japonesas no Sudeste Asiático, foram determinantes para a vitória dos Aliados. O general Eisenhower, que comandou as forças aliadas na frente ocidental na contraofensiva na Europa e que, depois da guerra, foi presidente dos EUA, avaliou que a ação da resistência francesa à ocupação alemã, no Norte da França, correspondeu ao esforço de 15 divisões aliadas ([178]). E a resistência na Jugoslávia, que envolveu o número espantoso de cerca de 100 000 *partisans*, chegou a fixar naquela região dos Balcãs 39 divisões do eixo ([179]). Na Grécia e, especialmente, na URSS, a guerrilha deu um contributo decisivo para o desgaste dos exércitos alemães nas extensíssimas retaguardas das forças de ocupação. E, já no final da guerra, na Polónia, na Bulgária, na Checoslováquia, bem como na Itália do Norte, quando ocupada pela Alemanha depois da queda de Mussolini, a guerrilha também ajudou à derrota alemã. Na China, na Birmânia, na Malásia, na Indonésia, então ainda colónias europeias, e nas Filipinas sob jurisdição dos EUA, a resistência popular organizada produziu enorme desgaste nas forças japonesas ocupantes e obrigou o Japão à manutenção de contingentes significativos em zonas periféricas, quando já enfrentava a contraofensiva norte-americana aos seus centros vitais.

Porém, como salientámos, todas estas atividades guerrilheiras, irregulares, foram complementares da estratégia clássica com base em exércitos regulares institucionais, foram meras formas de guerra num tipo de guerra convencional. É depois da Segunda Guerra Mundial, mas com raízes neste conflito global, que a guerra de guerrilhas se vai autonomizar e justificar que passe a falar-se de um tipo de guerra irregular ou de guerra de guerrilhas.

Posteriormente à Segunda Guerra Mundial a guerra de guerrilhas desenvolveu-se, especialmente, em dois contextos distintos. O primeiro foi o das guerras revolucionárias, isto é, guerras subversivas no interior de Estados, fomentadas por grupos ideologicamente assumidos como marxistas e em que a guerrilha era uma fase que,

---

([178]) OLIVEIRA, Hermes de Araújo, *op. cit.*, p. 49.
BEAUFRE, *op. cit.*, p. 183.
([179]) OLIVEIRA, *op. cit.*, p. 38.

a pouco e pouco, devia evoluir para uma guerra de tipo clássico. Teve grande expressão na China, em Cuba, no Vietname e, de todos estes países, surgiram contribuições teóricas de ideólogos como Mao Tsé-Tung, Che Guevara ou Giap, hoje considerados clássicos.

O segundo contexto foi o das guerras de descolonização, em que a guerrilha foi a opção dos movimentos nacionalistas, quando a luta de libertação atingiu o patamar da luta armada. Em consequência da repressão violenta, administrativa, policial e militar, com que as potências coloniais na Ásia e em África responderam às reivindicações independentistas dos povos das colónias, inicialmente remetidas ao patamar político, os nacionalistas organizaram-se em movimentos de libertação armados para passarem à luta armada. Dada a desproporção de meios, a dissimetria, foi pela guerrilha que optaram. De início de forma muito incipiente, quase rudimentar, foram-se aperfeiçoando contra forças armadas que, inicialmente, insistiam em respostas de tipo clássico, confiantes em vitórias rápidas. Mas estas foram-se revelando cada vez mais inconsequentes e dando aos rebeldes tempo e ensinamentos para evoluírem nas suas técnicas de combate, para adaptarem as suas táticas, reformularem as suas organizações, ajustarem os seus armamentos, conceberem estratégias evoluídas e produzirem doutrina própria.

As forças armadas das potências coloniais que se lhes opunham foram-se apercebendo da ineficácia da dissimetria dos meios e dos métodos clássicos, perante os novos desafios que enfrentavam, tomando consciência de uma nova realidade que se tornaria um princípio básico da guerra moderna, ou seja, uma guerra simétrica favorece o forte, mas uma guerra assimétrica é favorável ao fraco. Sendo um confronto entre duas estruturas, uma guerrilheira e outra convencional, acentuadamente dissimétricas, o fraco viu-se obrigado a recorrer a processos assimétricos e a uma guerra prolongada, desequilibrando a guerra a seu favor. Os responsáveis das forças armadas convencionais viram-se, por sua vez, forçados a rever as suas estruturas, doutrinas, conceitos e práticas, passando de modelos convencionais a forças de contraguerrilha. Era a tentativa de regressar a uma guerra simétrica que devolvesse a vantagem ao forte. Mas, entretanto, outros fatores se haviam imposto, nomeadamente no quadro político internacional e nos quadros políticos internos das potências coloniais, contribuindo para que, mesmo quando foi possível manter a guerra equilibrada no plano estratégico militar, já a tivessem perdido ao nível estratégico global.

Foi a este fenómeno que Henry Kissinger chamou a equação básica da guerrilha, aplicável a uma guerra prolongada: «[...] o exército de guerrilhas vence enquanto consegue não perder; o exército convencional perderá certamente se não conseguir uma vitória decisiva» ([180]). Kissinger ter-se-á inspirado em Raymond Aron, que já antes escrevera: «[...] nas guerras de libertação nacional [...] aos *partisans* basta não perderem para ganharem [...]» ([181]). Ivan Arreguín Toft assina um artigo muito interessante, «How the weak win wars», numa edição da revista *International Security*, de 2001, em que analisa, com grande rigor analítico, por que motivo as guerras irregulares prolongadas tendem a dar vantagem ao mais fraco ([182]). O mesmo fez o general Rupert Smith no seu já amplamente citado livro *A utilidade da força*. A eles voltaremos no final deste trabalho, quando abordarmos as novas guerras da globalização.

Todas as guerras de descolonização foram guerras prolongadas, acabando todas as potências coloniais a terem de ceder aos movimentos nacionalistas, num quadro em que, como referimos, esteve presente a relação das superpotências rivais da Guerra Fria, na Indochina, na Argélia, nas colónias portuguesas de África, Angola, Guiné e Moçambique. No caso português, em que os militares se foram progressivamente apercebendo de que a solução para a guerra colonial era política e não militar, é bem a prova da sua natureza clausewitziana, o reconhecimento de que a guerra é a continuação da política e não tem soluções quando a política falhou.

2.6. Guerra do Golfo: anúncio de viragem

A última guerra de tipo clausewitziano, clássica ou convencional, ocorreu no termo da Guerra Fria, mas não se inscreve na sua lógica ou em qualquer das outras *nuances* que acabámos de abordar. Sendo

([180]) *Op. cit.*, p. 547.

([181]) Aron, Raymond, *Penser la guerre II, l'âge planétaire*, France, Éditions Galimard, 1976, p. 187.

([182]) Arreguín-Toft, Ivan – «How the weak win wars», in *International Security*, vol. 26, n.º 1, Summer 2001.

ainda uma guerra de tipo clássico, já prenuncia, em alguns aspetos, as novas guerras da globalização e da revolução dos assuntos militares (RAM), de que começavam a sentir-se os primeiros sintomas. Iniciou-se no dia em que o presidente do Iraque, Saddam Hussein, ordenava a invasão do Kuwait, que constituiu a causa imediata de uma guerra que vinha sendo adiada. Por coincidência, ou talvez não, foi exatamente no mesmo dia, 2 de agosto de 1990, que o presidente norte-americano George H. Bush anunciava, com o seu discurso em Aspen, Colorado, a entrada na era da Nova Ordem Mundial, o sistema unipolar liderado pela única superpotência restante, os EUA, que substituiria a bipolaridade da Guerra Fria.

Face à recusa do Iraque em aceitar a exigência da ONU de retirar as suas tropas do Kuwait, o Conselho de Segurança da ONU decidiu mandatar a intervenção de uma coligação internacional liderada pelos EUA, para expulsar as forças iraquianas do emirado vizinho. Foi a operação Tempestade no Deserto, e o conflito passou à história como a Guerra do Golfo (1990-1991), uma guerra clausewitziana pura, de tipo convencional, simétrica, entre entidades políticas, Estados e coligações de Estados, com objetivos racionais definidos pelos poderes políticos, travada por forças armadas institucionais.

As suas causas e os interesses em jogo, quer na iniciativa do Iraque quer na resposta dos EUA e dos Estados integrantes da coligação, tinham contornos políticos, prioritariamente relacionados com a soberania e as fronteiras do Kuwait, que Bagdade contestava, com o espaço vital e o controlo de uma posição geoestratégica sensível, Chatt-el-Arab, que estrangula as saídas do Iraque para o golfo Pérsico, com a rivalidade entre o Iraque e a Arábia Saudita pela hegemonia regional. Mas havia também causas económicas, o petróleo, sempre presente nos conflitos daquela região e a calamitosa economia do Iraque, depois da guerra com o Irão. Era um conjunto de fatores bem à medida das guerras clássicas da era clausewitziana.

Mas também já se perfilavam outros fatores que viriam a sobressair no naipe das novas ameaças da RAM, como a proliferação de armas nucleares, a cuja posse o Iraque era acusado de ambicionar. Por esse motivo já fora alvo, em 1981, de um ataque preventivo de Israel contra as suas instalações de Osirak. Aponta-se a Guerra do Golfo como tendo estado na origem da opção pela contraproliferação nuclear, em prejuízo da não-proliferação nuclear, matéria que se inscreve no domínio da RAM e que adiante trataremos em pormenor.

Sendo ainda uma guerra de tipo clássico foi aí que, pela primeira vez, o Pentágono testou a eficácia das novas tecnologias de armas e equipamentos militares, nomeadamente de meios aéreos furtivos, não tripulados, de grande precisão, capazes de neutralizar as defesas antiaéreas inimigas, proporcionando a Washington a primeira oportunidade para exibir todo o aparato militar do seu ascendente mundial. Entrava em cena toda a gama da nova geração dos armamentos robotizados, correspondentes à unipolaridade da Nova Ordem Mundial anunciada por George H. Bush. Para os EUA, era a convicção de que os conflitos de baixa intensidade, na periferia do sistema, teriam rápida resolução através da aplicação do seu esmagador potencial dissimétrico. Pela primeira vez se ensaiaram os passos iniciais das guerras pós-clausewitzianas da RAM na perspetiva do Pentágono. Os EUA puderam, numa primeira fase, conduzir uma estratégia exclusivamente aérea, pela conquista absoluta da supremacia aérea e neutralização total dos meios antiaéreos e de comando e controlo iraquianos, que lhe permitiram, depois, uma atuação das forças terrestres quase sem oposição e com um mínimo de baixas. A ação devastadora dos meios aéreos não decidiu, por si só, o desfecho da guerra, mas preparou e facilitou a intervenção das forças terrestres que se seguiu e que expulsaram as forças iraquianas invasoras. Mas não foi ainda uma guerra no âmbito da RAM porque a outra parte, o mais fraco, só reagiu por meios clássicos, sendo por isso votada a uma derrota rápida e inevitável. As novas guerras perfilavam-se no horizonte, mas ainda não tinha chegado a sua hora.

Outro aspeto em que a Guerra do Golfo violou os cânones das guerras clausewitzianas teve a ver com o facto de a coligação vencedora não ter levado a guerra até às últimas consequências, a derrota absoluta do inimigo com a invasão do Iraque e o derrube do seu poder político. É certo que o mandato da ONU não o contemplava, só ia até à expulsão das tropas iraquianas do Kuwait, mas o facto de a coligação ter aceitado os condicionamentos de uma guerra limitada era indiciador de novos tempos.

Limitada a guerra, foi também limitada a vitória da coligação, que se traduziu na libertação do Kuwait e na destruição de grande parte do potencial militar do Iraque. E verificou-se uma inovação, a definição de uma Zona de Exclusão Aérea (ZEA) que abrangia a totalidade do espaço aéreo iraquiano, impedido de usar meios aéreos para repressão contra eventuais contestações internas, de que resultou uma maior afirmação nas zonas de predominância xiita e curda, que incluíam as maiores reservas de petróleo, principalmente para esta última, onde passou a vigorar uma quase autonomia.

Em resumo, o Iraque passou a viver sob tutela não declarada da ONU, exercida pelos EUA e com um estatuto de soberania limitada, que passou por sucessivas intervenções aéreas, sempre que os EUA encontravam pretextos para isso, mas evitando incursões terrestres.

3.

Período Pós-Moderno da RAM em curso

«Devemos desenvolver novos recursos cuja posse, por si só, desencoraje os adversários de competirem.».

(Donald Rumsfeld)

«As novas guerras são uma mistura de guerra, crime e violação dos direitos humanos.»

(Mary Kaldor)

Dissemos no Capítulo I que só com a passagem do milénio, do século XX para o século XXI, terminada a Guerra Fria e o sistema mundial bipolar, com a entrada na Nova Ordem Mundial da globalização e com o sistema unipolar liderado pelos EUA emergiu um tipo de conflitualidade que punha em causa os pilares do paradigma clausewitziano, assente no Estado-nação, nas forças armadas institucionais, na racionalidade da guerra enquanto instrumento da política.

A Guerra do Golfo, em 1991, foi o primeiro sinal da viragem, mas os conflitos mais problemáticos que, imediatamente a seguir, ocorreriam, verificaram-se em condições e por causas que a generalidade dos analistas não previra, como o desmembramento da URSS e da Federação Jugoslava, dando lugar a dinâmicas cisionistas e irredentistas em duas áreas historicamente muito sensíveis, os Balcãs e o Cáucaso.

Mas havia mais violência dispersa e, na Nova Ordem Mundial, a conflitualidade tem a marca da globalização, isto é, mesmo quando locais ou regionais, os conflitos afetam a humanidade no seu conjunto. Por várias razões: porque, com o fenómeno migratório, já não há regiões isoladas do mundo; porque a força dos novos *media* mantém toda a gente em contacto permanente com tudo o que se passa em toda a parte; porque o mercado global é sensível às perturbações, ainda que localizadas; e, acima de tudo, porque a hiperpotência que lidera o sistema das relações internacionais, tendo interesses à dimensão global, se sente afetada por todos os conflitos, ocorram estes onde ocorrerem.

A guerra começava a ser questionada num quadro de mudanças que viria a ser conhecido por revolução nos assuntos militares (RAM) a que, neste período particular da Era Pós-Moderna, alguns chamam RAM em curso ou atual para, como deixámos expresso, a distinguir da RAM clausewitziana como, por analogia, identificámos as ruturas verificadas com a entrada na Era Moderna. Nós, aqui, passaremos a designá-la, simplesmente, por RAM ou por RAM em curso.

3.1. **RAM em curso**

Foi ainda em plena Guerra Fria, na década de sessenta que, na URSS, o então ministro da Defesa, o marechal Nikolai Ogarkov, apercebendo-se do atraso que, na área das novas tecnologias, afetava a eficácia das forças armadas soviéticas, determinou uma profunda renovação a que chamou revolução técnico-militar visando eliminar o atraso em relação à superpotência rival. Sem sucesso, pois foram os EUA que, na década de oitenta, através de volumosos investimentos em Investigação e Desenvolvimento (R&D) na aplicação das tecnologias emergentes na área militar, se distanciaram, irreversivelmente, em relação a todos os competidores, aliados ou inimigos potenciais. Iniciavam o processo que, na sequência de uma reflexão de especialistas em ciências militares, denominaram por *revolution in military affairs* (RMA) que, na tradução portuguesa, dá lugar à sigla RAM. Não vamos repetir o que entendemos por

RAM, as quatro componentes que a configuram, tecnológica, organizacional, conceptual e doutrinária, que desenvolvemos no início deste Capítulo III mas, apenas, destacar como esta reflexão teórica se aplica à tipologia dos conflitos da Era Pós-Moderna da globalização.

3.1.1. *Componente tecnológica*

A origem da RAM em curso reside na tecnologia, na vertiginosa evolução tecnológica da era da informação, computorização e robotização, dos avanços no conhecimento intensivo, que, em terminologia militar, se condensa na fórmula C4I+SR, ou seja, Comando, Controlo, Comunicações, Computorização e Informação, mais Vigilância e Reconhecimento.

Evidentemente que esta evolução vem na sequência da modernização já verificada no período anterior, nomeadamente com a corrida armamentista nuclear e dos vetores de lançamento, que exigiram um enorme investimento na área da computorização, mas que depois se alargou a todos os sectores da vida moderna, civil e militar. Com a eletrónica, surgiam as chamadas armas inteligentes, com capacidade própria para selecionar alvos, corrigir trajetórias, furtar-se a sistemas defensivos. Esta evolução incidiria sobre todos os tipos de armamentos, individuais e coletivos, ligeiros e pesados, de todos os ramos, terrestre, naval e aéreo, mas apostando, decididamente, em determinados sectores que se pensava poderem decidir os conflitos em tempos mínimos e com custos humanos e materiais reduzidos. Depois das armas de destruição maciça, da era do nuclear, chegavam as armas cirúrgicas, com precisão pontual e instantânea, que reduziriam os danos, nomeadamente os chamados danos colaterais, isto é, de não combatentes. Por outro lado, com os meios de deteção e neutralização das defesas e sistemas de comando e ligação inimigas, com base nas redes de satélites artificiais, assegurava-se um domínio total do campo de batalha, garantindo, também, baixas insignificantes e aceitáveis para os respetivos combatentes.

Estas inovações tecnológicas incidiriam, com principal relevo, na força aérea, particularmente em veículos não tripulados, os drones, visando dispensar a intervenção de forças terrestres e o confronto direto com forças inimigas que exigissem grandes operações terrestres. Mas as forças de superfície não deixavam de ser também contempladas com armamentos e equipamentos altamente sofisticados, armas inteligentes dotadas de reatores laser, sistemas de visão noturna e de identificação do campo de batalha, meios de orientação GPS, meios de transmissão individuais, transformando cada combatente num sistema. E os robôs e veículos não tripulados também chegaram ao exército e à marinha. Em muitos aspetos, entrava-se naquilo a que muitos chamavam guerras virtuais, porque iam progressivamente dispensando a presença humana na frente de combate. Mitos que, como veremos adiante, o tempo se encarregaria de fazer ruir, clamorosamente.

Constata-se que todos os EEC foram atingidos por este processo evolutivo mas, se algum merece destaque, é o do comando/ligação. Assegurada que está a ligação entre todos os níveis, político, estratégico, tático e logístico, entre todos os escalões, quartéis-generais, unidades combatentes, unidades de serviços e administrativas, até ao combatente individual, entre as retaguardas e as frentes de combate, o comandante supremo pode, no seu gabinete, em qualquer momento, estabelecer contacto com qualquer pequena unidade em operações em qualquer lugar e, mesmo, com um soldado numa operação especial. Este fenómeno, até certo ponto, introduz algo de subversivo nas tradicionais cadeias de comando, em que as ordens e informações percorriam, em sentido descendente e em sentido ascendente, os diversos escalões da hierarquia, sendo impensável que um comandante fosse curto-circuitado, pelos seus superiores, nos contactos com os seus subordinados.

Paradoxalmente, há aqui efeitos contrários pois, se por um lado, as melhores tecnologias conferem maior autonomia, até às pequenas unidades, para atuarem a grandes distâncias, por outro também, garantem aos mais altos comandos maior capacidade de controlo para acompanharem as unidades na execução das ordens recebidas, limitando essa autonomia.

3.1.2. *Componente organizacional*

Na componente organizacional, vamos mais uma vez distinguir dois níveis, o macro e institucional e o micro e estrutural. No primeiro, assiste-se a uma das maiores ruturas com o paradigma clausewitziano, com a passagem da instituição militar do modelo institucional para o modelo ocupacional. É o fim da nação em armas, do serviço militar geral e obrigatório, do modelo de forças armadas com recrutamento baseado na conscrição e reservado a cidadãos nacionais, em que se assegurassem os laços afetivos entre sociedade e instituição militar. Em sua substituição, introduz-se o modelo de forças armadas profissionais, reflexo fiel da era da globalização, em que se tende a valorizar a tecnocracia e pretensos ganhos de eficácia. Baseiam-se no recrutamento voluntário, com os seus tendenciais e perversos desvios para a mercenarização, a internacionalização e a privatização, através de empresas militares privadas, desenraizadas do ambiente social envolvente. Vários autores salientam, precisamente, que uma característica da instituição militar pós-moderna é a tendência para se separar das estruturas nacionais. Por exemplo, Anthony Forster frisa que:

> «[...] na última década é a mudança no ambiente técnico e societal que está a alterar profundamente o relacionamento das sociedades com as suas forças armadas [...]. Uma questão é em que medida as forças armadas podem ser diferentes da sociedade para cuja proteção foram criadas» ([183]).

A resposta a esta preocupação de Forster é que as forças armadas desta era pós-moderna não estão prioritariamente vocacionadas para a proteção das respetivas sociedades ou para o cumprimento de missões nacionais, mas para atuação além-fronteiras, no cumprimento de missões da ONU ou de outras instâncias internacionais. É, em certa medida, o regresso a modelos das forças armadas do Antigo Regime, anterior à RAM clausewitziana e tem a ver com o tipo de guerra em que se prevê que possam ser chamadas a participar, fora dos espaços nacionais e que pouco têm a ver com defesa de interesses nacionais.

Por outro lado, verifica-se o progressivo esbatimento, no interior da instituição militar, da distinção entre civis e militares, entre militares combatentes e não combatentes, entre especialistas e tropa de linha, entre os vários escalões hierárquicos e entre os diferentes ramos das forças armadas.

([183]) FORSTER, Anthony, *Armed forces and society in Europe*, Londres, Palgrave Macmillan, 2006, p. 6.

*

Ao nível micro e estrutural, destaque-se a tendência para a valorização de dois princípios, integração e flexibilidade, passando pela constituição de grandes unidades associando forças dos três ramos das forças armadas, exército, marinha e força aérea e de Estados diversos, aquilo a que se chama grupos de forças combinadas conjuntas (GFCC). Nos EUA deu lugar ao *Future Combat System* (FCS), um sistema em rede, integrador de sistemas e que vai até ao combatente individual, ele próprio, como se referiu, um sistema. Já na URSS, este sistema tinha sido ensaiado com os grupos operacionais de manobra (GOM), destinados a ações fulminantes, pelo movimento e pelo choque, que penetrassem bem no interior dos campos inimigos para atuarem sobre alvos muito sensíveis, postos de comando, sistemas nucleares, defesas antiaéreas, sistemas de comunicações, pontos de interesse estratégico. Toda esta estrutura, integrada, está orientada para a projeção de forças, portanto, para guerras conduzidas longe do território nacional e por períodos mais ou menos prolongados.

Também no patamar tático deixa de haver unidades previamente constituídas, permanentes, rígidas, mesmo nos escalões mais baixos. As forças operacionais são organizadas na base do sistema modular, flexível, isto é, não há unidades, mas módulos, que podem ser agrupados avulso, conforme as tarefas a executar. Os módulos são pequenos grupos de militares, constituídos de acordo com uma lógica funcional, servindo uma determinada arma, um equipamento especial, uma tarefa específica que, quando reunidos, deverão somar valências adequadas a determinada missão.

3.1.3. *Componente conceptual*

Mais uma vez, é no campo conceptual e doutrinário que as ruturas são mais radicais e que melhor tipificam a RAM. A base da rutura com a componente conceptual da RAM clausewitziana está na perceção, à dimensão planetária, regional, nacional ou local, de um clima de instabilidade, de incerteza, de imprevisibilidade, de uma violência latente, quando não efetiva, que compreende um conjunto de novas ameaças de contornos imprecisos e que estão na origem de alguns paradoxos nas respostas estratégicas que suscitam. Com as novas tecnologias, os riscos, as ameaças, os conflitos mudaram radicalmente de sinal, os objetivos visados são difusos, são outros os atores em confronto e não é fácil identificá-los. Os sofisticados instrumentos de coação disponíveis ultrapassam o senso comum, parecendo saídos do mundo da ficção, mas dificilmente se ajustam às missões a que se destinam.

Ao contrário das antigas ameaças tradicionais, concretas, objetivas e com nomes próprios, com maiúscula, França, Alemanha ou Reino Unido, EUA ou URSS, OTAN ou PV, China ou Japão, as novas ameaças da era da globalização são difusas, incertas, com nomes comuns e letra minúscula. Nas novas guerras, identificam-se ameaças como a pobreza, o crime, a droga, o fundamentalismo, o terrorismo, a proliferação nuclear, adversários subjetivos e, portanto, muito difíceis de enfrentar.

Se se proceder a um apanhado das novas ameaças identificadas por alguns dos atores mais significativos da cena internacional, através dos seus documentos estratégicos fundamentais, como o Relatório de Kofi Annan, secretário-geral da ONU de 2005 ([184]), o Documento Solana, alto representante da União Europeia (UE) para política externa e de segurança de 2003 ([185]), o Conceito Estratégico da OTAN de 1999 ([186]), a Diretiva da Casa Branca de 2002 ([187]), encontra-se uma gama muito diversificada de ameaças mas verifica-se que há três que lhes são comuns e que, portanto, podem considerar-se como as grandes ameaças da atualidade. São elas o terrorismo global, a criminalidade transnacional organizada e a proliferação de armas de destruição maciça, nomeadamente das armas nucleares.

([184]) ANNAN, Kofi, *Em maior liberdade: desenvolvimento, segurança e direitos humanos para todos*, Nova Iorque, Relatório à Assembleia-Geral da ONU, março, 2005.

([185]) SOLANA, Javier, «Uma Europa segura num mundo melhor», in *Nação e defesa*, n.º 106, Lisboa, IDN, outono-inverno 2003.

([186]) *Nação e defesa*, n.º 89, Lisboa, IDN, primavera 1999, pp. 163 a 191.

([187]) *The National Security Strategy of the United States of America*, 17 setembro 2002. Diretiva anual da Casa Branca; a de 2002 reflete as opções estratégicas na sequência do 11 de Setembro de 2001; as dos anos seguintes são adaptações desta.

*

Dissemos que o terrorismo sempre existiu desde que há guerras, mas que era entendido como uma modalidade de violência ou de ações que se inscreviam no quadro geral da forma de guerra irregular, que se verificaram em todos os tipos de guerra, internas ou internacionais, clássicas ou subversivas, imperiais ou de libertação, clausewitzianas ou pré-clausewitzianas. E que ocorreram em todas as épocas da evolução da guerra. E o terrorismo também acompanhou a evolução tecnológica, aproveitando os instrumentos bélicos de cada época, passando da arma branca à arma de fogo, da armadilha mecânica rudimentar à mina comandada à distância, do engenho incendiário artesanal ao sofisticado e potente explosivo acionado eletronicamente, do veneno medicinal caseiro ao produto químico, biológico ou bacteriológico. Sempre teve como alvo pessoas, seletiva ou indiscriminadamente, vias ou meios de comunicação terrestres, navais, aéreos ou telecomunicações, estruturas industriais, urbanas ou do poder. Receia-se que hoje possa ter acesso a sistemas informatizados ou armas de destruição maciça.

O que é novo, nesta época da RAM em curso, é que o terrorismo assumiu outra dimensão e outro estatuto, deixou de ser identificado com uma forma de guerra esporádica, inserida em tipos de guerra de escala mais vasta, e passou a ser encarado como um tipo de guerra autónomo, a exigir adequadas respostas estratégicas. Vai criando raízes a nova terminologia da guerra ao terrorismo global.

Polemologicamente, caso se considere uma guerra, o que muitos contestam, pode ser incluído no âmbito da guerra irregular, com a particularidade de, ao contrário da generalidade das guerras deste tipo, não ser interna. Andreas Behnke ([188]) considera-o produto da globalização e chama-lhe a guerrilha da nova era. O terrorismo global não se reduz a iniciativas de grupos islâmicos extremistas, como no Ocidente há tendência para circunscrever, mas a verdade é que, na era atual, as ações terroristas de maior envergadura têm sido por eles reivindicadas. Em termos mais gerais, não será abusivo dizer que terrorismo e fundamentalismo religioso, independentemente da sua filiação, andam intimamente associados.

([188]) Behnk, Andreas, «Terrorising the political: 9/11 within the context of the globalization of violence», in *Millennium*, vol. 33, n.º 2, Londres, 2004.

*

Foi a partir dos anos noventa do século passado que se começou a falar de criminalidade transnacional organizada. É um flagelo da era da globalização e, em parte, também seu produto, porque beneficia da abertura das fronteiras, da mobilidade de pessoas, mercadorias e capitais, da internacionalização da economia, da crescente fragilidade do Estado-nação e, muito em especial, das novas tecnologias da informatização, dos transportes e da comunicação.

A criminalidade transnacional organizada assenta numa rede de grupos com laços profissionais ou familiares, com estruturas hierárquicas bem definidas, com influência em áreas do poder, político, económico, securitário ou dos *media*, que recorrem a processos e meios cada vez mais sofisticados, mas sempre baseados na corrupção e coação, violenta ou intimidatória. As suas áreas de atividades mais lucrativas incidem no tráfico de droga, no tráfico de armas, na migração clandestina e moderna escravatura, no comércio de órgãos humanos, na pirataria marítima, no branqueamento de capitais, no cibercrime e no contrabando diverso. Estas diversas áreas não são estanques, havendo mesmo algumas que são transversais a toda a criminalidade transnacional organizada, como o cibercrime e o branqueamento de capitais.

É uma área que progressivamente foi sendo encarada como uma ameaça à segurança, já não apenas de pessoas e de grupos, mas nacional e internacional. Está identificada com grupos que, associados a sectores que conduzem guerras assimétricas, beneficiam de acolhimento em Estados falhados ou Estados frágeis, que resultaram de dinâmicas cisionistas no final da Guerra Fria e sofrem crises de soberania. Foi, em grande parte, nestes campos de violência organizada que Mary Kaldor localizou os conflitos a que chamou novas guerras, que Philippe Engelhard identificou com a terceira guerra mundial que já estará em curso, que Rupert Smith denomina guerra no seio do povo e que Martin Van Creveld considera ser o tipo de conflito armado mais importante do nosso tempo. É um tipo de atividade que, de certa forma, apanhou de surpresa os Estados e as estruturas da chamada comunidade internacional e que tem andado à frente da capacidade de repressão destes, até porque exige também cooperação internacional. E há, em muitos sectores, a convicção de que as próprias instâncias e fóruns internacionais, de combate à criminalidade transnacional organizada, estão por ela infiltrados.

*

Em relação às armas nucleares, não se coloca, agora, o cenário da Guerra Fria, a ameaça de uma guerra nuclear entre superpotências dispondo de todo o arsenal da tríade e das armas nucleares, estratégicas e táticas. A ameaça nuclear da RAM em curso é a proliferação.

A proliferação das armas nucleares tornara-se inevitável desde que as primeiras tentativas dos EUA, em 1946, para assegurarem o monopólio, foram votadas ao fracasso. O clima da Guerra Fria não gerava confiança e favorecia a proliferação, o que causou preocupação no seio do próprio clube nuclear. Foi assim que, em 1968, quando as potências nucleares já excediam os dedos de uma mão e mais se perfilavam no horizonte, surgiu o Tratado de Não Proliferação de Armas Nucleares (TNP), que se tornaria o eixo da estratégia para combater a proliferação.

O TNP é um documento curto (onze artigos) e de formulação simples e há dois artigos que são particularmente importantes na definição do seu espírito. Reza o artigo II, de forma resumida, que cada Estado não possuidor se compromete a não fabricar ou adquirir armas nucleares ou outros dispositivos nucleares explosivos. E o artigo VI, também resumidamente, estipula que cada uma das partes do tratado se compromete a efetuar negociações de boa-fé, sobre medidas eficazes relativas à cessação da corrida aos armamentos nucleares numa data próxima e sobre um tratado de desarmamento nuclear geral e completo.

Estes artigos configuram o que passou a chamar-se não proliferação horizontal, isto é, impedir que surjam novos Estados possuidores e não proliferação vertical, ou seja, travar a escalada e inverter a dinâmica armamentista dos Estados possuidores, que devem caminhar para o nível zero. De facto, só o respeito pelas duas componentes, horizontal e vertical, torna o tratado equilibrado e aceitável, porque só a renúncia aos atuais arsenais legitima o impedimento de novos possuidores, como só a garantia de que não haverá novos possuidores justifica que os atuais deixem de o ser.

Mas o TNP nasceu fragilizado, com alguns equívocos e contradições e uma linguagem ambígua, que o sujeita a interpretações distintas e mesmo opostas, consoante as conveniências. A referência a possuidores e não possuidores leva alguns a considerarem que consagra uma situação *de facto* e a sua eternização. Na realidade, a situação *de facto* é constatada, mas é abusivo considerar que favorece uns em relação a outros, porque prescreve obrigações a ambos, diferenciadas, mas ajustadas aos respetivos estatutos: não possuidores não se armam, possuidores desarmam. Há ainda quem pense, aqui talvez com mais fundamento, que é mais taxativo em relação à proliferação horizontal, cujas prescrições têm aplicação imediata e permitem uma avaliação concreta do seu cumprimento, do que contra a proliferação vertical, com uma perspetiva mais tendencial, mais laxista, porque não estabelece prazos ou tarefas objetivas.

Acresce que o TNP só compromete os subscritores, deixando estes em situação de desigualdade face aos que não o subscreveram, que já havia e continua a haver, quer entre os possuidores quer entre os não possuidores.

Por fim o TNP é permissivo porque não estabelece mecanismos de garantia pelo seu respeito, abrindo espaço à lei do mais forte, o que o torna desequilibrado. Sendo os mais fortes os Estados possuidores, que dominam o Conselho de Segurança da ONU, estes tentam impor o cumprimento do artigo II, enquanto ignoram impunemente o artigo VI.

Como consequência o TNP tem falhado, incapaz de impedir a proliferação, quer horizontal quer vertical. Novos possuidores foram surgindo, assumidamente ou não e da parte dos já possuidores a violação é permanente, pelo aperfeiçoamento dos seus arsenais e pela declarada demonstração de nem sequer admitirem o desarmamento total e completo, visando o nível zero.

Ainda que os EUA e a Rússia já tenham procedido à destruição de engenhos estratégicos, isso não se inscreve na lógica do TNP, mas em negociações bilaterais e na eliminação de sistemas obsoletos, ou inúteis, na atual conjuntura. O nuclear continua a ser uma prioridade das suas políticas de defesa, agora orientada para a miniaturização dos engenhos e para a instalação de sistemas antimísseis. Miniaturização e escudos antimísseis inscrevem-se na mesma lógica, encarar a arma nuclear como arma de emprego, deixando cair a dissuasão que a tornara arma de não emprego.

O desrespeito pelo TNP tem significado o seu esvaziamento, o que coloca a ameaça nuclear sob nova perspetiva. E há o perigo, remoto mas possível, de grupos terroristas terem acesso a engenhos nucleares que é, na atual conjuntura, a ameaça mais perigosa, mas não a mais provável.

*

Como novas ameaças exigem novas estratégias para as enfrentar, é exatamente nesse domínio que incide o essencial das alterações conceptuais da RAM.

O ponto de partida é a evolução tecnológica e o fosso dissimétrico que dela resulta, entre os que têm acesso às novas tecnologias, o centro e os que delas estão arredados, as periferias. Este fosso dissimétrico dá lugar a uma dialética que se desenvolve segundo um raciocínio lógico: a evolução tecnológica dá lugar a novas guerras que envolvem novas ameaças, novos meios de coação, novas organizações e que exigem novas estratégias; como a evolução tecnológica não está ao alcance de todos os atores da cena internacional, está, pelo contrário, marcada por enormes disparidades, tendo num extremo a hiperpotência dominante do sistema, os EUA e no outro os Estados falhados ou grupos marginais, assentando a RAM numa vincada dissimetria entre fortes e fracos; o fraco, ciente de que não pode confrontar-se com o forte com meios e processos simétricos, opta por processos diferentes adaptados à sua inferioridade dissimétrica, ou seja, estratégias assimétricas.

Isto é, a estratégia da RAM resulta do binómio dissimetria/assimetria, suscitado por uma dinâmica segundo a qual a evolução tecnológica conduz a potenciais dissimétricos e estes atraem estratégias assimétricas. É uma clara rutura com o pensamento clausewitziano, cuja reflexão pressupunha uma guerra opondo potenciais e estratégias simétricas.

Estamos perante um paradoxo que importa detalhar.

Que o objetivo do desenvolvimento tecnológico militar consiste na busca de superioridade com vista ao estabelecimento de potenciais dissimétricos parece óbvio. Sempre foi assim ao longo da história, desde a disputa entre o gládio e o escudo e, no limite, com a busca da arma absoluta, mas que só é absoluta enquanto o outro não tem acesso à mesma ou não a ultrapassa. A corrida armamentista da

Guerra Fria, nomeadamente a paranoia da corrida nuclear, foi a expressão desta realidade levada ao absurdo. O investimento tecnológico da RAM não foge à regra. Os EUA, para além de serem já, a grande distância, a maior potência militar do mundo, exibem nos seus orçamentos anuais a determinação de manter esse estatuto e, mais, de o reforçar. Foi uma opção deliberadamente assumida, por exemplo, na Diretiva da Casa Branca de 2002: «As nossas forças serão suficientemente fortes para dissuadir adversários potenciais de prosseguirem na edificação de uma estrutura militar com o fim de ultrapassar, ou mesmo igualar, o poder dos Estados Unidos». E o então secretário da Defesa, Donald Rumsfeld, no artigo citado, escrevia:

> «[...] sabemos que por os Estados Unidos disporem de um poder sem paralelo em terra, no mar e no ar, não faz sentido a potenciais adversários tentarem competir diretamente connosco [...] devemos desenvolver novos recursos cuja posse, por si só, desencoraje os adversários de competirem».

Rumsfeld estava ciente de que esta opção ia gerar, da parte do mais fraco, respostas assimétricas, pois rematava a frase anterior reconhecendo que «Por isso em vez de levantarem exércitos, marinhas e forças aéreas competitivas eles preferirão desafiar-nos assimetricamente descobrindo as nossas vulnerabilidades e tentarão explorá-las».

Assim é, de facto. À dissimetria do forte o fraco responde assimetricamente, constante histórica amplamente provada em guerras de libertação, insurreições ou resistência contra invasores, através da guerrilha e do terrorismo organizado. Diz Michael Krepon, em artigo na *Foreign Affairs*, que «A guerra assimétrica permite a um oponente mais fraco nivelar a batalha através de meios não ortodoxos» ([189]). E Ivan Arreguín-Toft publicou um artigo muito interessante na revista *International Security* cujo título, «How the weak win wars», é elucidativo. Citando Andrew Mack sobre as razões por que os fracos vencem guerras assimétricas e que passam pela relação entre potenciais, interesses e vulnerabilidades, considerava que

---

([189]) Krepon, Michael, «Lost in space», in *Foreign Affairs*, vol. 80, n.º 3, May-June 2001, p. 6.

potenciais dissimétricos determinam motivações diferentes em relação às quais o forte é mais vulnerável. Desta premissa Toft partia para a teoria da interação estratégica, segundo a qual um confronto entre estratégias do mesmo tipo (simétricas) favorece o forte, enquanto um confronto entre estratégias de tipos opostos (assimétricas) favorece o fraco. E concluía: «Os atores fortes perdem os conflitos assimétricos quando adotam a estratégia errada face aos seus adversários mais fracos» ([190]). Foi nesta linha que Henry Kissinger se pronunciou com a equação básica da guerra de guerrilha que citámos, para o que se terá inspirado em Raymond Aron que, no livro *Penser la guerre*, havia escrito:

> [...] nas guerras de libertação nacional [...] aos *partisans* basta não perderem, para ganharem [...] numa guerra de libertação nacional [...] à partida a superioridade do armamento e do número pertence ao detentor do poder [...] mas a superioridade do número e até do material, ameaça inverter-se com o tempo [...]

Aron juntava uma Nota 2, onde esclarecia: «Creio ter a responsabilidade desta fórmula que Henry Kissinger também utilizou» ([191]).

Este paradoxo constitui tema dominante do livro de Rupert Smith, que considera que, nas novas guerras, no novo paradigma da guerra no seio do povo, a dissimetria tecnológica não garante a eficácia: «[...] em muitas das circunstâncias nas quais hoje operamos [...] a força tem pouca utilidade» ([192]). Reconhece, implicitamente, o binómio dissimetria/assimetria:

> «A principal razão para esta tendência é o facto de os nossos adversários terem aprendido a posicionar-se abaixo do nível de utilidade dos nossos sistemas de armas. Aprenderam a não oferecer alvos que favoreçam as armas que possuímos e o modo como as utilizamos» ([193]).

([190]) Arreguín-Toft, Ivan, «How the weak win wars», in *International Security,* vol. 26, n.º 1, Summer 2001, pp. 104 a 123.

([191]) Aron, Raymond, *Penser la guerre II l'âge planétaire*, France, Éditions Gallimard, 1976, pp. 187 e 188.

([192]) *Op. cit.*, p. 28.

([193]) *Idem,* pp. 346 e 347.

E conclui, quase a encerrar o livro: «[...] hoje em dia, possuir vantagem tecnológica não é suficiente; só por si não constitui uma mais-valia» ([194]). Em suma, o que Smith diz é que a paranoica corrida armamentista, pelos Estados do núcleo duro do sistema global, que têm acesso aos imensos recursos do desenvolvimento tecnológico, não confere qualquer utilidade nas novas guerras em que vão envolver-se com Estados ou outros atores da periferia do sistema.

Eis, em síntese, um grande paradoxo estratégico da RAM: com o domínio e desenvolvimento das inovações tecnológicas, o forte cultiva a dissimetria como garantia de uma superioridade absoluta; o fraco, marginalizado na corrida tecnológica, busca respostas em formas de atuação assimétricas que o favorecem; o forte vê-se obrigado a procurar a simetria estratégica que lhe é favorável ao nível do fraco, no qual a vantagem dissimétrica se revela inútil.

*

Mas há um segundo paradoxo estratégico na RAM decorrente da dissimetria e que se refere à deriva estratégica da dicotomia preempção/prevenção.

Há uma distinção de conteúdo bem definida, formal e mesmo legal, entre estes dois conceitos, ainda que, por vezes, não inocentemente, se tente confundi-los. Diz-se que uma ação, estratégia ou guerra é preemptiva quando uma parte que se sente ameaçada de ataque iminente toma a iniciativa e se antecipa, para neutralizar a agressão. Preempção significa, exatamente, ação por antecipação, sendo reconhecida, inclusivamente pela ONU, como legítima defesa. Pelo contrário, uma ação, estratégia ou guerra é preventiva quando, não estando iminente ou sendo previsível qualquer agressão, se invoca uma ameaça potencial e longínqua para justificar um ataque. Esta ação só pode ser legitimada por um prévio consentimento do Conselho de Segurança da ONU, sem o qual é considerada, pelo direito internacional, uma agressão.

O desequilíbrio dissimétrico e o sentimento de impunidade que confere ao mais forte incentivam-no a desencadear iniciativas preventivas, o que está vedado ao mais fraco, do qual, pelas respostas

---

([194]) *Idem*, p. 456.

a que se sujeitaria, não passariam de meras provocações. Portanto, ações preventivas pressupõem superioridade dissimétrica.

Os responsáveis das maiores potências conhecem bem esta distinção e a prova é que procuram legitimar ações preventivas classificando-as como preemptivas, aliviando-as assim da sua carga negativa. É este o espírito que, por exemplo, atravessa toda a Diretiva da Casa Branca de 2002 e Donald Rumsfeld, no artigo na *Foreign Affairs* que citámos, não deixa dúvidas: «[...] não devemos esperar que as ameaças surjam e sejam validadas, mas sim anteciparmo-nos antes que apareçam [...] defender os EUA exige prevenção e, por vezes, preempção». Rumsfeld conhece a distinção, mas inverte as prioridades, prevenção sempre, preempção eventualmente. E foi este mesmo espírito que presidiu à guerra de agressão dos EUA ao Iraque, em 2003, sem qualquer cobertura que a legitimasse.

Há vozes respeitadas, incluindo nos EUA, que denunciam este equívoco. Richard Haass, presidente do Conselho para as Relações Externas e diretor do Grupo de Planeamento Político do Departamento de Estado entre 2001 e 2003, em pleno mandato de George W. Bush, escreveu na revista *Foreign Affairs*:

> [...] um Estado reivindica o direito de atacar antecipando-se por ter a certeza de ir ser atacado. Isto é preempção no sentido clássico – algo muito diferente do uso que o presidente George W. Bush faz do termo que, de facto, deve antes ser entendido como prevenção [...]. Em tais circunstâncias, qualquer ataque dos EUA será preventivo, não preemptivo – o uso da força contra uma ameaça em formação, mas não iminente. ([195])

John Gaddis, professor em Yale, escreveu, na mesma revista:

> Preempção significa desencadear uma ação militar contra um Estado que estava pronto a lançar um ataque; a lei e a prática internacionais desde há muito permitem tais ações para prevenir perigos claros e imediatos. Prevenção significa iniciar uma guerra contra um Estado que pode, no futuro e até certo ponto, colocar alguns riscos. Ao desencadear a sua ofensiva pós-11 de Setembro, a administração

([195]) HAASS, Richard N., «Regime change and its limits», in *Foreign Affairs*, vol. 84, n.º 4, July/August, 2005, p. 72.

> Bush confundiu estes termos, usando a palavra preempção para justificar o que aparecia como uma guerra preventiva contra o Iraque de Saddam Hussein. ([196])

Michael Walzer, professor em Princeton e analista militar, escreveu, no livro *A guerra em debate*:

> [...] em West Point [...] o presidente Bush defendeu a necessidade e a justiça da guerra preemptiva contra o Iraque [...] a preempção não é uma descrição exata da ameaça do presidente. Ninguém está à espera de um ataque iraquiano amanhã ou na próxima terça-feira, por isso a preempção não tem razão de ser. A guerra que está a ser debatida é preventiva, não preemptiva [...] ([197]).

Michael Scheuer foi, até 2004, especialista da ameaça islâmica na Central Inteligence Agency (CIA), da qual se demitiu depois de ter publicado o livro *Orgulho imperial*. Escreveu, na «Introdução» deste livro:

> Nunca na nossa história foram tão necessárias ações preemptivas como na última década contra a ameaça iminente e letal de Bin Laden, da Al-Qaeda e dos seus aliados. Mas a invasão do Iraque não foi uma ação preemptiva. ([198])

O desvio terminológico é intelectualmente desonesto, mas o mais grave reside nas consequências perversas que a deriva preventiva acarreta. Em primeiro lugar, uma guerra ou uma simples ação preventiva, desencadeada sem a cobertura da ONU, denuncia uma opção unilateralista, arrastando, por isso, para o seu autor, consequências a ela inerentes, como fragilização militar e diplomática, perda de apoio interno, de credibilidade, de capacidade de influência.

([196]) GADDIS, John Lewis, «Grand strategy in the second term», in *Foreign Affairs*, vol. 84, n.º 1, January/February 2005, p. 4.

([197]) WALZER, Michael, *A guerra em debate*, Lisboa, Livros Cotovia, 2004, p. 160.

([198]) SCHEUER, Michael, *Orgulho imperial; porque está o Ocidente a perder a guerra contra o terrorismo*, Lisboa, Edições Sílabo, 2005, p. 21. N.A.: O tradutor traduziu erradamente *preemptive* por «preventiva», que eu, aqui, corrijo para «preemptiva».

Em segundo lugar, uma vez que se generaliza a convicção de que se está perante um ato de agressão, a potência em causa sai fragilizada na cena mundial, condicionada para intervir noutros focos de tensão, onde a sua presença poderia ser mais útil e consensual. E, em terceiro lugar, sendo uma manifestação evidente de superioridade dissimétrica, fomenta, da parte do fraco, respostas assimétricas, que vão prolongar o conflito e neutralizar os efeitos pretendidos com a ação preventiva, ou seja, eficácia e brevidade.

*

Um terceiro paradoxo das tendências estratégicas da RAM situa-se ao nível do nuclear, também resultante da disparidade dissimétrica.

A estratégia nuclear constitui um caso singular, que, pela sua própria natureza, evolui num ciclo ambíguo de dissimetria e simetria. Quando surge, em 1945, o objetivo dos EUA é assumirem uma superioridade absoluta e assegurarem o seu monopólio. Como sempre sucedeu com todas as pretensas armas absolutas, a bomba atómica só o foi até aparecer a nova potência atómica, a URSS, em 1949. Entrou-se, então, numa situação bivalente, simétrica, entre potências nucleares (o clube nuclear foi-se alargando a novos parceiros) e dissimétrica, entre estas e os outros. Deu lugar a um *apartheid* nuclear, pertencendo inicialmente ao clube nuclear todos e apenas os Estados-membros permanentes do Conselho de Segurança, o núcleo duro do sistema internacional. Foi então que se formalizou a terminologia «Estados possuidores» e «Estados não possuidores», visando perpetuar tais estatutos.

A simetria dentro do clube nuclear manteve-se, apesar da dinâmica de vertiginosa corrida armamentista, quantitativa e qualitativa, que distanciou as duas superpotências, mas sem alterar o equilíbrio simétrico, dado a arma nuclear ser um equilibrador estratégico independentemente do seu número e da sua potência, pelo efeito da dissuasão. Mas também se manteve rigidamente dissimétrica face aos não possuidores, aos quais não restava alternativa senão respostas não nucleares, logo, assimétricas.

Com a RAM em curso e a preocupação com as novas ameaças, nas quais se inclui a proliferação de armas nucleares, com destaque para a sua eventual associação com o terrorismo global, verificou-se, na prática, o abandono do TNP e do princípio da não proliferação e, em sua substituição, a aposta na contraproliferação. Chama-se contraproliferação à utilização da força, isto é, emprego ou ameaça de emprego de meios de coação, para impor unilateralmente a aplicação parcelar do TNP na sua componente horizontal. A contraproliferação é produto do potencial dissimétrico, mas mais, é produto da dissimetria nuclear, pois é da iniciativa de Estados possuidores que admitem mesmo recorrer a armas nucleares para imporem a não proliferação horizontal, desprezando as suas obrigações perante a não proliferação vertical. Washington inclui a contraproliferação na sua doutrina estratégica desde 1993, quando definiu uma nova doutrina militar, nela incorporando a Iniciativa de Defesa de Contraproliferação (DCI). Na Diretiva de 2002, pode ler-se: «A nossa estratégia abrangente para combater as ADM inclui: esforços de contraproliferação pró-ativa [...]. A contraproliferação deve ser integrada na doutrina, treino e equipamento das nossas forças [...]».

São vários os efeitos perversos que decorrem da contraproliferação. À cabeça, esvazia o TNP que é, apesar das suas contradições, o instrumento mais válido para travar a paranoia nuclear e credibilizar uma hipótese de desarmamento nuclear. A contraproliferação é a negação da não proliferação pois, no seu espírito, não está a eliminação do nuclear, mas, pelo contrário, a sua perpetuação, desde que reservada às «boas mãos». Assenta no maniqueísmo do *apartheid* nuclear, que distingue armas nucleares boas (as nossas) e armas nucleares más (as deles), ignorando que a utilização das armas, de qualquer tipo de armas, não depende de preconceitos éticos ou da natureza dos regimes políticos, mas das condições e da oportunidade de serem eficazmente utilizadas. É bom ter presente que a única utilização em conflito, até hoje, de armas nucleares, partiu de um regime considerado modelo das democracias ocidentais, o que comprova esta realidade. A arma nuclear foi utilizada porque a potência possuidora detinha o seu monopólio e não corria riscos de retaliação. Quando passou a ser partilhada, independentemente da natureza dos regimes que dela dispunham, nunca mais ocorreu o seu uso. O monopólio favorece o emprego (impunidade), e a partilha impede-o (dissuasão). Não se trata de fazer a apologia de uma proliferação generalizada, sistema em que a dissuasão não funcionaria mas, pelo contrário, de condenar a perda da oportunidade aberta pelo TNP para a desnuclearização total.

Segundo efeito perverso: a contraproliferação significará o prosseguimento da corrida ao nuclear. Já não aos armamentos estratégicos mas, como se referiu, às novas tecnologias da miniaturização, das chamadas armas nucleares táticas ou de teatro. Para além do risco de, pelos seus efeitos menos devastadores, se tornarem mais aceitáveis, logo, armas de emprego, são também mais suscetíveis de cair em mãos terroristas, as mais perigosas por se colocarem fora da lógica da dissuasão ([199]).

Outro aspeto perverso da contraproliferação é o seu contributo para a proliferação clandestina. Uma vez que os Estados possuidores quererão guardar para si o direito à posse controlada pelas instâncias reguladoras internacionais, os não possuidores, que não abdicarem do projeto nuclear, tenderão a persegui-lo à margem dessas instâncias. O TNP permite, pelo seu artigo IV, o desenvolvimento da energia nuclear, desde que para fins pacíficos. Há uma diferença significativa entre os níveis de enriquecimento de combustível para fins pacíficos e para fins militares, mas os sistemas de fiscalização não primam pela eficácia e dependem da cooperação dos Estados fiscalizados. São sempre possíveis situações ambíguas, como a do chamado modelo japonês, ou seja, não dispor de armas nucleares, mas do *know-how* e da tecnologia suficiente para, em qualquer momento, passar da produção nuclear para fins pacíficos à produção para fins militares. Se a proliferação nuclear já é, por si só, uma ameaça, a proliferação clandestina é um risco acrescido.

Não há muito tempo, em 2007, figuras proeminentes na política dos EUA, movidas por argumentos racionais, de sentido prático face à nova conjuntura internacional, juntaram as suas vozes à preservação do espírito do TNP. Henry Kissinger e George Shultz, ex-secretários de Estado, William Perry, ex-secretário da defesa, e Sum Nun, ex-presidente da Comissão Militar do Senado, subscreveram um apelo em defesa do TNP, destacando a eliminação total das armas nucleares, que foi apoiado por mais de dois terços de

---

([199]) Há, sobre esta matéria do terrorismo nuclear, um estudo muito interessante coordenado por Ferguson, Charles D., *Preventing catastrophic nuclear terrorism*, relatório do Council On Foreign Relations, CSR n.º 11, Nova Iorque, março 2006.

todos os antigos secretários de Estado, da Defesa e conselheiros de segurança nacional vivos e, ainda, pelos então candidatos à presidência dos EUA, Barack Obama e John McCain ([200]). Foi, pelo menos, a mais mediática condenação da contraproliferação.

Já como presidente dos EUA, Barack Obama proferiu um importante discurso em Praga, a 5 de abril de 2009 no qual, pela primeira vez, o presidente de um Estado possuidor e, até, o da maior potência nuclear assumia uma leitura frontal e transparente do TNP, exatamente na linha da interpretação aqui produzida. Vale a pena citar o presidente Obama:

> [...] reforçaremos o Tratado de Não Proliferação de Armas Nucleares como base da cooperação. A base da negociação é simples: países com armas nucleares avançarão para o desarmamento, países sem armas nucleares não as adquirirão; e todos os países poderão aceder a energia nuclear pacífica [...].

E chamou também, corajosamente, a atenção para a especial responsabilidade dos EUA na não proliferação: «[...] como potência nuclear – como a única potência que usou uma arma nuclear – os Estados Unidos têm uma responsabilidade moral de agir».

Várias posições posteriores não têm sido muito coerentes com estas palavras, mas estas estão registadas e, pelo menos, são um sinal de que a administração norte-americana poderá não estar completamente fechada à revisão da opção pela contraproliferação.

3.1.4. *Componente doutrinária*

Por último, é na componente doutrinária da RAM que se deteta a mais nítida rutura com o paradigma clausewitziano que predominou nos séculos XIX e XX, correspondente a um novo entendimento da própria natureza da guerra, da filosofia da guerra, enquanto fenómeno violento que opõe seres racionais ou sociedades politicamente organizadas. Trata-se de uma rutura que se verifica com o aparecimento de conflitos a que se tem chamando novas guerras, mas para os quais há inúmeras designações, desde conflitos de baixa

---

([200]) Daalder, Ivo, e Lodal, Jan, «The logic of zero», in *Foreign Affairs*, vol. 87, n.º 6, November/December 2008.

intensidade, guerras de quarta geração, guerras pós-modernas, ciberguerras, etc., etc.

Já citámos Martin Van Creveld, que se referiu às guerras do futuro de forma radical, como ações de terroristas, guerrilheiros, bandidos, assaltantes de estrada, deixando de ser função dos exércitos. Quando escreve que «O conceito trinitário apaga-se onde a força armada é acionada por entidades sociais que não são Estados, contra organizações que não são exércitos e contra indivíduos que não são soldados na aceção moderna do termo» ([201]) está, exatamente, a pôr em destaque que estamos perante a antítese do paradigma clausewitziano.

O mesmo se passa com Didier Bigo no texto «Nouveaux regards sur les conflits», com que participa no livro *Les nouvelles relations internationales. Pratiques et théories*. Este autor não tem dúvidas de que há uma «[...] renovação teórica dos estudos sobre a guerra», pondo em relevo duas tendências divergentes sobre a interpretação das origens desta renovação. Uma defende que a renovação resulta da mudança do sistema internacional, do fim da bipolaridade, e outra que é consequência de uma nova relação do indivíduo com o espaço e com o meio social, com o encerramento da era vestefaliana, com a privatização da violência. O autor opta pela segunda, considerando que:

> «[...] a transformação dos conflitos é resultante do esgotamento do modelo vestefaliano [...] sob o ângulo prático com a crescente indistinção das fronteiras [...] sob o ângulo simbólico com o fim da pertinência da diferença entre o Estado e os outros atores» ([202]).

Para Mary Kaldor «[...] as novas guerras são [...] uma mistura de guerra, crime e violação dos direitos humanos [...]» ([203]), assinalando ainda que, com as novas guerras, se põe termo a um outro paradigma, o de Max Weber ([204]), segundo o qual o Estado é o único detentor do monopólio da violência legítima.

([201]) *Op. cit.*, p. 102.

([202]) BIGO, Didier, «Nouveaux regards sur les conflits», in *Les nouvelles relations internationales. Pratiques et théories*, Paris, Presses de Sciences P°, 1998, p. 329.

([203]) *Op. cit.*, p. 11.

([204]) WEBER, Max, *A política como profissão*, Lisboa, Edições Universitárias Lusófonas, 2000, p. 115.

Também Rupert Smith quando afirma, categoricamente, que «[...] a guerra industrial deixou de existir [...] o que mudou foi o próprio conceito de guerra: mudou para um novo paradigma [...] é a guerra no seio *do povo* [...]» ([205]), está a considerar enterrado o paradigma clausewitziano.

Não são estes conflitos violentos que são novos. Eles sempre existiram ao longo dos tempos, com maior ou menor dimensão, mas a conceção clausewitziana da polemologia situava-os fora do espectro da guerra, qualificava-os no âmbito das atividades criminosas e marginais e atribuía-os aos foros das polícias e dos tribunais. O que há de fundamentalmente novo, nesta nova formulação teórica, é que estes conflitos passaram a ser classificados como guerras, rompendo radicalmente com a filosofia política da guerra que Clausewitz fundara.

Isto também tem a ver com o facto de as necessidades de resposta ao terrorismo global terem imposto a passagem do paradigma da defesa, aquele que comporta ameaças e em que inscreve a guerra, ao paradigma da segurança, um conceito mais abrangente que, para além das ameaças, enfrenta riscos e, como tal, para além da guerra, comporta ações policiais e catástrofes naturais. Michael Hardt e Antonio Negri, já citados, escreveram que

> [...] a guerra assume desde agora a passagem do paradigma político da defesa para o da segurança, tal como o fez o governo dos Estados Unidos, nomeadamente no quadro da guerra contra o terrorismo conduzida depois do mês de setembro de 2001 [...] A noção de segurança confunde [...] a distinção entre o interno e o externo, entre o exército e a polícia. ([206])

De facto, hoje, no combate ao terrorismo e à criminalidade transnacional organizada, forças armadas e forças policiais são chamadas a intervir em situações em tudo semelhantes, muitas vezes até em conjunto, na resolução de um mesmo caso.

Resumindo, diremos que o que distingue, no essencial, o paradigma clausewitziano do das novas guerras é que, para o primeiro, a guerra, conflito violento, era um fenómeno político-social, da responsabilidade de Estados ou de entidades políticas, conduzido

---

([205]) *Op. cit.*, pp. 19 e 21.

([206]) *Op. cit.*, p. 37.

por forças armadas institucionais ao serviço de interesses nacionais. Para o segundo contempla conflitos violentos dos quais pode estar ausente uma racionalidade político-social, nos quais o Estado perdeu o monopólio da violência legítima e se confronta, ou é substituído, por novos atores paraestatais, subestatais ou não estatais, conduzidos por grupos terroristas, senhores da guerra, marginais, empresas privadas, seitas religiosas, ao serviço de interesses particulares, materiais, económicos, identitários ou criminosos.

Importa, porém, deixar uma advertência. Ao contrário de algumas opiniões, não creio que, com a RAM em curso, tenha resultado o fim definitivo das guerras clausewitzianas. Sendo certo que esta deu lugar a novas guerras que rompem com o paradigma clausewitziano, estas permanecem guerras clausewitzianas e, digamos, passam a conviver os dois paradigmas. Em alguns conflitos até se assiste, com o seu desenvolvimento, à passagem de um paradigma a outro. Estamos claramente num período de transição, em que o novo ainda não se impôs definitivamente e o antigo ainda não desapareceu radicalmente.

3.2. Novas guerras

As modalidades de violência dispersa que apresentam a marca das novas guerras da RAM têm, também, como atrás já salientámos, a chancela da globalização porque, mesmo quando localizados, os conflitos afetam a humanidade no seu conjunto.

Em alguns casos, as novas guerras constituem fenómenos esperados, porque resultam da acumulação de fatores visíveis, recorrentes, que as tornam inevitáveis. Outras vezes são surpreendentes, não só porque se manifestam nas suas formas mais heterodoxas, como porque surgem em zonas aparentemente imprevisíveis e em momentos inesperados.

Vamos, aqui, pôr em relevo algumas das que mais têm atraído a atenção dos responsáveis e a curiosidade dos estudiosos e analistas.

3.2.1. *Balcãs*

Considera-se, em geral, que a primeira guerra que se inscreveu nos contornos da RAM em curso foi a dos Balcãs, na década de noventa do século passado, que levou à desintegração da Federação Jugoslava. Teve, na sua génese, causas identitárias de base religiosa, nacionalista e étnica, que desencadearam dinâmicas cisionistas e irredentistas, suscitando apoios e intervenções do exterior. Estas causas viriam a ser características marcantes dos conflitos que ocorreram com a Nova Ordem Mundial da globalização, que se seguiram ao fim da Guerra Fria.

A guerra na Federação Jugoslava iniciou-se com a cisão da Eslovénia e, depois, da Croácia que, por as suas populações professarem maioritariamente um Cristianismo ocidental, protestante ou católico, contaram com apoios da Alemanha, da Áustria e do Vaticano. A esta cisão tentaram opor-se as minorias sérvias, cristãs ortodoxas, com o apoio do exército federal, principalmente na Croácia. O conflito radicalizou-se quando se estendeu à Bósnia, onde o mosaico religioso e nacional era mais complexo, pondo em confronto cristãos ocidentais, cristãos ortodoxos e muçulmanos, os primeiros com ligação à Croácia, os segundos com laços com a Sérvia e os últimos desejando uma Bósnia independente sob sua liderança e com apoios no mundo islâmico. Depois da Bósnia, estendeu-se à própria Sérvia, na região do Kosovo maioritariamente muçulmana, onde foi visível a influência da vizinha Albânia, que nunca pertenceu à Jugoslávia. O desmembramento da Federação Jugoslava viria a consumar-se com as cisões da Macedónia e do Montenegro, estas sem terem passado pelo conflito armado.

A questão do Kosovo ainda hoje não se encontra encerrada, porque Belgrado se recusa a reconhecer a independência de uma região que identifica como o berço da nação sérvia.

A Federação Jugoslava era um mosaico étnico e cultural muito complexo, uma federação política formada a seguir à Primeira Guerra Mundial, palco de várias fragilidades e contradições. Josip Broz Tito, que liderara os *partisans* na resistência contra a ocupação nazi na Segunda Guerra Mundial e se impusera como o «pai da pátria», gostava de dizer que a Jugoslávia era composta por seis repúblicas (Eslovénia, Croácia, Bósnia, Sérvia, Montenegro e Macedónia), por cinco nações (eslavos, húngaros, turcos, albaneses e gregos), por quatro línguas (servo-croata, esloveno, macedónio e albanês), por três religiões (cristã ocidental, cristã ortodoxa e muçulmana), por duas escritas (latina e cirílica) e por um partido (Partido Comunista dos Jugoslavos). O partido era, então, o cimento ideológico de uma federação que carecia de identidade nacional. Quando o fim da Guerra Fria e o desabamento dos partidos comunistas fez implodir todo o bloco de leste, do qual, aliás, a Jugoslávia sempre se demarcara, a Federação Jugoslava foi atingida pelas ondas de choque. O fim do partido determinou o fim da coesão política e o ressurgimento das ancestrais fraturas identitárias.

A guerra, ou as várias guerras, foi um dos conflitos mais dramáticos da nova era da globalização e com óbvias marcas da RAM. No contexto interno, em primeiro lugar, porque deu azo ao esvaziamento do Estado central e à emergência de entidades políticas fragilizadas. A seguir porque invocou objetivos políticos mal definidos, uma mistura de cisões identitárias étnicas e religiosas, com ambições irredentistas da Grande Croácia, da Grande Sérvia, da Grande Albânia que, por sua vez, davam lugar a reivindicações de novas minorias no interior de cada uma delas. Depois porque do desmembramento da instituição militar federal resultou a constituição de grupos armados heterogéneos, não institucionais, de recrutamento étnico ou religioso e com infiltrações estrangeiras, de senhores da guerra com ligações a grupos da criminalidade transnacional organizada, de empresas militares privadas. Por outro lado, pela complexidade do conflito generalizado, por vezes extremamente cruel, uma mescla de guerra civil, de ações convencionais, de terrorismo seletivo e indiscriminado, de limpezas étnicas, de genocídios, de guerrilha urbana ou de puro banditismo.

No contexto externo tenhamos, ainda, em consideração a intervenção da OTAN numa guerra dissimétrica, com toda a panóplia das modernas tecnologias dos meios aéreos, mas evitando o confronto no terreno. A Rússia, com ligações culturais e históricas à Sérvia e querendo manter a sua ancestral influência na região, também quis marcar presença mas, numa altura em que o seu estatuto de grande potência estava claramente em perda, acabou por desempenhar um papel menor. Por fim, a interposição de forças de manutenção da paz da ONU, que não foi consensual, tornou-se, ela própria, fator de tensões.

As populações civis foram as grandes vítimas dos combates, que terminavam com enormes vagas de refugiados e deslocados. Eis um quadro exemplar e abrangente das novas guerras da RAM.

3.2.2. *Cáucaso*

Causas semelhantes tiveram os conflitos que ocorreram na sequência do desmembramento da URSS na região, historicamente muito sensível, do Cáucaso. A Ciscaucásia mantinha-se na Federação Russa mas emergiam aspirações separatistas, expressão de uma espécie de descolonização tardia que, contudo, não se estendia à generalidade dos territórios e repúblicas autónomas.

Ao contrário na Transcaucásia, que compreendia três novos Estados, Geórgia, Arménia e Azerbaijão, cada um deles com enclaves de minorias identificadas com os vizinhos, cruzava-se uma teia de reivindicações cisionistas e irredentistas cujas tensões ainda hoje persistem e, de quando em vez, se manifestam de formas violentas.

Na Ciscaucásia, ganhou mais relevo a guerra da Chechénia e, na Transcaucásia, a da Geórgia mas, como escreveu Nicole Gnesotto, «[...] o Cáucaso [...] apresenta praticamente todos os desafios à segurança que tipificam o período pós-Guerra Fria [...]» ([207]).

De facto são casos típicos de novas guerras que proliferam numa região rica em recursos energéticos, o petróleo e gás natural da bacia do mar Cáspio e que é atravessada pelas redes de oleodutos e vias de comunicação para o seu escoamento para o mar Negro, mas onde a economia está muito dependente de esquemas da criminalidade transnacional organizada, que aí encontram espaço para uma grande liberdade de ação. O mosaico político, étnico e religioso é muito complexo, com Estados fragilizados, o que tem sido aproveitado pela Al-Qaeda e pelo terrorismo global. Acresce que é uma zona de grande tradição guerreira, onde a *vendetta* e o ajuste de contas fomentam guerras privadas.

Por último, têm de se incluir as intervenções externas, as preocupações dos EUA com o acesso a esta região desde a sua intervenção no Afeganistão, o que tem levado a uma competição com a Rússia no estabelecimento de laços com Estados tradicionalmente da área de influência russa que alguns observadores, tendo como referência as três guerras russo-britânicas dos séculos XIX e XX, classificam como o novo grande jogo do século XXI, agora entre a Rússia e os EUA.

([207]) GNESOTTO, Nicole, Prefácio, *The South Caucus: a challenge for EU*, Chaillot Papers n.º 65, Institute for Security Studies, European Union, December 2003, p. 7.

A guerra da Chechénia tem óbvias causas identitárias, étnicas e religiosas, do fundamentalismo islâmico, mas tem raízes históricas desde a anexação pelo Império Russo, no século XIX. A Rússia atuou com meios clássicos muito poderosos e a guerra, assumindo contornos dissimétricos e assimétricos, estava a ser-lhe desfavorável. Rapidamente se convenceu de que tinha de descer o seu patamar de intervenção para uma estratégia simétrica e irregular. Os independentistas têm recorrido a ações terroristas contra interesses russos, de grande envergadura e resultados trágicos, como os atentados do teatro de Drubovka, em Moscovo (outubro de 2002), do Hospital Militar de Mosdok (agosto de 2003) e da Escola Beslan (setembro de 2004), na Ossétia do Norte, ou do metro de Moscovo (março de 2010).

Na Transcaucásia, as guerras não são interestatais, entre a Geórgia a Arménia e o Azerbaijão, mas internas, com maior destaque para a da Geórgia. Mas não deixam de ser bem evidentes as influências recíprocas e cruzadas, através dos enclaves de minorias étnicas e religiosas que, no interior de cada um dos Estados, são intérpretes das reivindicações dos Estados vizinhos.

E há ainda as interferências externas das potências regionais, Rússia, Turquia e Irão, todas com laços culturais e étnicos preferenciais que querem preservar, respetivamente com a Arménia, com a Geórgia e com o Azerbaijão. Em agosto de 2008 a intervenção militar russa foi decisiva na consumação da cisão das regiões autónomas da Abecásia e Ossétia do Sul, que declararam as suas independências da Geórgia. O governo da Geórgia, com apoios no Ocidente, continua a não reconhecer estas independências.

Com alguma propriedade há analistas que chamam ao Cáucaso os Balcãs de Leste. Para além dos paralelismos geográficos, de um e outro lado do mar Negro, e das afinidades etnoculturais, os desenvolvimentos polemológicos atuais capricham em dar razão a esses analistas.

3.2.3. *Al-Qaeda*

O terrorismo global e a guerra que lhe foi declarada pelos EUA, depois dos ataques a Nova Iorque e Washington a 11 de Setembro de 2001, não conhece fronteiras geográficas, mas teve o seu epicentro no Afeganistão onde a Al-Qaeda, identificada como o inimigo principal, tinha instalado o seu reduto.

Até então pouco conhecida, foi com o 11 de Setembro que a Al-Qaeda, entidade não estatal e quase virtual, só se mostrando através de comunicados e de imagens televisivas do seu dirigente máximo, Bin Laden, surgiu com protagonismo na cena internacional. Os seus líderes apresentam-se como apóstolos de uma guerra santa contra os inimigos do Islão, mas travam combates no seio do próprio Islão, contra os que consideram apóstatas, porque colaboram com os infiéis. O terrorismo global é uma guerra em rede, à escala planetária, difusa, dispersa, clandestina, cujas células só se revelam quando reivindicam a autoria das ações depois de desencadeadas, em geral com sacrifício dos executantes. Nem todas as ações terroristas que ocorrem pelo mundo têm a chancela da Al-Qaeda, mas esta reivindicava a autoria das que evidenciavam maior envergadura.

Para além de ações de menor efeito e de estar presente através das suas redes nos conflitos prolongados e persistentes no Magrebe, no Médio Oriente, no golfo Pérsico ou no Sudeste Asiático, a Al-Qaeda assumiu a responsabilidade por ações geograficamente tão longínquas e temporalmente tão descontínuas como os ataques nos EUA (setembro de 2001), em Bali (outubro de 2002), em Madrid (abril de 2004), em Londres (julho de 2005) e outros que se seguiram mas que foram perdendo impacto com o aparecimento de um concorrente – aliás um dissidente –, o Daesh, que lhe disputa protagonismo. Deste trataremos adiante.

Sem que persiga objetivos políticos clássicos, relacionados com território, soberania, poder estatal, não deixa de revelar uma estratégia consistente, visando fins muito concretos com motivações religiosas, económicas, mas também, obviamente, políticas. Michael Scheuer, que foi um elevado quadro da Central Intelligence Agency (CIA), especialista sobre o Afeganistão e a Al-Qaeda, apontou, no seu livro, os objetivos de Bin Laden: o fim do auxílio norte-americano a Israel e a eliminação definitiva desse Estado; a retirada das forças norte-americanas e ocidentais da península Arábica, do Iraque, do Afeganistão e de todo o mundo muçulmano; o fim do envolvimento dos EUA no Afeganistão e no Iraque; o fim do apoio norte-americano à opressão de muçulmanos pelos governos da China, da Rússia e da Índia; o fim da proteção americana aos regimes muçulmanos apóstatas e repressivos, como a Arábia Saudita, a Jordânia, o Kuwait e o Egito; e, por fim, a conservação dos recursos energéticos do mundo muçulmano. A intenção de Bin Laden era alterar, drasticamente, as políticas dos EUA e do Ocidente em relação ao mundo islâmico e não, necessariamente, destruir a América ([208]). Elegeu os EUA como inimigo principal e, a verdade é que, com o 11 de Setembro, atingiu a hiperpotência global nos símbolos do seu poder, político, militar e económico-financeiro, abalando o seu prestígio e orgulho imperial.

Washington sentiu-o como um desafio e, na resposta a esse desafio se enquadra a intervenção no Afeganistão.

A intervenção militar dos EUA no Afeganistão, integrando uma coligação internacional que, com a tutela da ONU, viria a ser liderada pela OTAN, começou por ser uma operação de guerra convencional, de guerra aérea, dissimétrica, na linha das anteriores no Golfo e nos Balcãs, como retaliação pela recusa do regime talibã em cooperar no combate à Al-Qaeda. Evoluiu para a intervenção no terreno, para derrubar o poder talibã e apoiar um novo governo afegão, colaborante na guerra contra o terrorismo. Desalojados os talibãs, foi a Al-Qaeda que liderou a resposta com uma guerra assimétrica, combinação de guerrilha e terrorismo na linha das novas guerras, que, das zonas de maior implantação da etnia *pachtun* que apoia os talibãs se foi, pouco a pouco, estendendo ao Paquistão. Mas a guerra tornou-se muito mais complexa, reavivando velhos antagonismos étnicos ligados às repúblicas turcófonas vizinhas.

As forças da coligação internacional recorrem à colaboração crescente de empresas militares privadas (EMP), que já atingem níveis muito significativos, ou seja, à privatização do esforço militar, inovação decisiva da RAM. Têm também usado e abusado das novas tecnologias armamentistas, nomeadamente dos veículos não tripulados, muitas vezes com efeitos contraproducentes por atingirem populações civis, os chamados efeitos colaterais mais uma marca da RAM.

O Afeganistão tem sido um verdadeiro laboratório das novas guerras da RAM e quando, depois da saída das tropas da URSS, os talibãs se instalaram no governo, passou a reunir um conjunto

---

([208]) Scheuer, Michael, *Orgulho imperial – porque está o Ocidente a perder a guerra contra o terrorismo*, Lisboa, Edições Sílabo, 2005, p. 23.

de condições que o favoreceram. Destaquemos: o vazio do poder num Estado falhado e numa sociedade destroçada; o predomínio de senhores da guerra, ativos desde o conflito com a URSS, que conduzem os seus conflitos particulares quase sempre relacionados com atividades clandestinas da criminalidade transnacional organizada, nomeadamente do cultivo e tráfico da droga verdadeiro pilar da economia afegã; o radicalismo religioso de um fundamentalismo islâmico levado ao extremo; a porosidade das fronteiras com Estados vizinhos que são bases de solidariedades éticas e tribais que se conflituam em território afegão. Presentemente há um Estado instalado em Cabul, mas com um poder frágil, muito dependente das forças militares estrangeiras ocupantes e cuja influência pouco vai além da capital.

A morte de Bin Laden, concretizada no Paquistão e não no Afeganistão, um êxito militar inegável dos EUA numa operação controlada diretamente da Casa Branca, bem na linha da RAM, não pôs fim à Al-Qaeda ou ao terrorismo global.

3.2.4. *Iraque*

A guerra no Iraque, iniciada em março de 2003 com a invasão das forças norte-americanas e britânicas, começou por ser clausewitziana, com operações de tipo convencional, opondo governos e forças armadas institucionais, dissimétrica em potencial relativo de combate mas simétrica nas organizações e opções estratégias, o que favoreceu o mais forte e garantiu à coligação anglo-americana o sucesso rápido na fase da invasão. Foi decisiva a superioridade esmagadora dos meios aéreos e das novas tecnologias dos armamentos e equipamentos, que permitiram a neutralização dos sistemas de comando, comunicação e controlo e das defesas antiaéreas inimigas, com a consequente total liberdade de ação no espaço aéreo para as forças invasoras.

Foi anunciada como uma guerra preemptiva, face à ameaça das armas de destruição maciça do Iraque e à sua ligação à Al-Qaeda, acusações de que não havia provas e que veio a verificar-se serem falsas. Por isso não contou com o apoio de vários aliados ou com a cobertura do CS da ONU, o que a classificou como uma guerra de agressão, preventiva por iniciativa unilateral, logo ilegítima à luz do direito internacional. Já deixámos bem vincado como vários analistas norte-americanos criticaram severamente este desvio conceptual dos decisores de Washington com as consequências perversas que veio a desencadear.

As forças invasoras viriam a atolar-se, numa segunda fase, num conflito complexo, assimétrico, combinando resistência generalizada contra o ocupante, conflitos internos raiando as fronteiras da guerra civil, confrontos identitários de tendências religiosas e étnicas, ameaças cisionistas da comunidade curda, ações de guerrilha urbana, rivalidades tribais, terrorismo da Al-Qaeda, criminalidade organizada, que o Pentágono, intrigantemente, não tinha previsto e cuja resposta não tinha planeado.

Foi um caso paradigmático da RAM em curso em que guerra clausewitziana e guerra não clausewitziana conviveram num mesmo conflito prolongado e em que se confirmou o paradoxo de a dissimetria do mais forte arrastar a resposta assimétrica do mais fraco, retirando ao forte a vantagem inicial da superioridade dissimétrica.

As consequências perversas para o invasor foram óbvias pois, não só se viu obrigado a recuar nos objetivos subsequentes, como atraiu ameaças que se propunha combater mas que, na realidade, até então não existiam. A guerra fora iniciada com a intenção expressa de a alargar regionalmente à Síria e ao Irão, para alterar o mosaico político do golfo Pérsico. Mas o fracasso da segunda fase acabou por a limitar às fronteiras do Iraque, onde passaram a confrontar-se as mais diversas forças internas e interferências externas. A Al-Qaeda, que não tinha qualquer relação com o regime de Saddam Hussein, pelo contrário, foi com a guerra que foi a traída para o Iraque, onde passou a ter uma atividade persistente. O Irão, afinal o maior inimigo potencial de então dos EUA na região e contra o qual Washington até apoiara Saddam Hussein na Guerra Irão-Iraque, viu o seu estatuto de potência regional sair reforçado e passou a contar com um aliado no Iraque, onde a maioria xiita conquistou o poder. Washington acabaria por se ver obrigado a negociar com Teerão, em particular sobre o diferendo nuclear, com óbvios prejuízos para as suas relações preferenciais com Israel. Os curdos reforçaram as suas ambições identitárias e conquistaram a autonomia no Iraque, com reflexos inevitáveis na comunidade curda na Turquia, o que já criou incómodos nas relações dos EUA com este último país, parceiro na OTAN e um dos seus principais aliados em toda a região.

3.2.5. *Israelo-árabe*

Conflito que, face à problemática introduzida pela RAM em curso, tem de ser equacionado em dois níveis diferentes é o israelo-árabe.

O primeiro é o do estado de guerra latente e permanente, desde a proclamação do Estado de Israel, com alguns períodos de agudização e de confrontos armados entre este e os Estados árabes vizinhos, em 1948-1949, em 1956 (crise do Suez), em 1967 (Guerra dos Seis Dias) e em 1973 (Guerra do Yon Kippur). Em confronto estiveram entidades estatais em disputa por território, recursos, soberania, envolveram-se forças armadas regulares, os atores em confronto eram conhecidos, os objetivos eram claros, contando-se com apoios externos previsíveis. Foi uma sucessão de várias guerras clássicas, clausewitzianas, simétricas, que não se inscrevem no quadro da RAM.

Mas há atualmente um dado que introduz um fator dissimétrico no conflito prolongado e que vem perturbar aquele equilíbrio. É a posse da arma nuclear por Israel, única potência nuclear da região, se bem que não assumida e que conta com a cobertura cúmplice dos parceiros ocidentais, nomeadamente dos EUA. É um fator novo e que está a trazer o conflito para o campo da RAM com a ameaça de uma intervenção, no âmbito da contraproliferação, contra Estados da região que se perfilem como potenciais novos possuidores da arma nuclear, como é o caso mais atual do Irão. É tema que levanta questões muito complexas, de legitimidade, de racionalidade, de eficácia, mas que não incluímos neste trabalho, que só aborda casos ocorridos e não meras hipóteses. No entanto, como referimos, já perturbou as relações entre os EUA e Israel, dado o acordo conseguido entre o Irão e as potências nucleares membros permanentes do Conselho de Segurança da ONU mais a Alemanha, que reconheceu a Teerão um papel de potência regional e um parceiro incontornável para a resolução do emaranhado de conflitos no Médio Oriente e no golfo Pérsico.

Já o segundo nível, focalizado na Palestina, entre Israel e os palestinianos, assumiu claramente os contornos das novas guerras da RAM, mesmo *avant la lettre*, pois começou a manifestar-se com essas características antes de se começar a falar em RAM e nas novas guerras. Por exemplo, o atentado dos Jogos Olímpicos de

Munique em 1972, em que um grupo de palestinianos sequestrou e manteve refém uma parte significativa da delegação israelita, acabando todos, sequestrados e sequestradores, por morrer numa ação então liminarmente classificada como terrorista, seria hoje, se efetuada pela Al-Qaeda ou pelo Daesh, muito provavelmente identificada como uma ação de guerra no quadro do terrorismo global.

É certo que é enorme a dissimetria militar entre Israel e os palestinianos, as maiores e mais bem armadas forças armadas da região face a uma população sem Estado ([209]), sem forças armadas, sem soberania, sem estruturas económicas, cercada num território exíguo, fragmentado e sujeita a permanente vigilância pelos meios mais sofisticados e a incursões armadas de Israel, às quais apenas pode responder com ações assimétricas de incipientes grupos de guerrilha urbana, de terrorismo artesanal ou de insurreição popular. Obviamente que – e isso temos aqui posto em evidência –, com o descomunal desequilíbrio dissimétrico, apenas resta aos palestinianos o recurso a estratégias assimétricas.

A expressão mais chocante desta guerra dissimétrica e assimétrica foi a chamada intifada, que em árabe significa «revolta» e que consistiu, exatamente, numa revolta popular, num levantamento generalizado da população palestiniana, na maioria jovens e crianças, em que as suas únicas armas eram as pedras com que enfrentavam o poderoso exército israelita. Mas contou com uma arma decisiva, os *media*, que transmitiam diariamente imagens para todo o mundo, que mobilizou apoios a nível mundial e obrigou Israel a recuar, a negociar com a Organização de Libertação da Palestina (OLP) e a chegar ao Acordo de Oslo. A primeira intifada começara em 1987, portanto ainda em plena Guerra Fria, mais uma vez antecipando-se à RAM.

Mas o Acordo de Oslo entrara em esquecimento, com sucessivos adiamentos por parte de Israel (hoje é letra morta) e, no ano 2000, os palestinianos lançam a segunda intifada, agora já com o apoio de estruturas políticas mais estruturadas, o Hamas e a Jihad Islâmica.

Entretanto, o clima internacional da guerra global contra o terrorismo tem favorecido as incursões militares de Israel, que

([209]) A Autoridade Nacional Palestiniana é uma entidade paraestatal, oficialmente não reconhecida como Estado.

invoca, exatamente, o terrorismo palestiniano, para intensificar as suas incursões armadas, os assassinatos seletivos ou indiscriminados, aquilo a que muitos chamam terrorismo de Estado. Israel tem contado com o apoio incondicional dos EUA e de outros países ocidentais, goza de total impunidade e tem conseguido manter congelados todos os grandes problemas da Palestina: segurança, Jerusalém, água, refugiados, territórios ocupados, Estado Palestiniano.

Hoje a guerra israelo-palestiniana tem todos os condimentos de uma nova guerra da RAM e vai perdurar.

3.2.6. *África Subsariana*

A África Subsariana é uma das regiões do mundo mais atingida pelas novas guerras da RAM como, aliás, já fora pelas guerras irregulares que caracterizaram, de forma atípica, o período final da era clausewitziana. Há várias razões que para isso contribuem, de que se destacam: a persistência de alguns Estados frágeis, alguns mesmo Estados falhados; conflitos herdados de descolonizações agitadas, muitas vezes violentas e com dificuldade na consolidação de identidades nacionais; recursos económicos abundantes em regiões onde é visível o vazio do poder e que se tornam objeto de cobiças várias, internas e externas, envolvendo senhores da guerra e células da criminalidade transnacional organizada; mosaicos identitários complexos de base étnica ou religiosa; privatização das guerras com a proliferação de empresas militares privadas em substituição de forças armadas nacionais inexistentes ou ineficazes.

Enfim, um manancial de fatores favoráveis à emergência das novas guerras.

As causas religiosas manifestaram-se, principalmente, em zonas onde o arco islâmico se chocava com comunidades cristãs ou animistas e que iam da África Ocidental até ao Corno de África. Na Nigéria têm raízes antigas na Guerra do Biafra, na década de setenta do século passado, mas ressurgiram depois da Guerra Fria e, ao fator identitário religioso, juntou-se o fator petróleo e o fator demográfico. Mais recentemente, revelaram-se, também, na Costa do Marfim e no Mali. Estes conflitos aparecem envolvidos com dinâmicas cisionistas e, pela extensão dos territórios, com a dificuldade dos governos centrais em fazerem sentir o seu poder nas regiões mais periféricas, onde as estruturas do poder são frágeis.

No Sudão encontramos alguns paralelismos com a Nigéria, predominância de contradições religiosas e do fator petrolífero. Mas, aqui, não deixaram de se manifestar algumas características das guerras clausewitzianas, como a racionalidade na luta por poder político nacional, que acabou com a divisão do país em dois Estados.

A região do Sahel e suas proximidades tem sido, depois do Médio Oriente, a mais atingida pela ações do Daesh e da Al-Qaeda, através de suas antenas regionais, que têm provocado a manutenção e até o reforço da presença militar francesa. O Boko Haram do Daesh, no Norte da Nigéria e dos Camarões, no Níger e no Chade, o Magrebe Islâmico (AQMI) da Al-Qaeda no Mali e no Burquina Faso.

Região da África Ocidental onde as marcas das novas guerras estiveram – e estão – muito presentes é o conjunto Libéria, Serra Leoa e Guiné-Bissau. Os dois primeiros tiveram na sua génese o vazio de poder de Estados falhados, o domínio de senhores da guerra na exploração das riquezas minerais e a violência generalizada contra populações indefesas sujeitas a mutilações e genocídios. A intervenção de forças internacionais de manutenção da paz degenerava, por vezes, em conluios corruptos com os poderes dominantes. A Guiné-Bissau, apesar da heterogeneidade da sua geografia humana, étnica e religiosa, não foi por essa via que se tornou um Estado falhado, sede de uma instabilidade persistente, que frequentemente resvala para a violência. Com uma sequência de golpes de Estado que se iniciou em 1980, o Estado nunca se consolidou e tornou-se alvo de interferências e mesmo de intervenções armadas de países vizinhos, ao que não são alheios problemas de fronteiras herdadas da era colonial. E, dadas as suas carências económicas, ficou refém de redes criminosas ligadas ao tráfico da droga da América Latina para a Europa, que infiltraram o poder político e as forças armadas e que dispõem, hoje, de influência determinante na Guiné-Bissau.

Expoente de Estado falhado e de palco de novas guerras, não apenas em África, mas no mundo, é a Somália. Sem poder central, dada a fragilidade do Governo Federal de Transição (GFT), desmembrado em espaços políticos que se assumem como independentes sem que sejam como tal reconhecidos, a Somália é pasto de senhores da guerra, de líderes tribais, de bandidos armados, numa rede caótica de interesses e alianças que ora se combinam ora se desfazem. Atualmente, assume algum protagonismo a Al-Shabaab, aliado da Al-Qaeda e ele próprio um movimento em rede, jihadista radical, que visa o derrube do GFT.

Acresce a sua posição geográfica de alto valor geoestratégico internacional, o que a torna centro de grandes preocupações das maiores potências, até porque reúne todas as condições para se transformar em sede explosiva de centros do terrorismo global e da criminalidade transnacional organizada. Atualmente é zona de refúgio e base operacional da pirataria marítima no golfo de Adém, uma das maiores preocupações nas relações internacionais e que constitui uma atividade exemplar das novas guerras pós-clausewitzianas.

Mas onde as novas guerras atingiram dimensão mais chocante, em África, foi na região dos Grandes Lagos, principalmente nos confrontos que opuseram tutsis e hutus. É um confronto identitário antigo, mas não é étnico, religioso, nacional ou ideológico. É mais uma diferenciação comunitária, entre comunidades pastoris, os tutsis, e comunidades de agricultores, os hutus, que sempre se hostilizaram na disputa de território e cuja hostilidade foi aproveitada pelos poderes coloniais, que favoreceram a minoria tutsi para melhor dominarem a maioria hutu. Essa situação de privilégio dos tutsis, que ocupavam as hierarquias na administração, nas forças de segurança, prolongou-se para lá da independência. Isto não explica tudo, mas pode ajudar a compreender, em parte, os massacres e genocídios dos hutus contra os tutsis na década de noventa do século passado e a represália dos tutsis que se seguiu, os quais, no conjunto, se somaram em centenas de milhares de mortos. Estes genocídios atingiram o Ruanda e o Burundi mas, também, a região oriental da República Democrática do Congo, na margem ocidental do lago Kiwu, onde há muito se concentram grandes comunidades de refugiados tutsis e hutus que mantêm ligações com os países de origem.

Na República Democrática do Congo, porém, as novas guerras não são apenas reflexo dos confrontos tutsis-hutus, mas também do vazio de poder e de atividades relacionadas com a criminalidade transnacional organizada, na exploração das enormes riquezas minerais da região leste do país. Região periférica do imenso território que é a República Democrática do Congo, cuja capital fica no extremo oposto e tendo pelo meio a grande floresta tropical da bacia do rio Congo, o poder central faz-se aí sentir com dificuldade mas, paradoxalmente, é de onde têm partido os movimentos rebeldes que têm ameaçado e deposto o poder em Kinshasa.

3.2.7. *América Latina*

A América Latina, que foi das regiões mais atingidas pelas guerras irregulares da parte final do período clausewitziano, tem sido relativamente poupada à vaga das novas guerras pós-clausewitzianas.

A exceção será a Colômbia. Aliás, a Colômbia constitui, historicamente, um terreno propício à eclosão de conflitos violentos atípicos. É o berço de *la violencia*, tradição de disputa violenta pelo poder, desde as guerras bolivarianas pelas independências, que se enraizou na Colômbia mas não deixou de se expandir para outros países da América Andina. Tem alimentado grupos armados, movimentos de libertação, estruturas paramilitares, grupos terroristas, empresas de segurança privadas, que têm estado na base de constantes golpes de Estado.

Na atualidade, inscrevem-se mais na área da criminalidade transnacional organizada, particularmente no cultivo e tráfico da droga, cujos grandes cartéis são poderosíssimos na Colômbia. O cultivo da droga é uma base da economia de subsistência de muitas comunidades rurais e o seu tráfico uma grande atividade comercial. As redes mafiosas da droga atravessam toda a sociedade e estruturas do poder colombianas, com infiltrações no poder político, no poder judicial, nas forças de segurança e militares, nos movimentos de oposição armada que controlam grandes áreas territoriais do interior. Aliás, os próprios cartéis da droga dominam vastas extensões territoriais.

A droga colombiana destina-se principalmente aos EUA, que encaram este problema como uma ameaça à sua segurança nacional. O fluxo faz-se através do mar das Caraíbas e dos seus arquipélagos e dos países da América Central, que são afetados por esta nova guerra, muito em particular o México, que já a sente com grande intensidade, ainda que não enfrente as estruturas e a dimensão na economia nacional que tem na Colômbia.

3.2.8. *Revoluções árabes*

Primavera Árabe, ou revoluções árabes, foi como ficaram conhecidos os movimentos populares de massas que ocorreram entre dezembro de 2010 e março de 2011 e que atingiram mais profundamente alguns países árabes, mas que se estenderam, como uma onda de choque, se bem que com desfechos diferenciados, a todos os países da Liga Árabe. Não tiveram, de forma alguma, o carácter generalizado de uma guerra que pudesse inserir-se na dinâmica da RAM e, apenas em alguns casos a mobilização popular desencadeou confrontos violentos e revelou fatores que os podem identificar com o pós-modernismo da RAM em curso. Algumas causas ou motivações dos conflitos são transversais, pan-árabes ou pan-islâmicos, mas outras há que apenas afetaram este ou aquele país. E há ainda outros fatores de violência, que se inscrevem mais no paradigma das guerras clausewitzianas do que no das novas guerras.

Um aspeto que é ressaltado por muitos observadores e que nos remete para a RAM foi o uso das novas tecnologias da informação por uma juventude urbana, da classe média, que promoveu a mobilização popular através da Internet e das redes sociais do Facebook, do Twitter, do YouTube, extremamente eficazes como caixas de ressonância em sociedades estratificadas em tribos e clãs com ligações muito amplas, solidárias e permanentes, cuja interação em rede conferiu enorme e rápida capacidade mobilizadora. As motivações e objetivos das convocações foram rapidamente absorvidos, disseminados e as redes mantiveram os contactos entre locais diversos das concentrações.

Mathieu Guidère, num livro em que caracteriza com grande conhecimento de causa o fenómeno que abalou o mundo árabe e não só ([210]), chama tribalismo virtual, cibermundo revolucionário, *jihad* eletrónica ao papel que a Internet e as redes sociais desempenharam nestes movimentos. A Irmandade Muçulmana, o movimento político mais abrangente e transnacional no mundo árabe, apercebeu-se disso e criou as suas próprias redes sociais, o que lhe permitiu apropriar-se de revoluções que não havia desencadeado. Nas eleições que nos anos seguintes se realizaram na Tunísia, em Marrocos, no

---

([210]) Guidère, Mathieu, *O choque das revoluções árabes*, Lisboa, Edições 70, 2012.

Egito, no Kuwait e na Líbia, com exceção deste último, partidos identificados com a Irmandade Muçulmana conquistaram sempre o poder.

Outro aspeto distintivo das revoluções árabes foi a imprevisibilidade, porque os movimentos não partiram de personalidades conhecidas ou de estruturas referenciadas. Como diz Guidère, foram movimentos sem chefes e sem rostos, sem ideologias e sem ideias, sem programas e sem agendas, portanto anónimos, apolíticos e anárquicos, em que os jovens que os mobilizavam não reclamavam o poder ([211]). Não há dúvida de que, nos países onde deram lugar a conflitos armados violentos, estava presente o gérmen da RAM.

Guidère chama ainda a atenção para o aparecimento do povo, que tem sido o grande ausente da história muçulmana. Mas o desenvolvimento das revoluções nos diversos países e com as particularidades de cada um, revela que há três chaves transversais que, com maior ou menor influência relativa, são determinantes nas relações de poder. São a tribo, o exército e a mesquita, a tribo, que valoriza os laços de sangue, o exército, que invoca os laços de honra, a mesquita, que mobiliza os laços místicos. E há países onde estes três vetores se confundem, porque o chefe tribal é também o chefe militar e o chefe religioso. Estes laços são decisivos em sociedades onde, nas relações políticas, sociais e religiosas, é muito forte o sentimento de pertença, de que resulta a obediência, a fidelidade, a subordinação à autoridade do chefe, que nem sempre coincide com o cargo formal ou institucional. A noção de cidadão é vazia de conteúdo porque, através do sentimento de fidelidade, ou de pertença, o indivíduo vê-se sempre como sujeito a outro indivíduo, da mesma forma que o grupo está sempre sujeito a outro grupo. Guidère chama a esta constante civilizacional o tribalismo de pensamento ([212]).

As revoluções árabes têm uma vincada componente religiosa, onde se confrontam filiações rivais, sunitas, xiitas, salafitas, mas também tendências moderadas da Irmandade Muçulmana e radicais jihadistas e da Al-Qaeda ou saudosistas do califado. E esta componente religiosa é uma marca que, potencialmente, as inclui na RAM.

([211]) *Idem*, p. 20.
([212]) *Idem*, p. 32.

Há um antecedente que, sem estar propriamente na sua origem, como que prenunciou o que veio a acontecer no mundo árabe, nomeadamente na sua fragmentação e radicalização. A Argélia enfrentara uma guerra civil terrível na década de noventa do século passado, com todos os condimentos que vieram a configurar a RAM.

Em 1990, com o início da globalização, o regime argelino havia decidido iniciar um processo de liberalização e abertura mas, com as primeiras eleições e a ascensão da Frente Islâmica de Salvação (FIS), que agrupava as principais tendências e sensibilidades islâmicas, era visto como um movimento radical, e o exército decidiu intervir, interrompendo o processo eleitoral, ilegalizando a FIS e prendendo os seus dirigentes. O Ocidente, na sua lógica de, na periferia, valorizar mais a segurança do que a democracia, respirou de alívio.

A FIS reagiu, desencadeando, em 1992, uma vaga de violência terrorista, ao mesmo tempo que ia sofrendo dissidências de fações cada vez mais radicais, as quais, além de combaterem o poder, se combateram entre si e aterrorizaram as populações que não as apoiassem. Primeiro o Grupo Islâmico Armado (GIA), depois o Movimento por um Estado Islâmico (MEI), seguiu-se o Movimento Islâmico Armado (MIA), por fim o Grupo Salafita de Predicação e Combate (GSPC). Foi uma progressiva ascensão da violência aos extremos. Nas suas fileiras incorporaram os «afegãos», como ficaram conhecidos os antigos combatentes jihadistas no Afeganistão contra a URSS, e as brigadas da morte ou células da Al-Qaeda para o Magrebe Islâmico (AQMI).

O GIA manteve sempre alguma superioridade e tornou-se takfirista, isto é, invocava legitimidade para retirar a qualquer indivíduo o estatuto de muçulmano, classificando-o como um descrente (*kafir*), que é legítimo matar. Todos os argelinos que não colaborassem com a GIA eram *kafirs*. Foi uma época de paranoia, de terror levado ao extremo.

As forças armadas argelinas também se integraram nos ventos da era da RAM, optando pelo modelo profissional. Baseadas no Exército de Libertação Nacional (ALN), herdeiro da Frente de Libertação Nacional (FLN) que conduzira a guerra da descolonização contra a França, ainda beneficiavam de algum prestígio na população e tinham conhecimento e experiência da guerra irregular, pelo que souberam adaptar a sua organização e doutrina operacionais ao combate ao GIA, à GSPC e à AQMI, nomeadamente através do seu Departamento de Informação e Segurança (DRS). Este revelou-se de grande eficácia, penetrando as redes inimigas e, apesar de dispor de superioridade dissimétrica, privilegiou uma guerra simétrica não convencional que, como é de regra, favoreceu o mais forte. A verdade é que, em 2002, as forças armadas argelinas haviam assegurado a vitória.

Nos conflitos das revoluções árabes, a partir de 2011, não se repetiu caso como o argelino. Mas a memória estava lá. Até esta data, finais de 2012, portanto, dois anos depois, apenas dois países degeneraram em guerras civis abertas, na Líbia e na Síria.

No Egito, no Iémene, no Bahrein e na Mauritânia, os levantamentos populares foram muito intensos, com sintomas de radicalismos da *jihad* e das células locais da Al-Qaeda, a AQMI e a Al-Qaeda para a península Arábica (AQPA). Apesar da forte repressão, deram lugar a mudanças de poder no Egito e no Iémene, mas a guerra civil foi contida. No entanto, o Egito, onde são muitos os fatores de desestabilização, como a explosão demográfica, o desemprego, uma juventude culta e desocupada, grupos islâmicos armados e radicais dissidentes da Irmandade Muçulmana, influências da AQMI, mantém-se sob risco de uma confrontação entre os militares e os movimentos islâmicos liderados pela Irmandade Muçulmana. Esta conquistou o poder pela via eleitoral mas não tardou a ser derrubada e ilegalizada pelos militares, que se legitimaram no poder por via eleitoral. O Iémene, com as velhas rivalidades tribais, vive sob ameaça cisionista permanente entre o Norte e o Sul que, aliás, já estiveram politicamente separados até 1990. A guerra civil prossegue entre fações apoiadas pela Arábia Saudita e pelo Irão.

O Bahrein é um caso particular de poder sunita, apoiado pela Arábia Saudita, sobre uma maioria xiita secundada pelo Irão, as duas potências que atualmente disputam a hegemonia regional no Golfo Pérsico. É esmagadora a taxa de desemprego jovem e, em 2011, o Bahrein conheceu levantamentos populares muito significativos, aos quais o poder respondeu com uma repressão muito violenta. E o poder conta com o apoio empenhado dos EUA, que tem aí sediada a sua V Esquadra, frente ao Irão. Os riscos de guerra civil permanecem e pode estar presente o rastilho de um confronto entre os EUA e o Irão.

Em todos os conflitos no Golfo Pérsico, a mão da Arábia Saudita e do Irão, sedes da rivalidade entre sunitas e xiitas, é uma constante. Nunca se envolveram num conflito direto, mas travam várias guerras por delegação e contam com os apoios externos, cruzados, de Washington e Moscovo. Parecem heranças serôdias da Guerra Fria, mas não são mais do que isso, a realidade tem muito mais a ver com a RAM.

A Líbia foi também um caso específico que derrapou para uma guerra civil que se inscreve mais nos contornos da RAM, até porque a Líbia nunca foi um Estado-nação. Verdadeiramente nem existia um Estado, na conceção vestefaliana, mas uma federação de tribos, um clientelismo tribal em que assentava a administração pública. Como também não dispunha de forças armadas nacionais de modelo convencional, mas de milícias tribais armadas que tomaram partidos opostos e de uma tropa mercenária, guarda pessoal de Kadhafi.

Contra Kadhafi levantaram-se o Grupo Islâmico Combatente da Líbia (GICL), grupos de «afegãos» e a célula da AQMI com ligações aos jihadistas da nova geração do GICL. No Sul, grupos nómadas de tuaregues do deserto não alinharam com qualquer das partes.

A Líbia, onde mais uma vez a intervenção ocidental resultou desastrada, é atualmente o alvo principal do Daesh para se instalar no Magrebe, onde já controla algumas áreas. A situação continua indefinida e persiste um vazio político que não contribui para a estabilização numa região onde, incluindo a Tunísia e o Egito, as situações permanecem delicadas, porque os promotores das revoluções árabes se sentem algo defraudados.

A Síria escapara às revoluções da Primavera Árabe. Era um Estado laico, onde não eram evidentes as influências das três chaves do poder, tribo, mesquita, quartel. No entanto, viria a ser palco da mais terrível guerra civil.

A situação na Síria atingiu os extremos de uma guerra civil complexa, em que na génese está a disputa pelo poder entre o Governo e uma oposição heterogénea, reunida numa autodenominada Coligação Nacional das Forças Revolucionárias e da Oposição Sírias, com objetivos políticos assumidos. Atualmente, a guerra civil internacionalizou-se e ultrapassa totalmente estas duas partes. Da Síria resta hoje uma sociedade dilacerada, com as forças armadas institucionais divididas pelos campos opostos, marca mais saliente da guerra civil.

Quem não deixou fugir a oportunidade foi o Estado Islâmico, o Daesh. Vindo de uma dissidência da Al-Qaeda que, agora, ultrapassa em radicalismo, aproveitou o vazio de poder em amplos espaços, para que haviam largamente contribuído as ingerências e intervenções ocidentais, alongou o seu avanço, apoderou-se de parte significativa do território, de centros urbanos importantes, de estruturas petrolíferas. Rápida e espetacularmente estendeu-se pela zona sunita do Iraque, onde passou a controlar a segunda cidade, Mossul, contando com apoios entre os antigos fiéis de Saddam Hussein. Nesse vasto território anunciou a restauração do califado, como base de expansão para o Médio Oriente, para o Magrebe e, até, para a Península Ibérica.

Os curdos do Norte da Síria, na fronteira com a Turquia, vieram a adquirir ampla autonomia, à semelhança dos curdos do Iraque, tornando-se a principal força de combate ao Daesh, no Norte. Para desespero da Turquia que receia o contágio ao Curdistão turco o que, aliás, está na base da ambiguidade do governo de Ancara que, entre as ameaças curda e do Daesh, não esconde privilegiar o combate à primeira.

Este é, de resto, apenas um sinal da complexidade dos apoios externos cruzados às partes em conflito na Síria. Uns apoios dos vizinhos são claros, outros obscuros: Turquia, Arábia Saudita e petromonarquias do Golfo querem o derrube de Assad, apoiam abertamente os rebeldes da Coligação e, clandestinamente, o Daesh; o Líbano e o Irão apoiam o governo e, por tabela, os curdos; os governos de Damasco e de Bagdade são aliados numa luta comum. Israel é um espectador atento e nada indiferente e aproveita a conjuntura favorável para se aproximar da Arábia Saudita. As grandes potências longínquas, EUA e UE de um lado, Rússia e China do outro, dizem-se empenhadas num cessar-fogo na Síria que permita unir forças contra o Daesh, mas dividem-se nos apoios militares às partes em confronto, as primeiras aos rebeldes, as segundas ao governo. Já houve confronto direto entre aviões russos e turcos e a iminência de um choque entre meios russos e norte-americanos é real, apesar de se saber que há um planeamento minucioso para o evitar.

A Síria passou de conflito interno a conflito regional e, potencialmente, a conflito global.

A instalação do califado em vastas áreas obriga os seus responsáveis a servidões e ações militares de tipo convencional para ocupação e garantia de terreno, administração de espaços urbanos e estruturas económicas, controlo de populações, instalação de estruturas para-estatais, deslocamentos de pesadas e longas colunas logísticas. É um tipo de guerra simétrica, que tende a ser-lhe desfavorável.

Pelo contrário, a marginalidade do Daesh, o seu repúdio por qualquer enquadramento jurídico ou legal, interno ou externo, da guerra ou na guerra, a componente religiosa do conflito entre sunismo e xiismo são sinais identificadores da sua inserção nas novas guerras da RAM. Como o é a série de ataques terroristas de grande efeito que têm protagonizado, em particular na Europa e que ameaçam prosseguir. São estas componentes que fazem da guerra do Daesh parte integrante das novas guerras da globalização.

3.2.9. *Terceira Guerra Mundial*

Para concluir esta breve passagem em revista pelas novas guerras que configuram o panorama da conflitualidade do século XXI, uma referência a um quadro conflitual que constitui, porventura, o modelo paradigmático das guerras da RAM, à luz do sentido que autores como Mary Kaldor, Martin Van Creveld ou Michael Mandelbaum deram às novas guerras. São conflitos onde se incluem, e até relevam, a atividade criminosa organizada, o banditismo, os assaltos de estrada, a violação dos direitos humanos.

Estamos a falar de um clima de violência generalizada, a nível planetário, que não é entre nações ou entre Estados, mas que divide as próprias nações e as entidades políticas, que Philippe Engelhard classifica como Terceira Guerra Mundial ([213]). Terceira Guerra Mundial que, segundo este autor, será uma guerra entre o Norte rico e o Sul pobre, à dimensão global, mas numa divisão Norte-Sul que é cada vez menos linear, pois que um novo Norte está nascendo no Sul, e um novo Sul está nascendo no Norte.

Esta guerra desenvolve-se segundo dois eixos: um que, no interior das nações, opõe pobres e ricos, excluídos e incluídos, através da

---

([213]) ENGELHARD, Philippe, *La troisième guerre mondiale est commencée*, Paris, Arleás, 1999.

incivilidade generalizada e da violência gratuita; o outro que, a nível global, opõe Estados à ordem mafiosa transnacional. É uma situação de conflito imanente que, guardadas as suas diferenças óbvias, se pode, polemologicamente, colocar num plano comparável ao da guerra fria, porque não é uma guerra aberta mas uma tensão insidiosa e generalizada, que favorece a emergência de ações violentas localizadas e que, direta ou indiretamente, afetam as grandes potências.

Há algumas zonas do mundo mais propícias a ações deste tipo, Estados falhados, feudos do narcotráfico, regiões férteis em recursos minerais raros, periferias urbanas das grandes megalópoles. Mas a sua incidência é global, atinge toda a parte onde são mais chocantes as contradições da miséria, da fome, da doença, do desemprego, da ignorância, enfim, dos atentados à segurança humana, terrenos favoráveis às atividades criminosas que proliferam entre as camadas excluídas das sociedades.

As máfias, a criminalidade transnacional organizada, o terrorismo desencadearão contra a sociedade uma guerra recorrendo a tropas que recrutarão entre os excluídos e desenraizados, entre as legiões de pobres marginalizados, de desempregados e desesperados, cada vez mais concentrados em torno das caóticas e desumanizadas megalópoles urbanas e que constituem contingentes de fácil mobilização. As clivagens identitárias, os desequilíbrios demográficos, os guetos das minorias, os problemas ambientais, como a poluição, a desertificação, o esgotamento de recursos e a desorganização espacial, são fatores de perturbação que adubarão o campo deste conflito generalizado.

Engelhard admite que o conflito possa bipolarizar-se, de um lado as potências dominantes do sistema mundial, do outro os que se opõem a esse domínio e os excluídos e marginais do sistema, nas periferias ou no seu interior os *rogue states*, o eixo do mal. O autor identifica as várias linhas de fratura que delimitarão os campos desta Terceira Guerra Mundial, as que separam países ricos de países pobres, sociedades igualitárias de sociedades não igualitárias, povos conformistas de povos não conformistas, Ocidente e mundo muçulmano, Estados laicos e Estados religiosos, potências dominantes das outras.

Será, então, uma guerra mundial a duas dimensões: uma macro, generalizada, global; outra micro, no interior de cada Estado ou região. Esta última é suscitadora de fenómenos de racismo, xenofobia e tendências fascizantes. Demagogias populistas tentarão identificar democracia com permissividade e far-se-ão ouvir apelos a sistemas mais autoritários e repressivos que, por outro lado, poderão suscitar intervenções externas, a coberto de interpretações mais claras ou mais equívocas do direito de ingerência humanitária. É um terreno propício à eclosão dos messianismos que estão na base dos fundamentalismos.

O fundamentalismo tem-se apresentado como uma resposta à incapacidade demonstrada pelos políticos, pelos movimentos que lideraram as lutas anticoloniais, para enfrentarem os problemas trazidos pelas independências. E é ainda, na sua vasta complexidade, uma manifestação cultural contra o que consideram ser a humilhação imposta pelo recente domínio do Ocidente, que este quererá perpetuar através da globalização. A ascensão aos limites irracionais do fanatismo e do sectarismo favorece o recurso a extremismos terroristas e sacrificiais.

O cruzamento e a ampliação destes fenómenos alimentarão a dimensão global do conflito, desta Terceira Guerra Mundial que, segundo Philippe Engelhard, já começou.

Obviamente que Engelhard não está só nestas suas preocupações. Por exemplo, já em 1991, quando acabava a Guerra Fria e na febre o início da globalização, o Ocidente só tinha olhos para os países do Leste Europeu, Jacques Attali, economista e escritor francês que foi conselheiro do presidente François Mitterrand, salientava, logo no início do seu livro *Linhas de horizonte*, que:

> «Se os países do norte [...] ficarem indiferentes ou passivos, se as mutações em curso no leste da Europa vierem a mobilizar todas as suas energias e todas as generosidades, o sul revoltar-se-á, entrará em dissidência e, um dia, em guerra» ([214]).

Na *Quadrennial Defense Review* 2006, do Pentágono, chama-se ao conflito global pós-11 de Setembro uma longa guerra contra redes dispersas e não estatais. E o Instituto de Estudos Estratégicos de Londres chamou-lhe uma guerra irregular complexa ([215]).

([214]) ATTALI, Jacques, *Linhas de horizonte*, Lisboa, Difel, 1991, p. 12.

([215]) HOFFMAN, Frank G., «Complex irregular warfare: the next revolution in military affairs» in *Orbis*, Summer 2006.

Não serão designações tão objetivas como a de Philippe Engelhard, mas não é abusivo encontrar-lhes um sentido comum.

Em síntese, a globalização unipolar não trouxe a paz imperial universal que muitos pensavam. Traduziu-se numa permanente instabilidade, num clima de tensão generalizada, gerada pelo conjunto das novas e imprevisíveis ameaças, muitas concretizadas em guerras, que o sistema mostrou dificuldade em enfrentar.

Afinal, o fim da história ([216]) ainda teria de esperar.

([216]) Fukuyama, Francis, *O fim da história e o último homem*, Lisboa, Gradiva, 1999.

IV.

EPÍLOGO

«Esta doença social a que chamamos guerra.»
(André Beaufre)

Este trabalho, inscrevendo-se numa preocupação mais vasta de estudos para a paz, centra-se na reflexão sobre as teorias e doutrinas dos conflitos e da guerra, das suas causas e da sua evolução, identificando-se com o princípio «se queres a paz, estuda (ou conhece) a guerra». Pretende conhecê-la como melhor contributo para a evitar.

É uma reflexão que assenta num axioma que se deve a Carl Von Clausewitz, segundo o qual a guerra é um fenómeno humano, social, coletivo, violento. Isto é, deve-se a Clausewitz o facto de ter sido o primeiro a compreender lucidamente a guerra, a dar-lhe uma interpretação racional e não dogmática. Com ele, a guerra passou a ser entendível. E, a partir do momento em que a guerra passou a ser racionalmente entendível, passou a ser evitável.

Um segundo ensinamento de Clausewitz se tornou incontornável, o de que a guerra é a continuação da política por outros meios. É a sua célebre «fórmula», como lhe chamou Raymond Aron, ou seja, a guerra é um instrumento da política. Então, se a guerra passou a ser evitável e se é um instrumento da política, é politicamente que é preciso agir para a evitar.

Outro axioma em que se apoia a reflexão em que este trabalho assenta, e este deve-se a Raymond Aron, é que guerra e sociedade caminharam a par, ao longo do processo histórico. Guerra e sociedade são indissociáveis e, na sua caminhada, interagiram, influenciaram-se mutuamente. A guerra é produto da vida do homem em sociedade. O que nos leva a acrescentar que, se a guerra é evitável, se é politicamente que se tem de agir para a evitar, se é produto da vida do homem em sociedade, é através da ação política na sociedade que o homem pode e deve evitar a guerra.

É uma perspetiva estruturalista, que se apoia em Johan Galtung e no seu conceito de paz pela positiva. Não basta a ausência de guerra, é indispensável combater as causas da guerra. E isso é possível agindo onde as causas se localizam, nos vícios da sociedade humana.

É esta a base fundamental deste trabalho. E foi ela que conduziu os passos para que, dando a conhecer melhor a guerra, se possa contribuir para melhor a evitar.

Assim, procurámos conhecer as suas causas e motivações que, na sua enorme diversidade, podem agrupar-se em três grandes conjuntos: causas políticas, causas socioeconómicas, causas identitárias. Para concluirmos que, se todas as guerras têm causas múltiplas, que podem ser socioeconómicas ou identitárias, têm sempre causas políticas. As perversidades do poder estão sempre presentes em todas as guerras.

E depois procurámos percorrer a evolução da guerra ao longo do processo histórico. Constatámos que se verificaram mudanças, mais ou menos profundas, nas sociedades, que deram lugar a viragens significativas na forma de entender a guerra, de a preparar, de a conduzir. Nesse processo evolutivo, pareceu-nos justificável identificar dois momentos de rutura radicais que, pela transcendência das mudanças a que deram lugar, tecnológicas, organizacionais, conceptuais, doutrinárias, demarcaram períodos em que as diversas e sucessivas guerras apresentavam nexos comuns de coerência e continuidade, que se distinguem de um antes e de um depois. Chamei a essas ruturas, utilizando uma terminologia atual, revoluções nos assuntos militares (RAM), à primeira a RAM napoleónica/clausewitziana, da passagem do século XVIII para o século XIX e à segunda a RAM atual, ou em curso, da passagem do século XX para o século XXI. Foram estas duas ruturas que permitiram separar e distinguir três grandes períodos da evolução da guerra, o Antigo ou pré-RAM clausewitziana, o Moderno ou da RAM clausewitziana e o pós-Moderno ou da RAM em curso. Controversas, como são todas as periodizações históricas, pareceu-me encontrar lógicas coerentes na identificação de cada uma delas e, com esses períodos longos, evitar uma excessiva compartimentação, que só se justifica em análises de pormenor. Não é este o caso.

O último capítulo é dedicado às novas guerras, as guerras da RAM em curso nesta era da globalização. É o mais ingrato para o analista, pois são as guerras sobre as quais ainda não há conclusões, teorias acabadas, doutrinas definitivas. São conflitos que nos surpreendem todos os dias e cujos ensinamentos ainda estão por recolher. Como terá dito alguém que não deixou nome e quis criticar os estados-maiores, sobre as guerras passadas sabem tudo, sobre as futuras não sabem nada, sobre as atuais estão a aprender. Há mesmo muitos teóricos que até se recusam a aceitar, terminantemente, que a maioria dos atuais conflitos sejam classificáveis como guerras.

Poucos em Portugal têm refletido sobre estas novas guerras, e menos ainda têm divulgado as suas reflexões. Permito-me a ousadia de pensar que me encontro entre os que mais o têm feito. Por isso me decidi a reunir aqui algumas dessas ideias, num trabalho individual, sem apoio de gabinetes especializados, de grupos de trabalho, de assessores ou de bases de dados conceituadas. Consciente dos riscos que corro.

Se, com este modesto trabalho, tiver de alguma forma contribuído para tornar a guerra mais conhecida, para a tornar mais racionalmente entendível, ele está justificado. Como salientei na Introdução, o general André Beaufre disse, muito a propósito, que *doença social* é o termo que melhor caracteriza a guerra. E considerei que, pela sua persistência ao longo dos tempos e pela expansão planetária, poderemos acrescentar que é uma epidemia social. Se esta reflexão constituir um instrumento que ajude a que melhor possa a doença ser prevenida para que a epidemia possa vir a ser erradicada, sentir-me-ei recompensado.

Concluído em janeiro de 2017.

Bibliografia

Aguirre, Mariano, «A construção de um conhecimento complexo sobre conflitos armados modernos», in *Fogo sobre os media*, Coimbra, Quarteto Editora, 2003.

Annan, Kofi, *Em maior liberdade: desenvolvimento, segurança e direitos humanos para todos*, Relatório à Assembleia Geral da ONU, Nova Iorque, Março, 2005.

Aron, Raymond, *Paix et guerre entre les nations*, Paris, Calmann-Lévy, 1962.

—, *Penser la guerre; Clausewitz*, Paris, Gallimard, 1976.

—, *Penser la guerre II, l'âge planétaire*, France, Éditions Galimard, 1976.

—, *Clausewitz*, Lisboa, Esfera do Caos, 2009.

Arreguín-Toft, Ivan, «How the weak win wars», in *International Security*, vol. 26 n.º 1, Summer 2001.

Attali, Jacques, *Linhas de horizonte*, Lisboa, Difel, 1991.

Auerswalid, David, «Foreign and defense policy in the Obama administration», in *Nação e defesa*, n.º 125, Lisboa, IDN, primavera de 2010.

Azeredo, Carlos, «Guerra, paz e comunidades humanas à luz da história», in *Nação e defesa*, n.º 45, Lisboa, IDN, jan-mar 88.

Bandeira, André, «The twofold spiral of pré-emption reflections on the rationality of antecipation», in *Nação e defesa*, n.º 109, Lisboa, IDN, outono-inverno 2004.

Barrento, António, *Da estratégia*, Parede, Tribuna da História, 2010.

—, «Perspectiva histórica sobre a evolução do fenómeno guerra», in *Nação e defesa*, n.º 26, Lisboa, IDN, abr-jun 83.

Beaufre, André, *Dissuasion et stratégie*, Paris, Armand Colin, 1964.

—, *La guerre révolutionnaire, les formes nouvelles de la guerre*, Paris, Fayard, 1972.

BEHNK, Andreas, «Terrorising the political: 9/11 within the context of the globalization of violence», in *Millennium*, vol. 33, n.º 2, Londres, 2004.

BETO, Frei, *Fidel e a religião*, Lisboa, Editorial Caminho, 1986.

BIGO, Didier, «Nouveaux regards sur les conflits», in *Les nouvelles relations internationales. Pratiques et théories*, Paris, Presses de Sciences Pº, 1998.

BOOT, Max, «The evolution of irregular war», in *Foreign Affairs*, vol. 92, n.º 2, March-April 2013

BOTTI, Ferruccio, «Le concept de géostratégie et son application à la nation italienne dans les théories du géneral Durando (1846)», in *Stratégie*, n.º 58, Paris, Institut de Stratégie Comparée, 2.º Trimestre 1995.

BOUTHOUL, Gaston, *A guerra*, São Paulo, Difusão Europeia do Livro, 1964.

—, *La paix*, Paris, Presses Universitaires de France, 1974.

BOUTHOUL, Gaston, CARRERE, René, e ANNEQUIN, Jean-Louis, *Guerres et civilisations*, Paris, Fondation pour les Études de Défense Nationale, Cahier n.º 14, 1979.

BRZEZINSKI, Zbigniew, «La guerra fria y sus sequelas», in *Politica exterior*, Madrid, Estúdios de Politica Exterior S.A., 30 de VI de 192-93.

CÉSAR, Júlio, *A guerra das Gálias*, Lisboa, Edições Sílabo, 2004.

CHARNAY, Jean-Paul, *Essai général de stratégie*, Paris, Éditions Champ Libre, 1973.

CLAUSEWITZ, Carl Von, *Da guerra*, Lisboa, Perspectivas & Realidades, 1976.

—, *Teoria do combate*, Lisboa, Edições Sílabo, 2008.

COHEN, Eliot, «A revolution in warfare», in *Foreign Affairs*, vol. 75, n.º 2, March-April 1996.

CORREIA, Pedro de Pezarat, «A propósito do Livro Branco de Defesa Nacional», in *Seara Nova*, janeiro 1987.

—, «Revolução nos assuntos militares», in *Revista de história das ideias, a guerra*, vol. 30, Coimbra, Instituto de História e Teoria das Ideias, Faculdade de Letras da Universidade de Coimbra, 2009.

—, «Conflitualidade global no limiar do século XXI», in *Biblos – sociedade em tumulto*, vol. VII (2.ª Série), Coimbra, Faculdade de Letras da Universidade de Coimbra, 2009.

—, *Manual de geopolítica e geoestratégia*, Coimbra, Quarteto, 2002, e Coimbra, Almedina, 2010.

—, «Evolução do pensamento estratégico, revolução nos assuntos militares e estratégia pós-moderna», in *Boletim formação investigação doutrina*, Lisboa, IESM, 2010.

Coutau-Bégarie, Hervé, «Quelle stratégie pour le xxie siècle», in *Nação e defesa*, n.º 125, Lisboa, IDN, primavera de 2010.

Couto, Abel Cabral, *Elementos de estratégia*, vol. I, Lisboa, Instituto de Altos Estudos Militares, 1988.

—, «Raymond Aron e a teoria da estratégia», in *Raymond Aron, a paz e a guerra no século xxi*, Lisboa, Edições Cosmos e IDN, 2007.

—, «A estratégia, o Estado e a nação», in *Nação e defesa*, n.º 124, Lisboa, IDN, outono-inverno de 2009.

Creveld, Martin Van, *La transformation de la guerre*, Paris, Éditions du Rocher, 1998.

Daalder, Ivo, e Lodal, Jan, «The logic of zero», in *Foreign Affairs*, vol. 87, n.º 6, November-December 2008.

Delmas, Claude, *Le désarmement*, Paris, Presses Universitaires de France, Pa1979.

Dougherty, James E., e Pfaltzgraff Jr, Robert L., *Relações internacionais, as teorias em confronto*, Lisboa, Gradiva, 2002.

Engelhard, Philippe, *La troisième guerre mondiale est commencée*, Paris, Arleá, 1999.

Ferguson, Charles D., *Preventing catastrophic nuclear terrorism*, Relatório do Council On Foreign Relations, Nova Iorque, CSR n.º 11, March 2006.

Ferguson, Niall, «The next war of the world», in *Foreign Affairs*, vol. 85, n.º 5, September-October 2006.

Forster, Anthony, *Armed forces and society in Europe*, Londres, Palgrave Macmillan, 2006.

Fuller, J. F. C., *L'influence de l'armement sur l'histoire*, Paris, Payot, 1948.

Gaddis, John Lewis, «Grand strategy in the second term», in *Foreign Affairs*, vol. 84, n.º 1, January-February 2005.

Galtung, Johan, *Peace by peaceful means, Peace and conflict, development and civilization*, Oslo, International Peace Research Institute, 1996.

Gloannec, Anne-Marie le, «Y a-t-il une pensée stratégique dans l'après--guerre froide?», in *Les nouvelles relations internationales. Pratiques et théories*, Paris, Presses de Sciences P°, 1998.

Gnesotto, Nicole, Prefácio, *The South Caucus: a challenge for EU*, Chaillot Papers, n.º 65, Institute for Security Studies, European Union, December 2003.

GODINHO, Vitorino Magalhães, *Os mitos acerca da origem das guerras*, Lisboa, Cadernos da Seara Nova, 1945.

GUIDÈRE, Mathieu, *O choque das revoluções árabes*, Lisboa, Edições 70, 2012.

HARDT, Michael, e NEGRI, Antonio, *Multitude, guerre et démocratie à l'âge de l'empire*, Paris, La Découverte, 2004.

HART, B. H. Liddell, *Cipião, o Africano, maior que Napoleão*, Lisboa, Edições Sílabo, 2006.

HAASS, Richard N., «Regime change and its limits», in *Foreign Affairs*, vol. 84, n.º 4, July-August 2005.

HERRING, George C., *A guerra do Vietname, o mais longo conflito da américa (1950-1975)*, Lisboa, Edições 70, 2010.

HOBSBAWM, Eric, *A era dos extremos, história breve do século XX (1914--1991)*, Lisboa, Editorial Presença, 1998.

—, *Globalização, economia e terrorismo*, Lisboa, Editorial Presença, 2008.

HOFFMAN, Frank G., «Complex irregular warfare: the next revolution in military affairs» in *Orbis*, Summer 2006.

HOWARD, Michael, «What's in a name? How to fight terrorism», in *Foreign Affairs*, vol. 81, n.º 1, january-february 2002.

HUNTINGTON, Samuel P., *O choque das civilizações e a mudança na ordem mundial*, Lisboa, Gradiva, 1999.

JAURÉS, *L'armée nouvelle*, Paris, Éditions Sociales, 1977.

JOMINI, Antoine-Henri, *Compêndio da arte da guerra*, Lisboa, Edições Sílabo, 2009.

JOXE, Alain, *Demain la guerre?*, Paris, Les Éditions Ouvrières, 1981.

KALDOR, Mary, *New & old wars, organised violence in a global era*, Cambridge, Polity Press, 1999.

KENNEDY, Paul, *Ascensão e queda das grandes potências*, vol. I, Mem Martins, Publicações Europa-América, 1990.

KISINGER, Henry, *Diplomacia*, Lisboa, Gradiva, 1996.

—, *Precisará a América de uma política externa?*, Lisboa, Gradiva, 2003.

KLEINE, Jean, «Guibert et les relations internationales», in *Guibert ou le soldat philosophe*, Château de Vincennes, Centre d'Études et de Recherches sur les Conflits, 1981.

KREPON, Michael, «Lost in space», in *Foreign Affairs*, vol. 80, n.º 3, May-June 2001.

LATHAM, Andrew, «Reimagining warfare», in Craig A. Snyder, (ed.) *Contemporary security and strategy*, Londres, Macmillan Press, 1999.

LEBOW, Richard Ned, *Why nations fight*, Cambridge, Cambridge University Press, 2010.

MANDELBAUM, Michael, «Is major war obsolete?», in *Survival*, vol. 40, n.º 4, Londres, IISS, Winter 1998-99.

MAQUIAVEL, Nicolau, *Discursos sobre a primeira década de Tito Lívio*, Lisboa, Edições Sílabo, 2010.

MARTELO, David, «Estudo introdutório», in *A arte da guerra*, Lisboa, Edições Sílabo, 2006.

MARTELO, David, *Origens da Grande Guerra*, Lisboa, Edições Sílabo, 2013.

MAYOR, Frederico, «Desenvolvimento endógeno e governação democrática», in *Globalização, desenvolvimento e equidade*, Lisboa, Publicações Dom Quixote, 2001.

M'BOKOLO, Elikia, *África negra, história e civilizações, do século XIX aos nossos dias*, Tomo II, Lisboa, Edições Colibri, 2007.

MONTEIRO, João Gouveia, «Estudo Introdutório», in *Compêndio da arte militar, de Vegécio*, Coimbra, Imprensa da Universidade de Coimbra, 2009.

MOURA, Tatiana, *Novíssimas guerras; espaços, identidades e espirais da violência armada*, Coimbra, Almedina, 2010.

NYE JR, Joseph S., *Compreender os conflitos internacionais, uma introdução à teoria e à história*, Lisboa, Gradiva, 2002.

—, «O poder e as relações internacionais», in *Relações internacionais*, n.º 31, Lisboa, IPRI, Set 2011.

OLIVEIRA, Hermes de Araújo, *A guerrilha na guerra moderna*, Lisboa, Papelaria Fernandes, 1949.

PÉLISSIER, René, *As campanhas coloniais de Portugal 1844-1941*, Lisboa, Editorial Estampa, 2006.

—, *História das campanhas de Angola, resistência e revoltas 1845-1941*, vol.s I e II, 2.ª Edição, Editorial Estampa, Lisboa, 1997.

PEREIRA, Carlos Santos, «A R.A.M.: realidade e utopia», in *Nação e defesa*, n.º 104, Lisboa, IDN, primavera 2003.

PUREZA, José Manuel, «Estudos sobre a paz e cultura da paz», in *Nação e defesa*, n.º 95/96, Lisboa, IDN, outono-inverno 2000.

RAPOPORT, Anatole, «Prefácio», in *Da guerra*, Lisboa, Perspectivas & Realidades, 1976.

RIBEIRO, Orlando, *Introduções geográficas à História de Portugal*, Lisboa, Imprensa Nacional, Casa da Moeda, 1977.

RODRIGUES, Miguel Urbano, *Nómadas e Sedentários na Ásia Central*, Porto, Campo das Letras, 1999.

ROGERS, Clifford J., «The idea of military revolutions in eigtheenth and nineteenth century texts», in *Revista de história das ideias, A guerra*, vol. 30, Coimbra, Instituto de História e Teoria das Ideias e Faculdade de Letras da Universidade de Coimbra, 2009.

ROUGERON, Camille, Preface, *De la guerre*, Paris, Éditions du Minuit, 1955.

ROUSSEAU, Jean-Jacques, *Contrato social*, Lisboa, Editorial Presença, 1977.

RUMSFELD, Donald H., «Transforming the military», in *Foreign Affairs*, vol. 81, n.º 3, May-June 2002.

RUSSELL, Bertrand, *A minha concepção do mundo*, Porto, Brasília Editora, 1970.

—, *Porque não sou cristão*, Porto, Brasília Editora, 1970.

SANTOS, Loureiro dos, *Apontamentos de história para militares*, Lisboa, Instituto de Altos Estudos Militares, 1979.

SCHEUER, Michael, *Orgulho imperial; porque está o Ocidente a perder a guerra contra o terrorismo*, Lisboa, Edições Sílabo, 2005.

SMITH, Rupert, *A utilidade da força, a arte da guerra no mundo moderno*, Lisboa, Edições 70, 2008.

SNYDER, Craig A., e MALIK, J. Mohan, «Developments in modern warfare», in *Contemporary security and strategy*, Londres, Macmillan Press, 1999.

SOLANA, Javier, «Uma Europa segura num mundo melhor», in *Nação e defesa*, n.º 106, Lisboa, IDN, outono-inverno 2003.

SOROMENHO-MARQUES, Viriato, *Europa: o risco do futuro*, Lisboa, Publicações Dom Quixote, 1985.

SOUSA, Vinício de, *No labirinto do minotauro*, Lisboa, Esfera do Caos, 2010.

TELO, António José, «Reflexões sobre a Revolução Militar em curso», in *Nação e defesa*, n.º 103, Lisboa, IDN, outono-inverno 2002.

TRINQUIER, Roger, *La guerre moderne*, Paris, Éditions de La Table Ronde, 1961.

TUCÍDIDES, *História da guerra do Peloponeso*, Lisboa, Edições Sílabo, 2008.

TZU, Sun, *A arte da guerra*, Lisboa, Edições Sílabo, 2006.

VEGÉCIO, *Compêndio da arte militar*, Coimbra, Imprensa da Universidade de Coimbra, 2009.

WALZER, Michael, *A guerra em debate*, Lisboa, Livros Cotovia, 2004.

WEBER, Max, *A política como profissão*, Lisboa, Edições Universitárias Lusófonas, 2000.

WRIGHT, Richard, *Écoute homme blanc*, Paris, Calmann-Lévy Éditions, 1959.
ZAKARIA, Fareed, *O Mundo Pós-Americano*, Lisboa, Gradiva, 2008.
ZAMORA, Juan Clemente, *O processo histórico*, Lisboa, Livraria Renascença Editora.

Índice